스프링

스프링

**기회를
낚아채는
충동의 힘**

충동은 무모한가? 새롭게 밝히는 충동의 놀라운 이면!

닉 태슬러 지음 | 이영미 옮김

흐름출판

비즈니스 현장은 총성 없는 전쟁터다. 숨 가쁘게 업무가 돌아가고 매순간 선택의 기로에 서게 된다. 이때 신속하고 정확하게 결정을 내리는 능력은 성공의 기회를 만들뿐 아니라 높은 성과를 창출한다. 이 책은 평소 복잡한 의사결정 때문에 골치 아팠던 사람들에게 유쾌한 솔루션을 제공한다.

—윤은기, 중앙공무원교육원장

빌 게이츠의 창업정신과 모험은 '실용적 충동'이 성공을 결정짓는 또 하나의 자질임을 보여준다. 현재보다 더 높은 개인 역량과 기업 성과를 희망하는 분들에게 일독을 권한다.

—강경태, 한국CEO연구소장

말이 필요 없다. 이 책은 당신이 세상을 보는 방식을 송두리째 바꿔놓을 것이다. 닉은 용케도 첫 10페이지만으로 그것을 해냈다. 참신한 사례와 독창적인 연구. 심리학, 행동경제학, 뇌과학을 넘나드는 지적 파노라마! '최고의 책'으로 선정될 만하다.

—세스 고딘, 《보랏빛 소가 온다》 저자

선택의 순간, 언제 내달려야 하고 언제 움츠려야 하는지 이토록 구체적으로 알려준 책은 없었다. 정말 재미있고 술술 읽힌다.

—〈퍼블리셔스 위클리〉

인생의 크고 작은 순간 우리가 왜, 어떤 과정을 통해 결정을 내리는지 기존 상식을 뒤집는다. 닉 태슬러의 희망적이고 매력적인 접근법은 즐거운 동시에 교육적이다.

—대니얼 H. 핑크, 《새로운 미래가 온다》 저자

훌륭한 작가답게 대단히 흡입력 있게 이야기를 끌어간다. '충동'이 성공과 행복을 가르는 결정적 요인임에도 그동안 주목받지 못한 걸 생각하면 놀랍다. 눈이 번쩍 뜨인다.

—버벌리 케이, 《인재들이 떠나는 회사 인재들이 모이는 회사》 저자

시간 가는 줄 모르고 재밌게 읽었다. 당신의 선택을 완전히 새로운 조명 아래 점검하게 하는 흥미진진한 여행에 동참하고 싶지 않은가?

—매트 옴스테드, 〈프리즌 브레이크〉제작자

어떻게 하면 실수를 줄이고 성공적인 인생을 설계할 수 있는지 설득력 있는 교훈을 준다. 직원들이 읽을 때까지 기다릴 수 없다!

—톰 쉐리어, C.B. 플리트 컴퍼니 인사담당자

'당신의 결정에 한 치의 후회도 없는가?' 이 질문에 망설여진다면, 어서 책장을 넘겨보라. 미래 자신이 속할 회사와 산업, 사회 안정을 걱정하는 리더라면 반드시 읽어야 할 책이다.

—프리아 파텔, 애드버킷헬스케어 부사장

오늘날 비즈니스 세계에서 의사 결정자들 간의 창조적 긴장은 기업의 경쟁 우위를 보장한다. 《스프링》은 그 건전한 긴장에 지렛대를 제공하는 일종의 전술서다.

—테리 바튼, 스테이트팜보험 부사장

인생이 달라지는 새로운 선택 전략

당신은 충동적으로 의사결정을 하는 편인가? 당신이 부러워하는 그 사람은 충동적인가 신중한가? 생소하게 들릴지 모르겠지만, 충동성은 한 사람의 인생에서 가장 결정적인 역할을 한다. 충동성으로 인해 가파르게 상승가도를 달리기도 하고, 날개도 없이 추락하기도 한다. 충동적인 의사결정으로 세계 제일의 부자가 된 사람도 있고, 빈털터리가 되어 비참하게 사는 사람도 있다.

충동성이 이토록 우리 삶에서 중요한 자리를 차지하고 있는데도 충동에 대한 이해는 왜 이렇게 일천할까?

우리는 어떤 사람이 충동적인지 알고 있다. 충동적인 사람들을 찾아내는 일은 아주 쉽다. 그런데 무엇이 그 사람들을 그렇게 충동적으로 만들었을까? 왜 어떤 사람들은 입이 벌어질 정도로 항상 충동적인가?

대학 연구와 학술 저널 영역에서는 충동성에 대한 지식이 떠돌아다닌다. 그러나 충동이 실제 삶에서 얼마나 강력한 역할을 하는지에 대해서는 거의 이해하지 못하고 있는 실정이다.

닉 태슬러가 나타나기 전까지는 그랬다.

닉은 위트 넘치고 영리하고 포용력 있는 사람이다. 파티에서 옆자리에 앉으면 좋겠다는 생각이 드는, 그런 사람이다. 그는 당신이 세상을 바라보는 방식을 바꿔놓을 것이다. 당신 자신을 바라보는 방식까지도 변화시킬 것이다.

대부분의 사람들이 충동은 무모하고 쓸데없는 짓이라고 생각한다. 하지만 정말 그럴까? 충동은 과연 무모하기만 할까?

우리 중 25퍼센트가 바로 이 충동적인 사람이라면 얘기는 달라진다. 세계 인구의 25퍼센트는 돌연변이 도파민 유전자를 타고났다. 이 유전자는 약 5만 년 전쯤, 그러니까 인간이 아프리카에서 이주해 음악과 예술, 문명을 창조하기 직전에 돌연변이로 생겨났다.

그러나 돌연변이라고 해서 이 유전자가 늘 나쁜 영향을 미치는 것은 아니다. 충동적 성향은 스티브 잡스, 리처드 브랜슨, 빌 게이츠 같은 세계적인 기업가, 혁신적인 아티스트, 세상을 새로운 방향으로 과감하게 이끌어가는 창조적 리더를 만들어낸다. 폭발적인 성공 뒤에 바로 이 골칫덩이로 여겨진 충동이 의외의 변수로 작용한 것이다.

이 책은 바로 그에 관한 책이다. 닉 태슬러는 이제까지 밝혀지지 않았던 성공의 새로운 개념을 휘황찬란하게 탐험한다. 도파민 유전자로부터 이야기를 시작해 캐나다 눈사태에서 있었던 비극적인 조난 사고, 네덜란드 튤립 투기 광풍, 저녁식사 더치페이가 왜 항상 역효과를 낳는지에 이르기까지 매력적인 이야기를 풀어가면서 우리 삶의 전 영역에서 충동의 역할을 조명한다.

무엇이 세상을 그리고 자신을 움직이게 하는지 알고 싶다면, 우리의 모든 선택과 행동을 소리 없이 조종하는 충동을 먼저 이해해야 한다. 충동만 잘 알고 활용해도 매순간 더 똑똑한 결정을 내릴 수 있고 성공적인 인생을 살 수 있다.

－트래비스 브래드베리 박사
《나는 왜 툭하면 화부터 낼까?》 저자

충동은 정말 무모하기만 한가

1994년 2월 스노모빌 구조대는 캐나다 서부 핀처 크리크 외곽의 눈 덮인 언덕을 질주하고 있었다. 풍부한 경험을 자랑하는 이 구조팀은 남부 앨버타 주의 광대한 야생에 고립된 모험가 세 명을 구출하는 임무를 완수하고는 기분이 한껏 고조되어 있었다.

조지 배링턴과 로저 테일러, 켄 모리야마, 이 세 명의 모험가는 당일 코스로 스노모빌 여행을 떠났다가 전날 밤 귀가하지 못했다. 걱정이 된 가족들은 인근 스키장 웨스트캐슬의 브라이언 쿠삭 구조대장에게 도움을 요청했다. 눈보라가 심해 그날 밤에는 수색에 나서는 게 너무 위험했다. 다음날 오전 쿠삭 구조팀은 웨스트캐슬의 눈사태 경고로 손 발이 완전히 묶여 스키장을 비울 수가 없었다. 그래서 쿠삭은 자원봉사대를 소집했다. 열네 명의 자원봉사 구조대원이 재빠르게 모였고, 이들은 추적 몇 시간 만에 실종자들을 찾아냈다. 임무 완수를 자축하기 위해 구조대 멤버 중 여덟 명이 그룹에서 이탈했다. 정오의 하늘은 음울하게 가라앉아 있었다. 이들은 드넓은 평야에서 지난 주말에 쌓인

보송보송한 눈을 하늘로 걷어차 올리며 전속력으로 질주했다.

정오가 되기 조금 전, 이들 여덟 명은 언덕 끝자락에 위치한 낡은 우물터에서 멈춰 섰다. 스노모빌 라이더에게 편평한 진입로와 잇닿은 긴 비탈은 '해머-헤딩'이라는 게임을 하고 싶은 충동을 불러일으킨다. 해머-헤딩은 일종의 산악자전거 레이스로, 자전거 대신 스노모빌을 탄다는 점이 다르다. 진입로에서 최대한 속력을 낸 뒤 경사가 급해져 더 이상 오를 수 없을 때까지 언덕을 오르는 것인데 가장 높이 오른 사람이 이기는 게임이다. 스노모빌을 타는 사람이라면 누구든 해머-헤딩이 흥미진진한 게임이라고 말할 것이다. 그러나 눈사태 위험이 있는 곳에서 '재미'는 45만 킬로그램의 불안정한 눈 더미를 배경으로 한 것이다.

눈사태는 자연재앙 가운데 가장 성질이 사나운 축에 속한다. 허리케인이나 지진, 토네이도, 홍수 같은 천재지변과 달리 눈사태는 인간의 침입에 직설적이고 파괴적인 방식으로 반응한다. 특히 최근 폭설이 내린 언덕에서는 거대한 눈덩이가 그대로 허물어져 내릴 가능성이 아주 높다. 새로 내린 눈이 기존 눈과 접합될 시간이 충분하지 않기 때문이다. 딱 적당한 경사의 눈가루 언덕 위에서는 발 한 번 삐끗해도 균열이 일어나 엄청난 눈사태를 촉발할 수 있다. 이 중대한 사실을 캐나다 구조대원들도 곧 알게 될 터였다.

핀처 크리크의 소규모 리조트 타운은 치명적인 죽음의 트라이앵글 끝자락에 위치해 있다. 완벽한 자연조건과 밀려드는 겨울 스포츠 마니아들 덕에 이 작은 마을은 캐나다에서 가장 위험한 곳이 됐다. 캐나다에서 일어나는 연간 눈사태 사망 사고의 4분의 3이 이곳에서 일어난다는 사실은 비밀이 아니었다. 다시 말해 핀처 크리크의 구조대원들은 눈사태를 일으키는 조건이 무엇인지 충분히 알고 있었다는 뜻이다.

미들 쿠트니 고개에서 여덟 명의 스노모빌러 앞에 버티고 선 언덕의 경사는 너무 급하지도 너무 완만하지도 않았다. 스릴을 추구하는 스노모빌러에게 해머-헤딩은 매우 드물게 찾아오는 선물이어서 한 번 놓치면 언제 또다시 기회를 얻을지 알 수 없다. 불과 4년 전 바로 그 언덕에서 스노모빌러 한 명이 눈 무덤에 영원히 묻혔다는 사실은 중요하지 않았다.

구조대장은 그날 구조대가 맞닥뜨리게 될 유혹을 잘 알고 있었다. 그래서 출발하기 전 대원들에게 "해머-헤딩은 절대 허락하지 않는다."는 구체적인 지시까지 내렸다. 이 명령이 머릿속에서 채 떠나기도 전에 여덟 명 전원은 오전 11시 30분 무렵 언덕 발치에 다다랐을 때 일제히 스노모빌 엔진을 껐다. 잠시 후 그중 한 사람의 이성이 충동 앞에 무릎을 꿇었다. 이어 또 한 사람이 명령을 어기고 스물한 살의 레인 맥글린을 자극했다. 맥글린이 언덕 꼭대기에는 결코 못 오를 것이라며 그를 자극한 것이다. 맥글린은 재빠른 동작으로 엔진을 켰고, 다음 순간 무모한 열정으로 언덕을 향해 질주하기 시작했다. 언덕을 거의 다 오르고 나서야 마침내 스노모빌은 서서히 멈춰 섰다. 몇 분 뒤 맥글린을 자극했던 사내가 나섰다. 모든 게 비극으로 뒤틀리기 시작한 순간이었다.

두 번째 사내가 언덕을 오르는 도중 눈 더미 맨 위층이 무너지기 시작했다. 나머지 여섯 명의 라이더는 언덕에서 폭 140미터, 두께 90센

설원에서 속도를 즐기는
스노모빌러들

티미터에 이르는 눈 덮개가 벗겨지는 광경을 지켜봐야 했다. 육중한 눈 무더기는 가속도가 붙으면서 점점 더 많은 눈을 끌어 모았다. 결국 3미터가량의 젖은 눈이 막 갠 콘크리트를 쏟아부은 것처럼 레인 맥글린을 묻어버렸다. 그 광경을 보자마자 두 번째 라이더는 신속히 움직였다. 그 사람은 애초 그런 상황에서 언덕을 올라갈 만큼 무모한 사람이 아니었는지도 모른다. 언덕 아래쪽에 있던 나머지 여섯 명 중 다섯 명은 두 번째 라이더를 따라 가까스로 위험을 벗어났다. 여덟 번째 구조대원인 케빈은 그 자리에 갇혔다. 케빈은 그동안 비상상황에서 시동을 저절로 꺼주는 정지 장치에 문제가 생겨 시동이 제때 걸리지 않아 골치를 앓았다. 평상시라면 오작동하는 시동기는 작은 골칫거리에 불과했을 것이다. 그러나 1994년 2월 사건 당일 이 작은 불편은 시동을 켜기 위해 미친 듯이 애쓰던 케빈 브루더를 언덕 아래에 붙들어 맸다. 그는 자신을 향해 덮쳐 오는 레벨 3의 눈사태를 정면으로 바라봐야 했을 것이다. 결국 케빈 브루더는 스노모빌의 시동을 켜지 못했고, 레인 맥글린과 운명을 같이하고 말았다.

이들은 구조 임무를 맡고 있었기 때문에 눈사태에 대처하는 장비를 잘 갖추고 있었다. 살아남은 대원 중 한 명이 즉각 구조 신호를 전송했다. 나머지는 파묻힌 두 명을 찾기 위해 언덕을 정신없이 뒤지고 다녔다. 장비를 추적하는 무선 장치를 이용해 수색은 금방 속도가 붙었다. 낮 12시 5분에 거의 생명이 끊어진 케빈 브루더를 눈 더미 속에서 파냈다. 그는 가까스로 숨을 쉬고 있었다. 몇몇이 필사적으로 케빈에게 인공호흡을 시도하는 사이, 다른 대원이 레인 맥글린의 시신을 발굴해 냈다. "몸이 완전히 뭉개져 있었어요. 머리는 으깨졌고, 목도 부러졌죠. 허리는 180도 거꾸로 접혀 있었습니다." 브라이언 쿠삭은 13년이 지난 지금도 후회와 연민이 가득한 목소리로 말했다. 그 무렵 의사가 현장에 도착했다. 의사는 부자연스럽게 엉킨 맥글린의 신체기관을 한 번 살펴본 뒤 바로 사망을 선고했다. 언덕 한쪽에서는 케빈 브루더를 살리기 위한 노력이 계속됐다. 심장에 아드레날린 주사를 놓는 등 한 시간 가까이 소모적인 노력을 계속한 끝에 구조대는 결국 심폐소생술을 포기했다.

눈사태 전문가 토르스튼 겔트제너Torsten Geldsetzer와 브루스 제이미슨Bruce Jamieson[11]은 이 유감스러운 사고를 아주 쉽게 막을 수 있었을 것이라고 단언했다. "연약한 눈 비탈은 조금만 부담이 더해져도 눈사태 위험이 높아진다."는 금언에 구조대원들이 귀를 기울였다면 말이다. 그날의 비극적 사건으로 충격에 빠진 생존자는 "도대체 왜 그런 무모한 행동을 한 것일까?"라는 말로 혼란스러운 감정을 요약했다. 레인 맥글린은 왜 명령에 불복종하고 언덕을 올랐을까? 맥글린을 자극한 구조대원은 왜 뒤이어 언덕에 올라 결국 눈사태를 야기하게 되었을까?

이 책은 그 같은 질문에 대한 대답을 제시한다.

우리의 모든 행동과 선택을 움직이는 힘

간단한 실험을 해보자. 두 가지 매력적인 제안 가운데 하나를 선택해야 하는 상황을 상상해보자. 당신은 어느 쪽을 원하는지 말만 하면 된다. 첫 번째 안을 택하면 잉글랜드와 프랑스, 이탈리아를 일주하는 20일 유럽 여행 기회를 갖게 된다. 방법은 간단하다. 동전을 던져 앞면이 나오면 당첨, 뒷면이 나오면 탈락이다. 아니면 두 번째 안을 택할수도 있다. 두 번째를 선택하면 동전 던지기도 필요 없다. 무조건 일주일짜리 이탈리아 여행권이 공짜로 생긴다.

자, 여기 50퍼센트 확률의 20일 여행과 100퍼센트 당첨이 보장되는 일주일짜리 여행, 두 가지 기회가 있다. 당신은 어느 쪽을 선택하겠는가?

만약 당신이 대다수 사람들과 비슷하다면 안전한 쪽을 선택할 것이다. 보장된 일주일짜리 이탈리아 유람을 선택한 뒤 상당히 만족스러운 기분으로 돌아설 것이다. 그것이야말로 전체 인구 중 4분의 3이 내리는 결정이다. 그러나 모두가 그런 선택을 하는 것은 아니다. 대략 4분의 1은 운을 시험하는 도박을 한다. 이들 소수 집단은 더 큰 보상을 건질 수 있는, 아주 낮은 가능성을 위해 위험을 감수한다. 결국 아무것도 건지지 못할지라도 말이다.

2002년 노벨 경제학상 수상자인 대니얼 카너먼Daniel Kahneman과 동료

아모스 트버스키[Amos Tversky 2]]는 1970년대 중반 학생들을 상대로 여러 시나리오 중 하나를 선택하도록 하는 실험을 처음으로 실시했다. 두 사람은 학생들에게 유럽 휴가 상품 중에 하나를 고르도록 요청했다. 가끔은 보험 상품이나 다양한 액수의 현금이 선택 대상으로 제시되기도 했다. 그때부터 전 세계 연구자들이 온갖 종류의 상품을 걸고 이 아이디어를 테스트했다. 어디에서 실험이 이뤄지든 결과는 언제나 거의 동일했다. 무작위로 모은 사람들에게 두 가지 거래 중 하나를 뽑으라고 하면 다수는 안전을, 나머지는 도박을 따랐다. 배경이 다른 다양한 사람들을 상대로 이 연구를 자주 시행했기 때문에 연구자들은 사람들이 어떻게 결정을 내리는가에 대해 신뢰성 있는 결론에 도달했다. 구체적으로 학자들은 이렇게 단언했다. 대다수 사람들은 특별히 도박을 할 필요가 없는 한 작은 이득을 선택한다.

한편 어디에서 어떤 사람들을 대상으로 실험을 하든 항상 다수에 동조하기를 완강히 거부하는, 소수의 사람들이 존재했다. 카너먼과 트버스키 연구의 1순위 목표는 대다수 사람들이 결정을 내리는 방식을 연구하는 것이었기 때문에, 용감한 소수는 상대적으로 관심 밖이었다.

그러나 연구를 제대로 살펴보면 다른 결정을 하는 두 부류의 사람들이 긴밀히 연결돼 있는 것처럼 보인다. 두 부류의 사람들은 세상을 다르게 바라본다. 좀더 정확하게 표현하자면, 이들은 의사결정을 다르게 생각하는 것이다.

의사결정을 연구해온 롤라 롭스[Lola Lopes 3]]는 "나쁜 결과를 피하는 것과 좋은 결과를 성취하는 것, 둘 중 어디에 비중을 많이 두느냐에 있어서 사람마다 기질적 차이가 존재한다"고 말한다. 대부분의 사람들은 난처한 상황을 피하고자 하는 욕구에 갇혀 있다. 롭스는 이처럼 평균적인 보통 사람들을 '안전중심형security-minded' 이라고 부른다. 안전을 선호하는 조심스러운 다수는 무엇이 가장 안전한가를 기준으로 자신의 선택을 평가한다. 목적은 언제나 위험을 최소화하는 것이다.

반면 충동적인 사람은 롭스가 명명했듯 '모험중심형potential-minded' 이다. 이 흥미로운 패거리는 최소의 투자로 최대 효과를 얻는 데 온통 정신이 팔려 있다. 이들은 최악의 위험에서 달아나는 것보다는 가장 큰 상품을 집에 가져가는 것에 더 관심을 갖는다.

캐나다에서 있었던 눈사태는 신중파와 충동파의 비율을 생생하게 보여준다. 여덟 명 중 한두 명은 충동적인 경향을 보일 수 있다고 예측할 수 있다. 사실 그 사건은 바로 미들 쿠트니 고개에서 벌어진 일이다. 충분한 사전지식이 있었음에도 불구하고 구조팀 여덟 명 중 한 사람은 조심성 따위는 던져버리고 위험천만한 충동을 따랐다. 몇 분 뒤 두 번째 사람이 뒤따랐고 이어 눈사태가 일어났다. 그러나 나머지 여섯 명의 대원들은 충동을 억제했다.

그렇다면 왜 어떤 사람은 사고를 치지 않고 얌전한 반면 어떤 사람은 위험한 짓을 일삼으며 운명을 시험하는 것일까?

우리 뇌를 충동질하는 돌연변이 유전자

유전학은 많은 설명을 해준다. 모든 인간은 뇌 속에 모노아민 산화효소MAO를 갖고 태어난다. 이 효소의 역할은 충동을 제어하는 것이다. 미국 국립정신보건원의 데니스 머피 Dennis Murphy [4] 임상과학연구소장은 어떤 이들에게는 선천적으로 MAO 효소가 부족하다는 사실을 발견했다. MAO가 부족하면 더 적극적으로 스릴을 추구한다. MAO는 마치 자녀를 둔 부모처럼 재미 추구를 통제하는 뇌 속 화학물질을 조절한다.

화학물질 중 하나인 도파민은 우리 내부에 존재하는 어린아이 같은 측면을 대표한다. 도파민은 사람을 생기발랄하고 사교적으로 만든다. 새로운 경험을 갈구하게 되는 것도 도파민 때문이다. 적당히 분비되면 이 태평한 화학물질은 긍정적인 역할을 한다. 너무 많거나 적을 때는 치명적이 될 수 있다. 따라서 목표는 도파민을 적정 수준으로 안정시키는 balanced 것이다. [5] 바로 여기에서 다소 예민하고 변덕스러워 보이는 사람을 묘사하는 '불안정하다 imbalanced' 라는 단어가 나왔다.

MAO가 뇌를 지배하면 재미를 추구하는 화학물질의 수치는 뚝 떨어지고 늘 축 처져 있는 사람이 된다. 이럴 때 사람은 우울해지고, 우울증 치료제인 프로작 같은, 마음을 느긋하게 만드는 친구와 어울리며 모반을 꾀할지도 모른다. MAO 과다인 경우에는 발등에 떨어진 위험에 느리게 반응하거나, 명백하게 유리한 기회를 잡는 것도 두려워할 수 있다.

MAO가 부족할 때는 정반대 상황이 벌어진다. MAO 부족은 부모가 10대 자녀를 집에 혼자 두고 멀리 여행을 떠나는 것에 비유할 수 있다. 감시자 역할을 하는 MAO가 없을 때 도파민은 친구들을 초대해 뇌 속에서 광란의 파티를 벌일 자유를 얻게 된다. 파티가 달아오르면 부모님이 절대로 해선 안 된다고 했던 바보 같은 행동을 하게 될지도 모른다. 언제 무너져 내릴지 모르는 변덕스러운 언덕에서 스노모빌을 타는 것 같은 행동 말이다.

대다수 사람들에게 충동은 뒷자리의 조종자 같은 존재다. 우리는 지름길로 가라고 부추기는 충동의 목소리를 종종 들을 수 있다. 이때 뇌 속 MAO는 충동을 향해 잠자코 있으라고 타이른다. 그래서 다수는 잘 닦인 길 위에 안전하게 남게 된다. 하지만 소수의 대담한 영혼들은 충동이 운전대를 잡도록 허락한다.

최근 유전학 연구자들은 두뇌가 도파민을 다루는 방식을 변화시키는 유전자 돌연변이를 발견했다. 이 돌연변이 유전자를 가진 사람들은 위험이 예상되는데도 짜릿한 모험을 추구한다. 충동적인 사람들은 최악의 경우 섹스중독자, 난폭한 운전자, 파산한 사업가, 다윈 상(황당하거나 어리석은 행동으로 인해 죽은 사람들에게 주는 상)의 사후 수상자가 될 가능성이 높다. 물론 바람직한 경우도 있다. 이들은 결과에 대한 공포를 억누르는 비밀무기 같은 의지를 갖고 있다. 따라서 기회가 문을 두드릴 때 머뭇거리지 않고 기꺼이 집안으로 맞아들인다.

반면 조심스러운 이웃들은 기회가 옆집에 와서 어슬렁거릴 때까지 문구멍으로 걱정스럽게 살펴보기만 한다. 과학자들은 선사시대 인류의 조상들이 아프리카를 떠나 현재 삶의 터전을 확보하도록 만든 과감한 촉매가 바로 이 유전자 돌연변이였을지도 모른다고 믿고 있다.

이제 질문은 이것이다. 점점 흔해지는 이 유전적 특성은 세상에 긍정적인 영향을 주는가, 아니면 부정적인 영향을 주는가. 대답을 듣고 놀랄지도 모르겠다.

이 책은 의사결정에 대한 이야기를 두 부분으로 나눠 들려준다. 인류 역사상 모든 의사결정에는 사람과 상황이라는 두 요소가 있다. 오랫동안 인간은 의사결정 과정에 대해 신비감을 가져왔다. 왜 누구는 미치도록 우유부단한가? 왜 어떤 사람은 통제 불능으로 경솔한가? 느닷없는 행동을 하도록 부추기는 특정 조건이 있는 것일까? 왜 레인 맥글린은 그 언덕을 올라갔을까? 어째서 또 한 사람은 맥글린을 따라갔을까? 모든 이들이 자신만의 대답을 갖고 있는 듯 보인다. 하지만 그런 추측은 중요한 요인을 고려하지 않았기 때문에 대부분 설득력이 떨어진다. 이런 질문에 대한 해답을 찾고자 하는 그간의 노력은 상당 부분 사람들이 어떻게 결정을 내리는가에 대한 우리의 편향된 시선과 관련이 있다. 사람이 특정 방식으로 행동하도록 유도하는, 변덕스러운 인간의 마음에 대해서는 많은 책이 주목해왔다. 외부 영향은 거의 고려하지 않은 채 인간의 여러 타입에 대해 설명하는 책들도 있다. 하지만 이 책은 여러 시각을 효과적 의사결정을 위한 하나의 공식으로 모두 녹여내고 있다.

이 책의 첫 번째 부분은, 사람들의 선천적인 기질이 어떻게 다른지, 그리고 상황이 조건에 어떤 영향을 미칠 수 있는지 살펴보는 것이 의사결정의 질을 높이는 유일한 희망이라는 사실을 보여준다. 의사결정을 이해하기 위해 상황만 보거나 혹은 사람만 보는 것은 마치 조리법 없이 재료만 갖고 요리하는 것과 똑같다. 나름대로 대답을 얻을 수는 있지만 목표에는 도달하지 못한다.

의사결정은 그런 점에서 눈사태와 같다. 눈사태는 상황이 만들어내는 특정 조건(비탈의 경사도와 적설량)과 사람(눈 더미를 풀어줄 누군가)을 계산에 넣는다. 지구에서 가장 충동적인 사람들을 모아놓는다고 해도 언덕의 경사가 적당하지 않으면 눈사태는 일어나지 않는다. 반대로 지극히 조심스러운 한 사람이 완벽한 경사로 쌓인 눈을 가볍게 즈려밟기만 해도 눈사태는 일어날 수 있다.

인간의 행동 패턴이 미스터리로 남을 이유는 없다. 우리는 개인의 성향과 함께 이런 성향이 마지막 결정을 하게 만드는 조건도 알 수 있다. 얼마나 충동적인가는 운전 습관과 투표 성향, 자녀의 비행 여부에까지 커다란 영향을 끼칠 수 있다. 그러나 이런 개별 성향은 이야기의 일부만을 전해줄 뿐이다.

두 번째 부분에서 이야기는 정말 흥미진진해진다. 조심스러운 사람이 왜 어느 순간 꿈을 좇아 인생 전체를 뒤집는 결정을 하는지, 예술가의 성정을 지닌 사람이 어떻게 다국적 기업의 최고 수장 자리에 앉게 되는지 여기서 설명될 것이다. 이어 왜 골프 경기에서 타이거 우즈를 이기는 것이 어려운지, 사람들은 왜 정치인에 관한 인신공격에 그처럼 잘 속는지, 성인과 죄인의 공통점이 무엇인지, 사람들이 웹밴(오프라인 매장 없이 채소 및 식료품을 주문 배달해주는 온라인 쇼핑몰로 2001년 파산했다—옮긴이) 주식을 사들인 이유는 무엇인지, 이런 결정에 있어 충동성이 어떤 역할을 하는지를 탐색한다.

각자의 의사결정 경향을 파악하면 그 과정을 통제할 수 있다. 그런 점에서 이 책은 매우 흥미롭다. 지금까지 인간은 조건과 경향의 희생자였다. 그동안 우리가 들은 충고는 실제 적용하기에는 너무 모호하거나 너무 구체적이었다. 개인의 기질과 각자가 처한 상황은 너무 다르다. 개인의 독특한 성향과 다양한 상황에서 이 성향이 발현되는 방식을 이해하는 것만이 의사결정을 개선하는 유일한 방법이다.

우리는 충동적인 사람들이 세상을 공격하는 날선 방법을 탐색해 생존에 몰두하고 있는 좀더 신중한 사람들의 접근법과 대비시킬 것이다. 충동적인 사람들은 심장이 터질 듯한 스릴과 생존의 필요 사이에서 균형을 잡는 법을, 우유부단한 이들은 통제력을 상실할지 모른다는 두려움 없이 좀 느긋해지는 법을 배울 수 있다. 그렇게 함으로써 골프 경기와 사업, 생필품 쇼핑에서 조금 더 나은 점수를 받고 더 충만한 삶을 살 수 있을지도 모른다. 결국 우리 모두의 목표는 눈사태를 맞는 일 없이 설원을 활강하는 기쁨을 누리는 것이다.

Contents

Part 2
충동, 성공을 결정짓는 강력한 변수

세상을 움직이는
또 하나의 힘,
충동

괴짜 유전자가 세상을 뒤흔든다

충동이 성공의 기회를 만든다

왜 우리는 나쁜 뉴스에 더 솔깃할까

쏠리고 몰리고 들끓고

똑똑한 선택을 위해 버려야 할 것

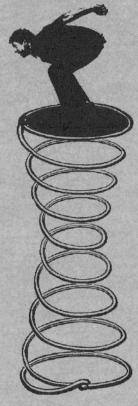

괴짜 유전자가
세상을 뒤흔든다

무엇이 동굴 속에 숨어살던 인류를 대륙으로 이끌었나?

The Impulse Factor

키 180㎝에 몸무게 77㎏. 공식 기
록이 전하는 닉 워니먼트의 체형이다. 어두운 골목길에서 마주친다면,
나이트클럽 VIP용 출입구를 찾아 헤매는 그런 남자라고 생각했을 것이
다. 그러나 워니먼트에게서는 흉포한 악당 같은 구석을 찾을 수 없
었다. 그의 외모는 링 위를 쿵쿵대며 걸어 다니는 거대한 살코기 같은
상대 선수와 달라도 한참 달랐다. 분명 워니먼트는 성실하게 체육관을
드나들었다. 하지만 아무리 봐도 격투기 선수보다는 속옷 모델에 가까
웠다. 싸구려 좌석(아마추어 복싱 경기장에 있는 대부분의 좌석에 해당되는 말이
지만)에서도 그의 반짝이는 흰 이는 두드러졌다. 얼굴에는 면도한 지
하루나 이틀쯤 지나 막 솟아나기 시작한 수염이 살짝 자리 잡고 있었
다. 하지만 근사한 턱수염으로 자랄 희망은 없었다. 오늘 시합이 끝나
자마자 면도기 날로 절단할 테니까. 턱에 남은 수염의 흔적은 지나치
게 완벽하게 선탠 된 구릿빛 피부와 손질한 손톱 같은 메트로섹슈얼의
특징을 감추려는 의도로 보였다. 사실 언뜻 보이는 수염으로 인해 영
화배우 브래드 피트처럼 보이기도 했다. 거친 외모의 상대 선수는 닉
을 보고 틀림없이 자신만만해했을 것이다. 하지만 상대 선수는 그 자

신감이 잘못된 것이었음을 곧 뼈저리게 깨달을 터였다. 그제서야 나는 그 모든 게 워니먼트의 전략이었을지 모른다는 생각을 하기 시작했다.

이 사내에겐 틀림없이 뭔가가 더 있었다. 워니먼트는 복싱 코치, 무에타이 코치, 세계 챔피언 출신 유술 코치와 함께 지난 1년간 일주일에 6일, 하루 두 차례씩 연습을 했다. 예외는 단 세 번뿐이었다. 스페인 팜플로나의 황소 달리기 축제에 참가하기 위해 일주일을 쉬었다. 시카고로 돌아오기 전 그곳에서 5일 내내 행사장에 있었다. 12월 말에는 스카이다이빙 자격증을 따기 위해 플로리다에서 한 주를 보냈다. 그리고 카니발이 아니면 세상 어디에서도 찾을 수 없는 '감각 과잉'의 축제를 경험하기 위해 브라질로 여행을 떠났다. 워니먼트에게는 친구가 많았지만 야성적인 모험을 함께할 친구는 자신과 유전자가 비슷한 사람이어야 할 것 같았다. 다행히 동생 크리스가 도움이 되었다. 크리스의 업무 스케줄은 2주 연속 일하고 2주 연속 쉬는 식이었다. 헬리콥터 조종사인 크리스는 뉴올리언스에서 멕시코만 유정의 굴착 시설까지 거친 일꾼들을 실어 나르는 일을 했다. 하지만 평범한 사람이라면 여가시간이 많다는 이유로 이런 종류의 아드레날린 과잉을 즐기지는 않을 것이다. 워니먼트와 크리스는 근무 시간이 탄력적이라는 점 말고도 많은 것을 공유하고 있었다.

오늘밤 복싱경기는 일종의 몸 풀기용 게임이었다. 워니먼트는 몇 달 후 본격적인 풀 콘택트 격투기(신체 모든 부위를 공격할 수 있는 격투기. 물어 뜯기 등 몇 가지 공격 테크닉만 제외되는 경기다.-옮긴이)에 참가하게 된다. 경기장은 예쁘장한 남자가 연타를 퍼붓는 모습을 보고 싶어하는, 피에

굶주린 팬들의 웅성거림으로 살아 움직이는 듯했다. 벨이 울리자 선수들은 몇 초간 링 주위를 춤추듯 돌며 상대를 탐색했다. 워니먼트의 얼굴은 통제된 흉포함, 공격적이되 동시에 전략적인 것이 무엇인지를 적나라하게 보여줬다. 상대의 펀치가 워니먼트를 비켜간 뒤 그의 차례가 왔다. 몇 발의 강펀치가 적중했고 잠시 후 상대 선수의 눈 밑이 찢어졌다. 핏줄기가 볼을 타고 흘러내렸다. 2라운드에서도 비슷한 일이 벌어졌다. 결국 심판이 나섰다. 상대 선수가 숨을 돌리도록 여덟까지 스탠딩 카운트다운을 했다. 3라운드에 가서 경기는 거의 끝이 났다. 벨이 울리자마자 심판은 경기를 종료시켰다. 이로써 워니먼트의 격투기 공식 전적은 1승 무패가 됐다. 이제 풀 콘택트 첫 격투기 경기가 눈앞으로 다가왔다.

풀 콘택트 격투기(혹은 이종격투기)는 고대 로마의 검투 경기와 비슷하다. 물어뜯기와 허리 아래 가격, 손가락 비틀기를 제외하면 어떤 폭력이든 행사할 수 있다.

"다섯 번만 이기면 이걸로 돈을 벌 수 있답니다." 그는 이렇게 말하며 윙크했다. 허가받은 아마추어 풀 콘택트 대회에서 다섯 차례만 승리하면 프로 선수 자격이 주어지고, 그때부터 돈을 받고 경기에 출전할 수 있게 된다. 보통 사람이라면 몸값으로 아이라도 내놓고 피할 그런 일을 할 자격을 갖게 된다는 뜻이다. 진짜 웃기는 건 워니먼트가 낮에 직장에서 일해서 버는 만큼 돈을 벌기 위해서는 이종격투기 대회UFC에서 세계 챔피언이 돼야 한다는 사실이다. 평소 수입에 비하면 대단한 돈도 아닌 것이다. 그런 점에서 워니먼트는 검투 경기 자체의 긴장감을 즐겼던, 고대 로마의 소수 자유민 출신 검투사를 닮았다.

짧고 강렬한 활동과 혁명적인 변신. 워니먼트의 경력을 보면 이 두 가지가 두드러진다. 워니먼트는 아이오와 대학을 졸업한 뒤 로스앤젤레스로 이주했다. 자극이라면 조금도 부족하지 않은 이 도시에서 그는 투자은행 모건스탠리에 취직했다. 금융 분석가로 첫출발해 신입 세일즈맨 1등상을 받기도 했다. 밤에는 할리우드에서 바텐더로 일했다. 그러다 MTV의 리얼리티 쇼 '리얼 월드: 시카고'의 출연자 선발대회에서 아깝게 탈락한 뒤 홀연히 짐을 쌌다. 금융업과 바텐더 일을 뒤로한 채 혼자 시카고로 떠났다. 현재 그는 낮에는 치과용 임플란트 제조공장의 영업 책임자(미래의 격투기 선수에게는 아이러니컬한 선택이 아닐 수 없다)로 일하고 밤에는 이종격투기 세계 챔피언들과 스파링을 하며 보낸다.

알면 알수록 닉 워니먼트에 대한 호기심은 더욱 커졌다. 물론 격투기를 취미로, 그것도 자발적으로 선택한 사람이라면 누구든 흥미로운 사람임에 틀림없다. 하지만 동료 격투기 선수들과 비교해봐도 그는 특이했다. 워니먼트는 자신이 가장 잘할 수 있는 일로 먹고살려는 올림픽 금메달리스트도, '록키' 영화를 지나치게 많이 보고 환상에 빠진 부두 노동자도 아니다. 그는 자신의 반짝이는 치아만큼이나 새하얀 '화이트칼라 금융맨' 출신이다. 워니먼트는 포스트모던 아메리칸 드림을 매일 현실에서 실현하며 살고 있었다. 그는 젊고 잘생겼으며 머리도 좋은데다 경제적으로 풍요로웠다. 게다가 자신의 삶과 조건에 대해 조금도 유감스러워하지 않았다. 내가 보기에는 도대체 앞뒤가 맞지 않았다. 세상 모든 것이 자신을 위해 존재하는데 왜 격투기 같은 미친 스포츠를 하면서 스스로를 벌주고 있는 것일까?

괴짜 유전자의 탄생

새 밀레니엄을 맞이해 세계는 잠복해 있는 Y2K 바이러스의 가능성과 잠재적 위험에 대한 예측으로 들썩였다. UC어바인에 있는 짐 스완슨 연구소도 예외는 아니었다. 두 가지 매력적인 연구가 전혀 예상치 못한 방식으로 충돌하기 직전이었다. 전 세계 과학자들은 하던 일을 멈추고 메모라도 해야 할 판이었다.

짐 스완슨은 겸손한 사람이었다. 과학자로서 자신의 성공은 "위대한 동료 과학자들과의 협력" 덕분이었다고 말하곤 했다. 그럼에도 불구하고 스완슨은 아동발달 분야에서 최고의 권위자로 인정받는다. 어바인 연구소는 전국아동연구National Children's Study라고 불리는 야심 찬 프로젝트의 선도 기관으로 가장 먼저 낙점 받은 7개 센터 중 하나였다. 전국아동연구 프로젝트는 어린이들이 직면한 최대 문제를 이해하려는 목적으로 추진된 전국 단위의 연구였다.[1] 향후 20년간 센터는 10만 명 이상 어린이들과 그 가족을 대상으로 공동 연구를 진행하게 된다. 스완슨은 점점 늘어나고 있는 주의력결핍과잉행동장애ADHD에 대한 선구적 연구 덕에 명성을 얻었다. 오늘날 많은 사람들은 ADHD를 초창기 이름인 주의력결핍장애ADD로 기억하고 있다. ADD라는 말은

ADD가 행동장애라기보다는 심리적 증상으로 공식 인정받은 1980년
대부터 유행하기 시작했다.[2] 그 후 이 단어는 일상생활 속으로 파고
들었다. 사람들은 집중력이 떨어지거나 산만한 아이들을 가리켜 ADD
라고 했다. 그 후 심리학자들은 ADD 중에서 몸을 가만히 놔두지 못하
는 증상을 묘사하기 위해 공식적으로 과잉행동Hyperactivity이라는 말을
덧붙였다. 스완슨 팀이 이제 막 밝혀내려고 하듯, 과잉행동은 ADHD
의 실체뿐만 아니라 인류의 역사를 이해하는 데 있어 결정적인 퍼즐
조각이다.

정신질환이 대개 그렇듯, ADHD가 처음 알려졌을 때만 해도 치료법
은 초보적이었다. 진단을 받는 아동의 숫자가 기하급수적으로 늘면서
좀더 정교한 치료법이 요구됐다. 1994~2004년 ADHD 치료를 위한
병원 방문 건수는 거의 3배나 폭증했고, 의사와 교사들은 유행병 번지
듯 늘어나는 ADHD의 다음 파고가 얼마나 높을지 두려워했다. 짐 스
완슨 같은 연구자들이 답을 찾아야 하는 마감시간이 째깍대며 다가오
고 있었다.

2000년 초 스완슨 팀은 ADHD 어린이들에게 두뇌자극용 게임을 하
도록 했다.[3] 아이들이 많이 하는 '빨간 불·초록 불' 놀이('무궁화 꽃이
피었습니다'와 유사한 놀이-옮긴이)와 비슷한 게임이었다. 먼저 아이들에게
불빛 바라보기 혹은 컴퓨터 자판의 버튼 누르기 같은 과제를 하나씩
준다. 과제를 수행하는 아이들에게 스톱 신호를 주면 아이들은 하던
행동을 즉각 멈춰야 한다. ADHD 증상을 가진 어린이들은 통상 멈추
라는 신호에 늦게 반응하고, 따라서 과제 수행 속도도 보통 아이들보

다 늦었다. 집계 결과는 짐 스완슨을 포함해 모든 이들을 놀라게 했다.

실험 전에 스완슨 팀은 특정 종류의 도파민 수용체 유전자 D4의 유무에 따라 실험 대상 아동을 두 그룹으로 나눴다.[4] D4의 기능은 두뇌에서 도파민의 수위를 조절하는 것이다(도파민은 활기와 행복감을 주는 뇌화학물질이다). 모든 사람이 이 유전자를 가지고 있지만 종류가 똑같지는 않다. 유전자 세계에서는 다 그렇다. 예를 들어 인간에게는 누구나 눈동자 색깔을 결정하는 유전자가 있지만 그렇다고 모든 사람이 다 같은 눈동자 색 유전자를 갖고 있는 건 아니다. 어떤 이들은 푸른색 눈동자 유전자를, 다른 이들은 갈색 눈동자 유전자를 갖게 된다.

도파민 수용체 유전자 D4 역시 마찬가지다. 모두 D4를 갖고 있지만 종류는 조금씩 다르다. D4의 한 부분이 염기서열 내에서 몇 차례 반복되는가에 따라 차이가 생겨난다. 대다수 사람들은 4차례 반복되는 짧은 형태의 D4를 갖고 있다. 반면 어떤 이들은 7차례 반복되는 긴 변종을 보유하고 있다. 긴 D4는 도파민에 덜 민감하고 결과적으로 뇌의 도파민 생산량에 장애를 유발한다. 다시 말해, 뇌 속에 존재하는 도파민이 보통의 경우보다 좀더 일을 많이 해야 한다는 뜻이다. 이런 사람들은 도파민 파티를 시작하려면 일반인보다 더 많은 화학물질을 긁어모아야 하고, 따라서 이들은 여분의 자극적 활동을 요구한다.

1990년대 중반 과학자 리처드 엡스타인Richard Ebstein[5]은 긴 변종 D4 유전자를 가진 사람들이 '탐색추구novelty seeking'라고 하는 성격적 특징을 가질 가능성이 높다는 사실을 발견했다. 엡스타인의 발견 덕에 긴 D4 유전자는 흔히 '탐색추구 유전자the novelty-seeking gene'라고 불린다.

단어를 보고 짐작했겠지만 탐색추구 성향의 사람들은 보통 사람보다 더 적극적으로 새롭고 흥미진진한 경험을 찾아다닌다. 문제는 모든 사람의 뇌가 도파민을 갈구하며, 그래서 도파민 생산량이 늘 부족한 상태로 태어난 사람은 과잉보상을 하려 한다는 것이다. 이들은 완만하게 움직이는, 삶의 정상적인 속도에 만족하지 못한다. 책을 읽는 것, 회의 내내 자리를 지키는 것, 교통법규를 준수하는 것, 심지어 이성과 성관계를 갖는 것조차 지속할 수 있을지 장담할 수 없다. 대부분의 사람들은 그럭저럭 만족하는 일을 탐색추구 유전자를 가진 사람들은 금방 지루해한다. 다시 말해 방황하는 이들 영혼은 더 많은 도파민을 만들어내기 위해 어디든 자극이 있는 곳을 찾아 헤매야 한다는 뜻이다. 과속을 즐기는 운전자가 될 수도 있다. 안전을 위한 지침을 무시하거나 주먹을 치켜 올린 채 링 안으로 뛰어들지도 모른다. 그 정도는 돼야 '평범하다'고 느끼는 것이다.

심장이 마구 뛰고 도파민이 분출되는 활동은 보통 사람에게도 환희를 느끼게 해준다. 하지만 도파민은 순전히 기분전환용은 아니다. 도파민이 지나치면 흥분이 쉽사리 공포와 불안으로 바뀐다. 탐색추구 유전자를 가진 사람에게 피 끓는 충동을 안겨주는 상황이 평범한 사람에게는 공포만 안겨줄 가능성이 높은 것이다.

현재 전체 인구의 4분의 1이 탐색추구 유전자를 보유한 반면, ADHD 진단을 받은 사람의 경우에는 절반 이상이 이 유전자를 갖고 있다. 엡스타인이 발견한 이후 많은 과학자들은 탐색추구 유전자에 '주의력 장애 유전자'라는 별명을 붙여도 무방하다고 생각했다. 사실

ADHD 어린이 전부가 이 유전자를 갖고 있는 건 아니다. 하지만 증상이 심각한 아이들은 대부분 이 유전자를 보유하고 있는 것으로 연구자들은 추정하고 있다. 짐 스완슨 연구의 목표는 바로 그 연관관계를 증명하는 것이다. 연구팀은 탐색추구 유전자를 가진 아이들이 두뇌 자극용 게임 테스트에서 같은 ADHD이지만 이 유전자를 갖지 않은 아이들에 비해 현저하게 부진할 것으로 예상했다.

실험 후 스완슨 팀은 결과를 계산했다. 탐색추구 유전자를 갖지 않은 ADHD 아동은 평균적인 ADHD 아동과 비슷한 수준의 점수를 기록했다. 보통 아이들보다는 실수가 많았고, 반응도 느렸다. 주의력 부족 때문에 관심이 여기저기로 흩어졌고, 논리적 사고도 하지 못했다. 만약 정상적인 도파민 유전자를 가진 ADHD 아동의 점수가 낮다면, 탐색추구 유전자를 가진 ADHD 아동이 좋은 성적을 낼 가망성은 없을 것이라고 스완슨 팀은 추정했다.

그러나 예상은 빗나갔다. 탐색추구 유전자를 보유한 그룹과 아닌 그룹 사이에는 분명 점수 차이가 존재했다. 하지만 스완슨 팀이 예상했던 것과는 달랐다. 유전자 보유 그룹은 예상보다 훨씬 좋은 성적을 냈다. 이들은 ADHD 증상이 전혀 없는 아이들과 비슷한 점수를 기록했을 뿐만 아니라 반응 측면에서는 되레 더 빠른 것으로 드러났다. 탐색추구 유전자는 과거 짐작했던 것보다 훨씬 많은 비밀을 안고 있음이 명백해졌다.

스완슨은 탐색추구 유전자를 보유한 ADHD 아동은 그렇지 않은 ADHD 아동과 다른 종류의 ADHD를 갖고 있다고 믿고 있다. 미국립

과학원회보 논문 초록에서 스완슨은 전자의 아동들이 '인지장애 없이 과잉행동을 특징으로 한 부분적 증후군'을 보인다고 주장했다. 비록 집과 학교에서는 몸을 가만히 놔두지 못하고 비정상적으로 활동적이라고 하더라도 사실 이 아이들의 사고 능력에는 아무런 장애가 없다는 얘기다. 부모와 교사들에게 이런 아동들이 버거운 이유는 단지 '과잉행동' 때문이다. 스완슨은 좌절한 부모들이 약의 도움을 청하게 되는 것도 바로 이 도를 넘는 '과잉' 행동 때문이라고 믿는다.

이 결과는 아무도 예상치 못했던 발견이었다. 다른 특징을 더 갖고 있든지 간에 이 아이들의 사고 속도는 빨랐다. 진짜 질문은 그것이 좋은 것인지, 나쁜 것인지를 알아내는 것이었다.

답을 찾기 위해 어바인 연구팀은 다른 팀과 함께 과거로 거슬러 올라가는 연구를 시작했다. 연구팀은 탐색추구 유전자의 기원을 찾아내 이 돌연변이가 오늘날 어린이들에게서 왜 그처럼 많이 발견되는지 해답을 찾고자 했다.

알고 보니 선물?

대략 16만 5,000년 전에 현 인류(호모 사피엔스)가 지구상에 출현했다. 조금 앞선 시대의 친족인 땅딸막한 네안데르탈인과 비교했을 때 인류의 조상은 큰 전두엽과 측두엽을 뇌에 수용하기 위해 넓은 이마를 갖고 있었다. 또 몸이 가냘프고 긴 팔다리와 좁은 엉덩이를 갖고 있었다. 호모 사피엔스와 네안데르탈인, 이 두 부류는 거의 교류가 없었으며 이후 11만 년 동안 별다른 충돌 없이 공존했다. 동굴 벽화와 음악이 탄생하기 직전, 호모 사피엔스가 처음 등장할 때부터 존재하던 짧은 종류의 도파민 유전자 D4는 7차례 반복되는 긴 D4를 낳게 된다. 근래들어 탐색추구 유전자로 불리는 D4 돌연변이다.

이 무렵(4~5만 년 전) 네안데르탈인은 대부분 유럽과 중동지역, 서아시아의 동굴에 거주한 반면, 현 인류는 아프리카 사바나 초원을 거주지로 삼았다. 현재 우리가 인류 문명으로 간주하는 것들이 대부분 아프리카 대륙에서 탄생했음에도 불구하고 오늘날 '문명'이라는 정의에 부합하는 것은 당시 거의 존재하지 않았다. 엄밀하게 말해 그 시절 오늘날의 인류와 신체적 특징이 비슷한 사람들이 살고 있었던 것은 사실이다. 하지만 그들에게는 문화를 특징짓는 미술이나 장식품 같은 상징이 전무했다. 정교한 언어도, 음악도 없었다. 그들은 그저 사냥하고, 채집하고, 그리고 생을 마감했다. 네안데르탈인만큼 방안퉁소는 아니었지만 그렇다고 지구를 두루 돌아다닌 것도 아니었다. 어쨌든 그때까진 그랬다.

그러다가 어느 순간 갑자기 인류는 약진을 시작했다. 몇몇 불안한 영혼들은 다른 세계를 확인하고 싶어했다. 오스트레일리아 과학자 데이비드 캐머런David Cameron과 콜린 그로브스Colin Groves[6]는 공저《뼈, 돌 그리고 분자Bones, Stones and Molecules》에서 "이유가 무엇이든 간에 4만 년 전 호모 사피엔스는 유럽 네안데르탈인의 핵심 지역으로 퍼져나가기 시작했다"고 설명한다. 이것이 네안데르탈인의 멸종을 알리는 신호탄이었다. 이후 네안데르탈인은 지구상에서 빠르게 사라졌다(마지막 네안데르탈인은 2만 7,000년 전에 죽었다). 호모 사피엔스의 이주는 동시에 거대한 시작이었다. 인류가 최초의 지도를 만든 게 고작 800년 전이었음을 고려하면 북으로의 이주는 대담한 시도였다. 물론 지도 찾기 같은 사치를 누릴 수도 없었다. 마젤란을 필두로 한 지리상의 대발견 시대는 5만 년이나 지난 뒤의 일이었고, 모세가 이스라엘 민족을 이끌고 이집트를 탈출한 때는 고작 만 년도 지나지 않은 일이다. 선사시대 인류는 지구가 둥글다는 것도 모르고 있었다. 바퀴가 발명된 게 5,000년 전이었으니 '둥글다'는 개념조차 갖지 못했을 것이다. 그뿐인가. 호모 사피엔스의 가냘픈 신체는 건장한 네안데르탈인 거주지의 추운 기후를 견딜 준비가 안 돼 있었다.

미지의 땅으로 집단 이주하는 것은 위험한 선택이다. 어쨌든 인류는 해냈다. 그리고 역사는 영원히 바뀌었다. 이주자들은 개척자가 됐을 뿐만 아니라 이 무렵 일종의 선사시대 르네상스가 꽃피기 시작했다. 고고학자들은 독일에서 3만 6,000년 전까지 거슬러 올라가는 악기(플루트)를 발견했다. 프랑스에서는 3만 2,000년과 2만 7,000년 전 플루트가 하나씩 나왔다. 3만 4,000년 전 독일 거주자들은 동물 형상을 조각했고, 프랑스와 스페인에서는 3만 2,000년 전 동굴 벽화를 그렸다. 12만 년 앞서 탄생한 도구와 사냥 테크닉에서 기술적 진보가 없었다는 뜻은 아니다. 다만 현 인류의 가장 큰 특징인 예술과 상징 분야에서만큼은 커다란 진척이 없었다. 《뼈, 돌 그리고 분자》에서 저자들은 이렇

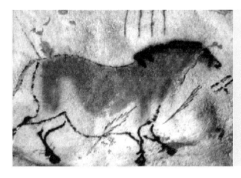

예술성이 뛰어난 프랑스의 라스코 동굴 벽화. 미개한 수준에 그칠 것이라 여겼던 선사시대 예술을 다시 보게 만들었다.

게 지적했다. "이후 유럽에서 있었던 폭발적 진보와 비교해 예술적이고 상징적인 활동이 초창기 아프리카 시대에 광범위하게 발달했다는 증거는 미약하다."

이제 질문을 할 차례다. 왜?

왜 우리는 무모한 행동을 할까?

2002년 UC어바인의 생물학자 위안 춘 딩[Yuan-Chun Ding][7]이 이끄는 연구팀은 이 문제에 대한 대답을 제공했다. 모든 것이 바로 탐색추구 유전자로부터 일어났다. 딩 연구팀의 목표는 이 유형의 유전자가 어디서 왔는지, 그 이후 어떤 역할을 해왔는지를 밝히는 것이었다.

유전자의 정확한 나이를 측정하는 일은 복잡한 과정이다. 하지만 조금만 뇌를 괴롭히면 인간이 어떻게 현재 위치에 다다랐는지 중요한 실마리를 찾을 수 있다.

유전자의 나이를 정할 때 생물학자들은 두 가지를 본다. 첫째는 유전자 가계도의 크기다. 만약 유전자 가계도에 가지(변종)가 많다면 오래된 유전자라고 확신해도 좋다. 가지가 몇 개에 불과하다면 아직 어린 유전자라는 걸 알 수 있다. 족보를 보면 조부모에게서 뻗어나간 가지가 당신에게서 뻗어나간 가지보다 더 많다. 이처럼 오래된 유전자일수록 젊은 유전자보다 파생 가지를 많이 갖고 있다. 유전자가 젊으면 씨를 뿌릴 시간이 넉넉하지 않았을 터이고, 따라서 현재 이 유전자를 보유한 사람들의 숫자 역시 많지 않을 것이라고 유전학자들은 추정한다.

특정 유전자 혹은 그 변종은, 지나치게 유해하지 않다면(예를 들어 질병을 유발한다든지 하는 식으로) 오랜 세월에 걸쳐 느리되 지속적으로 퍼져나간다. 유전자의 인구 내 확산은 대부분 우연에 의존한다. 예를 들어 내 아들이 물갈퀴가 달린 발가락 두 개를 갖고 태어난 것은 수백만 년 전 인간의 조상인 양서류가 육지 상륙을 결정한 이래 별다른 장점이 되지 못한다. 케빈 코스트너의 영화 '워터 월드' 세상이 조만간 닥치지 않는 한, 내 아들은 극지방의 빙산이 다 녹아내릴 때까지는 약간 비정상인 채로 사는 법을 배워야 할 것이다. 물갈퀴 발가락은 여전히 유전적으로 결정된다. 나와 내 아내의 조상 중 누군가의 DNA에 열성 물갈퀴 발가락 유전자가 숨어들었고 지금도 계속 퍼져나가고 있는 것이다. 하지만 이 유전자는 순전히 유전적 표류의 과정에 의해서만 퍼져나간다. 우연에 의해 유전자가 확산된다는 뜻이다. 유전자가 이를 보유한 개체에 별다른 이익도, 불이익도 주지 않기 때문이다. 두 개의 물갈퀴 발가락은 분명 평범하지 않지만 그렇다고 대단히 특이하지도 않다. 물갈퀴 발가락 유전자는 꽤 오랫동안 존재하면서 우연에 의존해 많은 사람들에게 퍼져나갔음에 틀림없다.

대체로 유전자는 정기적으로 돌연변이를 만들기 때문에 돌연변이 하나가 탄생하는 과정은 다소 지루한 사건이다. 하나의 돌연변이가 눈여겨볼 가치를 가지려면 시간이란 시험을 통과해야 한다. 자연선택의 과정이 모두 끝나면 이익을 주는 '좋은' 돌연변이들, 이를테면 나머지 네 손가락을 마주보도록 진화한 엄지손가락과 땀샘 같은 것만 살아남게 된다. 별 볼 일 없는 돌연변이는 꼴불견 패션마냥 솎아내 버려진다. 진화라는 전장에서 사상자가 되는 것이다. 물갈퀴 발가락처럼 이도 저도 아닌 돌연변이들은 퇴장을 유도하는 것이 아무것도 없다는 단순한 이유로 염기서열의 한구석에서 어슬렁거린다.

하지만 탐색추구 유전자는 ADHD 같은 장애에서 유독 많이 발견되기 때문에 자연선택의 법칙이 이 유전자에 생존 능력을 크게 부여한 것처럼 보이지는 않는다. 사실 앞뒤 살펴보지도 않고 뛰기부터 하게 만드는 그런 돌연변이라면 꽤나 빠르게 사라질 가능성이 높다. 보유한 사람이 성장하기도 전에 목숨을 잃을 것이기 때문이다. 하지만 탐색추구 유전자는 단명한 돌연변이들의 운명을 피해갔다. 어찌된 연유인지는 모르지만 고질적인 범죄 성향에서부터 공격성과 코카인 중독까지 사회적 문제와 강한 연관성을 갖는 이 유전자는 돌연변이 위치에서 시작해 주류의 위치까지, 믿기 어려운 여정을 밟아왔다. 이 유전자는 살아남았을 뿐만 아니라 번성하고 있다.

그런 점에서 탐색추구 유전자는 아이러니한 대상이다. 유전자 가계
도를 보면 이 유전자에서 뻗어나간 가지는 많지 않다. 유전자의 나이
가 아직 어리다는 뜻이다. 그런데도 전 세계 인구의 25퍼센트가 이 유
전자를 보유하고 있다. 60억 명 중 25퍼센트라면 다수는 아니지만 상
당한 숫자다. 유전자가 무작위로 퍼져나간 게 아니라는 것을 뜻한다.
탐색추구 유전자가 별다른 장점이 없는, 물갈퀴 발가락 유전자 같은
것이었다면 유년기에 해당하는 초기 단계인 지금, 이 유전자를 보유한
사람은 100명 중 대략 두세 명에 불과했을 것이다. 신부전증이나 암을
유발했다면 이 유전자를 가진 사람이 여태 남아 있지 않을 것이다. 당
장 주위를 둘러보라. 주변에 앉아 있는 사람들 중 네다섯 명에 한 명은
오래 전 아프리카에서 유럽으로 건너간 탐험가의 후예들이다. 지난
5만 년 중 어느 시기엔가 자연은 탐색추구 유전자에 뭔가 장점이 있다
는 걸 깨달았고 이 유전자를 퍼뜨리기 시작했다. 교실에서 산만한 학
생들을 다뤄야 하는 교사들에게는 성가신 존재였겠지만, 탐색추구 유
전자를 보유한 사람이 뛰어난 적응력을 보였음이 틀림없다.

누구나 주위에서 한 명쯤은 알고 있고 모두가 은밀히 질투하는, 바
로 그 태평하고 원기 왕성한 남녀들이 먼 옛날 집단 이주를 감행한 이
들의 후예일지 모른다는 상상은 흥미롭다. 이런 주장을 증명하기는 정
말 힘들다. 어떤 특정 유전자의 돌연변이를 전체 인류의 대탈출과 연
결시켜 해석하기에 유전학은 지나치게 복잡하다. 그러나 UC어바인의
생물학자 데보라 그래디Deborah Grady[8]는 이렇게 지적했다. "ADHD와 이

유전자 간의 관계는 전 세계적으로 아주 많은 연구팀이 입증했다. …… 따라서 둘의 관계는 특정 행동과 유전자 사이의 상관관계에 관한 한 보고된 연구 중 가장 믿을 만한 유전학적 발견이다."

우리가 알아낸 것은 인류사에 획을 그은 사건(아프리카에서의 이주와 미술·음악의 탄생 등)과 인간 유전자의 획기적 변이(탐색추구 유전자로 불리는, 7차례 반복되는 D4의 긴 변종 출현)가 동시에 일어났다는 사실이다. 위안 춘딩 연구팀은 이렇게 제안한다.

그 무렵 벌어진 인류의 확장, 혁신적 새 기술 그리고(혹은) 농업 발전이 7회 반복 DR(도파민 수용체) D4 증가와 관련이 있을 것이라는 추정은 틀림없이 유혹적이다. 아마도 포기를 모르고 새로운 것을 탐색하는 성격을 가진 개인들이 개척과 변화를 이끌어 냈을 것이다.

이 변이의 영향력이 통상적인 사례보다 훨씬 빠르게 커졌음은 명백해 보인다. 우리는 변형 유전자가 장기간 생존하기 위해서는 유전자를 보유한 개체에게 어떤 식으로든 유리하게 작용해야 한다는 걸 알고 있다. 그렇다면 과연 이 유전자가 장려하는 어떤 행동이 유전자의 생존을 돕고 있는 것일까? 이 경우 유전자가 제공하는 이점은 바로 핀처 크리크에서 보았던 치명적 결점과 동일한 것인지도 모른다.

한계를 뛰어넘는 사람들

2001년 9월 11일은 미국 역사상 가장 비극적인 날이었다. 모든 재앙이 그렇듯, 그날 테러리스트의 공격은 수많은 희생자를 냈다. 비극은 또한 무수히 많은 영웅도 낳았다. 소방관 스티븐 실러^{Stephen Siller}[91]의 행동은 영웅주의의 극대화된 형태였다. 9월 11일 오전 세계무역센터(트윈타워) 공격 소식을 들었을 때 실러는 브루클린 제1소방서에서 막 철야 근무를 마치고 글렌우드 컨트리클럽으로 차를 몰고 가고 있었다. 그날 아침 형제들과 골프 약속이 있었기 때문이다. 테러 소식을 듣자마자 실러는 망설임 없이 맨해튼 쪽으로 가는 터널로 핸들을 돌렸다. 사려 깊은 실러는 아내에게 전화를 거는 것도 잊지 않았다. 약속에 조금 늦겠다고 형제들에게 알려달라고 아내에게 부탁했다. 실러가 터널에 도착했을 때 교통은 이미 통제되고 있었다. 실러는 조금의 망설임도 없이 30킬로그램이나 나가는 장비를 꺼내들었다. 그리고 5킬로미터 떨어진, 불길에 휩싸인 생지옥 속으로 달려갔다. 그게 우리가 알고 있는 스티븐 실러의 마지막 행적이다. 그는 형제들과의 골프 약속을 끝내 지키지 못했다.

사람들은 실러의 결단을 비범하고 감동적이고 용감한 행위라고 여긴다. 그는 사건 당일 구조대에 합류하기로 결정하면서 목숨을 잃었다. 그날 아침 실러의 영웅적 여정을 기념해 매년 9월이면 터널에서 트윈타워까지 실러가 간 길을 따라 5킬로미터를 달리는 자선 마라톤 대회가 열린다. 물론 보통 사람 중에도 의무감에 장비를 챙겨 들고 쌍둥이빌딩을 향해 출발한 이가 있었을 것이다. 하지만 평범한 사람이라면 목적지에서 5킬로미터나 떨어진 곳에서 길이 막힌 것을 알고는 구조대 합류를 포기했을 것이다. 현장에 가려고 시도한 것만으로도 칭찬받을 일이다. 도로가 통제돼 현장에 도착하지 못하고 다른 소방관들에게 상황을 맡겼을지라도 말이다.

그러나 실러는 임무를 완수하겠다는 누르기 어려운 충동을 느꼈고, 앞을 가로막는 난관에도 불구하고 그 충동에 충실하게 따랐다. 지난 1993년에도 그 비슷한 일이 있었다. 당시 실러는 조지 브렛이 캔자스 시티 로열스 홈경기에서 마지막으로 타선에 서는 장면을 보기 위해 브루클린에서 캔자스시티까지 무려 3,200킬로미터를 쉬지 않고 차를 몰았다. 경기 후에는 곧바로 차를 돌려 3,200킬로미터를 운전해 브루클린으로 돌아왔다. 다음날 출근 시간에 늦지 않기 위해서였다. 야구경기를 보기 위해 40시간 이상을 달리는 게 충동적인 게 아니라면 무엇이 충동적인 것인지 나는 모르겠다. 합리적인 사람이라면 상상도 할 수 없는 일을 실러는 역사의 일부분이 될 기회로 여겼다.

대다수 사람들은 스티븐 실러 같은 사람들의 영웅적 행동에 매료된다. 하지만 어쩌면 실러를 완벽하게 이해할 수 있는 유일한 인물은 정반대 경우처럼 보이는 레인 맥글린인지 모른다. 핀처 크리크 눈사태에서 맥글린의 행동은 충동적 결정이 어떤 비극적인 결과를 낳는지 보여주는 모범 사례다. 동시에 그 사건은 비극과 영웅주의 간의 긴밀한 관계를 상징하기도 한다. 레인 맥글린의 사연을 잘 들여다보면 실러와 맥글린이 실은 정반대가 아니라 비슷한 경우라는 걸 깨닫게 된다. 물론 사건을 처음 접한 이들은 맥글린이 자신뿐만 아니라 동료인 케빈 브루더의 죽음에도 책임이 있다고 생각할 것이다. 실제 언덕을 올라가면서 맥글린은 노골적으로 명령을 어겼다. 그가 명령을 어기지 않았다면 결코 일어날 이유가 없는 사고였다.

맥글린을 비난하기에 앞서 애초 맥글린이 언덕에 가게 된 이유를 잊어서는 안 된다. 그는 자원봉사 구조대의 일원이었다. 눈보라 시즌에 길을 잃은 세 사람을 구조하는 게 임무였다. 맥글린이 고작 스물한 살밖에 안 됐다는 사실 역시 잊지 말아야 한다. 스물한 살짜리 자원봉사자는 꽤나 드물다. 오늘날의 젊은 세대가 자기중심적인 '제너레이션 미Generation Me'라는 걸 고려하면 '21세 자원봉사자'라는 말 자체가 모순인지도 모른다. 도대체 스물한 살 젊은이 중 누가, 그게 어떤 일이든지 간에 보수 없이 자발적으로 일하겠다고 나서겠는가. 더구나 새벽같이 일어나서 캐나다의 혹독한 눈보라 속을 뚫고 달려가야 하는 일이지 않은가.

맥글린이 아침에 잠에서 깨어나 조금만 더 생각을 했더라면 몇 가지 의문을 가졌을 것이다. 만약 내가 길을 잃는다면? 다른 구조대원들이 이미 많이 나가 있지는 않을까? 이 일은 내게 어떤 점에서 유리할까? 그는 합리적인 심리적 경계 목록을 금방 만들어낼 수 있었을 것이다. 길을 잃은 세 사람이 운이 좋았던지 레인 맥글린은 장애물을 상상하는 데 시간을 허비하지 않았다. 실러는 침대에서 벌떡 일어나 스노 장비를 챙긴 뒤 구조를 위해 출발했다. 스티븐 실러가 9월 11일에 그랬던 것처럼. 행위에 따른 위험과 책임에도 불구하고 실러와 맥글린은 망설이지 않고 시도했다. 인류의 조상이 아프리카의 경계를 건넌 것과 똑같은 방식으로 실러와 맥글린은 안전지대와 무방비 사이의 경계를 넘어섰다.

한계 불감증은 격투기 선수나 소방관, 젊은 스노모빌 운전자처럼 도전에 쉽게 유혹당하는 이들에게서 흔히 발견된다. 하지만 한계 불감증이 남성적 과시욕의 연장선상에 있는 건 아니다. 응용심리 연구소인 탤런트스마트의 연구결과를 보면 남성과 여성의 충동성 사이에는 별다른 점수 차이가 없었다. 워싱턴포스트 전 CEO 캐서린 그레이엄은 "한동안 권력은 남성적 특징으로 인식됐다. 하지만 사실 권력에는 성별이 없다."라는 유명한 말을 남겼다. 충동도 마찬가지다. 미지의 영역으로 무모하게 뛰어드는 게 유독 남성들에게만 나타나는 행동은 아니다. 예를 들어 "골치 아픈 일은 생각하지 말고"라고 말하는 무대포식 접근법은 여성해방 운동에 동력을 제공했다.

높은 진입 장벽에도 불구하고 조안 그로우가 정치인으로서 성공한 사례는 한계 불감증의 힘을 보여준다. 1974년 주 국무장관으로 선출됐을 때 그로우는 미네소타 주에서 공직을 꿰찬 첫 여성이 되었으며, 이후 24년간 공직을 수행했다. 그로우의 긴 정치 경력은 2년 앞서 시작됐다. 캐서린 그레이엄이 여성으로는 처음으로 포춘지 선정 상위 500대 기업 CEO에 선정된 때와 같은 해였다.

조안 그로우가 주 의회 선거 캠페인을 시작한 계기는 우연에 가까웠다. 선거전에 참여하기로 결정할 당시 그녀는 "만약 아기를 봐줄 보모를 구하면 민주당 지역 전당대회 후보 지명전에 참가해보겠다."며 앞뒤 재지 않고 행동했다. 그녀는 나중에 앵커 톰 브로커에게 이렇게 털어놓았다.[10] "별일 아닌 듯 보였습니다. 내가 무엇을 시작하려고 하는지 전혀 모르고 있었던 거죠." 신중한 사람이었다면 조금 더 시간을 들여 정치 입문에 따르는 비용과 희생을 따져본 뒤 결정을 내렸을 것이다.

조안 그로우는 보수적인 동네에서 구식 사고방식을 가진 남성 유권자들을 화나게 해가며 힘겨운 싸움을 시작했다. 정치 입문으로 결혼생활은 힘들어졌고 결국 이혼까지 했다. 결과적으로 그녀는 여성의 권력화에 기여함으로써 역사의 한 장을 장식했다.

물론 그로우는 지도자로서의 자질을 갖춘 지적인 여성임에 틀림없다. 그러나 그 지역구에는 그 자리에 어울리는 조건을 가진 다른 여성들이 많았을 것이다. 그로우는 자신이 친구들 중에 정치적으로 가장 활발하고 여성운동에 적극적인 축도 아니었다고 말한다. 그녀는 당시만 해도 여전히 남편의 셔츠를 다리던 평범한 주부였다. 그러나 경쟁에 뛰어든 사람은 다름 아닌 그로우였다.

결과가 어떨지 생각하지 않는 것만이 개혁을 이끌거나 타인의 목숨을 구하는 소명을 완수하는 유일한 길이라는 사실을 그로우의 인생은 증명한다.

스티븐 실러나 조안 그로우 같은 영웅의 삶을 보면 탐색추구 유전자가 왜 첫 돌연변이 이후 지속적으로 증가해왔는지 명백해진다. 한계에 둔감해질 때 장애물은 사라진다. 이런 발견은 충동적이라는 말의 의미를 다시 생각하게 만든다. 닉 워니먼트 같은 사람에게는 격투기와 스카이다이빙에 대한 열정 이상의 무엇인가가 잠재해 있는지도 모른다.

　약간의 한계 불감증은 인간을 빠른 변화의 길 위에 올려놓았다. 한계에 조금 무관심해지는 것이야말로 변화를 버텨내는 데 필요한 힘인지도 모른다.

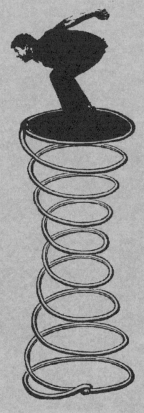

CHAPTER 2

충동이
성공의 기회를 만든다

폭발적 성공을 이룬 대가들 중 충동적인 사람이 유독 많은 까닭

The Impulse Factor

1951년 4월 초 맨해튼 미드타운의 작은 아파트에서 막 데뷔한 작가 잭 케루악^{Jack Kerouac}은 책상 위에 몸을 웅크린 채 타자기를 맹렬하게 두드리고 있었다. 1948년 첫 작품 《더 타운 앤드 더 시티^{The Town and The City}》는 평단과 독자 양쪽에서 별다른 호응을 받지 못했다. 케루악 자신조차 데뷔작이 지나치게 진부하고 지루하다고 생각했다. 하지만 새 작품은 기존의 관습과 철저하게 결별하게 될 터였다. 매일 몇 장의 셔츠를 땀으로 적시고 콩 수프와 각성제만 목구멍으로 들이부으면서 케루악은 3주 만에 8만 6,000여 단어를 써냈다. 이 작품이 바로 훗날 미국 문학사의 고전이 된 《길 위에서^{On the Road}》이다.

케루악은 자유롭게 물 흐르듯 글을 쓰는 '킥라이팅^{kickwriting}' 스타일만이 작품에 영감을 준 친구 닐 캐서디^{Neal Cassady}의 에너지를 포착할 수 있는 방법이라고 믿었다. 케루악에게 닐 캐서디는 인생 자체보다도 거대한 존재였다. 관습적이고 진부한 것과는 거리가 먼 캐서디에게 전통적 작법을 적용하는 것은 온당하지 않았다. 케루악이 맹렬히 돌진하는 한 영웅의 영혼을 두드리자 걸작이 탄생했다.[1]

닐 캐서디는 아이오와 주에서 로스앤젤레스로 가는 여행길에 유타 주 솔트레이크시티 외곽의 고물차 안에서 태어난 것으로 알려졌다(실상 그의 부모는 고물차 같은 건 소유한 적이 없고 캐서디는 병원에서 태어났다. 하지만 우리는 실제 이야기보다 만들어진 전설에 더 매혹된다).[2] 캐서디가 꼬마였을 때 부모는 헤어지고, 알코올중독자인 아버지와 함께 콜로라도 주 덴버 거리를 떠돌며 살게 된다. 그곳에서 캐서디는 '거리의 늙은 부랑자, 지친 카우보이들'과 함께 술을 퍼마시며 유년기를 보냈다. 10대 청소년 시절 카리스마 넘치는 이 젊은 사기꾼은 험악한 외양과 불안한 영혼을 가진 현대판 카우보이가 돼 있었다.

케루악은 캐서디를 "깔끔한 외양에 날씬한 엉덩이와 푸른 눈, 진짜 오클라호마 악센트를 가진 젊은 오트리(1930년대 미국의 가수이자 배우—옮긴이), 구레나룻을 기른 완벽한 서부의 영웅"으로 묘사했다.

카우보이 비유에 대해 말하자면, 캐서디는 말보로 광고에 나오는 남자에 가까웠다. 오트리처럼 언제나 멋진 남자는 아니었고, 파티에서는 꽃이 됐다가 다른 곳에서는 사고뭉치가 되는 좌충우돌 개인주의자였다. 캐서디는 훔친 차를 몰고 질주하고 싶은 충동을 억제하지 못해 청소년 시절 소년원을 들락거렸다. 이상하게도 '감방 꼬마'가 됐을 때 그 욕망은 안전하게 감금되었다. 그곳에서 캐서디는 고전문학과 철학에 파묻혀 자신만의 문장 스타일을 구축했다. 훗날 케루악은 체리 메리라는 소녀와 벌인 불장난을 상세하게 묘사한, 캐서디가 자신에게 보낸 편지가 최고의 미국 문학이라고 주장했다. 이런 모순으로 인해 어떤 사람들은 캐서디를 사랑스런 범법자이자 민중의 영웅으로, 또 어떤 사람들은 경솔한 사기꾼으로 바라보았다. 한마디로 어디로 튈지 모르는 사람이었다.

재즈 음악과 영적인 방랑벽, 살아 있는 모든 것에 대한 열정에 불타는 캐서디는 비트 세대 영웅의 전형이 됐다. 이 악명 높은 인물에게 장점이 더 많은지, 단점이 더 많은지는 아직도 논란거리로 남아 있다. 그에게 붙은 꼬리표가 무엇이든, 실제로 어떤 인물이었든 닐 캐서디는 의심할 바 없이 충동적인 사람이었다.

누군가가 충동적이라는 말을 들으면 사람들은 보통 닐 캐서디 같은 영원한 말썽꾸러기 이미지를 떠올린다. 충동성에 대한 연구는 그런 집단적 이미지를 뒷받침한다. 예를 들어 충동적인 사람들의 두드러진 특징은 위험한 운전을 즐긴다는 것이다. 캐서디 역시 속도광이었다. 케루악과 함께한 미국 횡단여행에서 캐서디는 여러 여자에 대한 사랑을 진지하게 고백했고, 수없이 많은 자동차를 훔쳤으며, 자신은 물론이고 자동차조차 견딜 수 없는 상태가 될 때까지 훔친 차를 몰아댔다. 《길 위에서》는 지금도 수백만 명이 즐기는 매력적인 폭주이다. 대다수 사람들이 충동성을 축하하는 선은 여기까지다. 캐서디의 삶은 예술가연하는 타입에게는 멋져 보이지만 이상주의자 제한구역을 벗어나면 아무런 실용적 가치도 없는 것으로 간주된다. 캐서디가 누린 명성 역시 보통 사람이라면 별로 아쉬워하지 않을 그런 종류의 것이다. 하지만 비트 세대의 영웅과 난폭한 운전 이상의 무엇인가가 충동성에 있다면? 충동성이 만약 당신의 성공에 실질적인 영향을 미친다면?

충동, 성공의 변수

1955년 워싱턴 주 시애틀에서 또 한 명의 모험가가 세상에 등장했다. 《길 위에서》가 출판된 바로 그해다. 비트 세대 예술가를 특징짓는 과시적인 멋과는 정반대로, 이 모험가는 '쿨'과는 거리가 멀었다. 그가 선보인 깡동한 바지와 우스꽝스럽게 생긴 큰 안경은 오늘날 '공부벌레 얼간이'라고 부르는, 전혀 새로운 영웅 스타일을 예고했다. 빌 게이츠 역시 속도와 합법의 한계를 시험하는 데서 흥분을 느꼈다. 1970년대, 책상을 우아하게 장식할 개인용 컴퓨터^{PC}가 현실이 되기 전, 10대 소년 빌 게이츠는 컴퓨터를 무단으로 쓰다 사용금지 처분을 당하기도 했다. 남의 차를 훔친 적은 없지만 1977년 여름 미래의 '마이크로소프트 거물'은 뉴멕시코 주의 도로 공사현장에서 불도저를 빌렸다. 캐서디가 그랬듯, 게이츠도 한밤중 친구와 땅을 파헤치며 짜릿함을 맛보고 싶다는 게 전부였다. 하지만 게이츠의 관심을 오래 끌기에 불도저는 너무 느려터졌다. 스피드에 대한 그의 갈망은 닐 캐서디만큼이나 탐욕스러웠다.

스무 살의 게이츠는 자동차 정비공에게 자신의 진녹색 중고 포르쉐가 힘이 약하다고 불평하기도 했다. 최고 속력이 시속 126마일은 돼야 하는데 121마일밖에 안 된다는 것이었다. 스티븐 메인스$^{Stephen\ Manes}$와 폴 앤드류스$^{Paul\ Andrews}$의 전기 《게이츠^{Gates}》[3]를 보면 게이츠가 손님 마중을 위해 공항에 가면서 어떻게 자동차 핸들링과 속도를 시험했는지 알 수 있다. 한번은 일본 손님이 창백한 얼굴로 몸을 떨며 폴 앨런에게 이렇게 묻기도 했다. "게이츠는 항상 이렇게 차를 빨리 모나요?" 자동차 경주를 방불케 하는 급한 출발과 신호등 앞 급제동(가끔은 멈추지도 않는)으로 인해 동승자들은 너무 놀라 다시는 게이츠가 운전하는 차를 타지 않겠다고 선언하기도 했다.

게이츠의 트레이드마크인 이런 모험적 행동은 마이크로소프트를 운영하는 데도 반영됐다. 마이크로소프트가 젊고 경솔한 다윗이던 초창기, 게이츠는 IBM이나 애플 같은 업계 골리앗을 쓰러뜨리겠다는 의욕에 불탔다.

1990년대와 2000년대 많은 첨단기술 기업이 초고속으로 성장한 사실을 떠올리면 마이크로소프트가 시작부터 성공할 운명이었다고 추측하기 쉽다. 그러나 하버드 대학을 중퇴하고 마이크로소프트를 설립한 일은 결코 쉽지도, 안전하지도 않은 결정이었다. 1976년 개인용 컴퓨터라는 개념은 아직 대중의 상상력을 자극하지 못했다. 마이크로소프트는 소수였던 컴퓨터광을 소비자로 겨냥한 틈새 기업이었다. 이 작은 시장을 지배하기 위해서 마이크로소프트는 길고 험난한 길을 가야 했다. 초창기 몇 년간 빌 게이츠와 폴 앨런을 포함한 직원 대다수는 뉴멕시코 주에 있는 한 아파트에서 살았다. 가족들의 염려에도 불구하고 게이츠는 충동에 따라 모든 것을 걸었다. 그는 하버드를 그만두고 혁명의 불길을 당겼다. 이 혁명은 그 후 30년 동안 시장을 게걸스럽게 집어삼켰다.

빌 게이츠와 닉 워니먼트, 그리고 앞서 언급한 도전적 인물들이 탐색추구 유전자를 보유했는지는 알지 못한다. 그러나 그들의 충동적 행동은 확실히 우리가 탐색추구 유전자에 대해 알고 있는 정보와 일치한다.

과연 무엇이 충동성을 폭발력 있는 성공 요인으로 만드는 것일까?

모두가 '예스'라고 말할 때 '노'

낯선 사람들 6명과 함께 테이블이 놓인 작은 방에 앉아 있는 장면을 상상해보자. 서로 이야기를 나누는 사람이 없으므로 당신은 다른 사람들도 초면일 것이라고 짐작한다. 연구용 실험에 참가 신청을 하고 그곳에 갔기 때문에 추측은 그럴듯해 보인다. 당신은 참가자들을 다시 한번 빠르게 훑어본다. 어쩌다 눈이 마주치면 의무감에 입술을 굳게 다문 채 살짝 미소를 지을지도 모른다. 방 앞에는 카드 더미를 옆에 놓고 연구자가 앉아 있다. 몇 분 후 연구자는 목청을 가다듬고 인사를 한 뒤 연구에 참여해줘 감사하다는 말을 한다. 연구자는 검은 색 줄이 그려진 흰 카드 몇 쌍을 보여주겠다고 말한다. 첫 번째 카드에는 검은 선이하나, 두 번째 카드에는 세 개의 선이 있다. 참가자들은 두 번째 카드의 A, B, C 세 개 선 중 어느 것이 첫 번째 카드의 선과 길이가 같은지말해야 한다.

연구자는 두 장의 카드를 나란히 들었다. 두 번째 카드의 A선은 짧고 B선은 길다. 분명히 정답은 C선이다. 이건 너무 쉽다. 진짜 테스트를 하기 전에 연습 삼아 해보는 준비 운동처럼 보인다. 당신은 흔쾌히 문제풀이에 참여한다. 첫 번째 사람이 답을 하라는 신호를 받는다. 놀랍게도 그는 A선이 첫 번째 카드의 선과 길이가 같다고 대답한다. 이제 당신은 이 테스트가 지적 능력이 모자란 사람을 솎아내려는 사전 검사일 것이라고 생각한다. '방금 답변한 사람은 안경이 필요하겠군. 틀림없이 다음 단계 테스트에는 참가하지 못하겠지.' 당신은 그렇게 결론을 내린다. 실은 방 안에 있는 모든 사람이 연구팀과 공모했고, 그걸 모르는 사람은 당신뿐이다. 참가자들은 모두 오답을 말하도록 지시 받아서 지금 연기를 하고 있다. 두 번째 답변자도 오답을 말했다. 이제 조금 혼란스러운 기분이 들기 시작한다. 그리고 자문한다. '내 판단은 옳은 것일까? 혹시 나 혼자 질문을 잘못 이해한 걸까?' 이제 당신 차례다. 앞서 다섯 명은 모두 동일한 오답을 말했다. 당신은 눈을 비빈다. 셔츠 소매에 재빨리 안경알을 닦는다. 다시 집중해서 카드를 바라본다. 여전히 달라진 것은 없다. 멀쩡해 보이는 다섯 명이 답한 것과는 달리, A선이 아니라 C선이 첫 번째 카드의 선과 길이가 같다는 것은

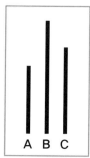

명백하다. 당신은 어떤 대답을 내놓을 것인가?

심리학자 솔로몬 애쉬[Solomon Asch][4]는 1950년대 초반 이 실험을 했다. 케루악과 캐서디가 전설적인 미국 횡단여행을 감행한 바로 그 시절이었다. 애쉬의 연구에서 놀랍게도 참가자의 4분의 3은 다른 사람들의 의견을 따르기 위해 알면서도 틀린 답을 선택했다. 참가자 인터뷰 결과, 오답을 말한 사람들은 모두 정답이 무엇인지 알면서도 의식적으로 잘못된 답을 선택했다고 고백했다. 왜? 다른 사람들이 모두 그렇게 대답했기 때문이다. 애쉬의 연구에서 4분의 3이라는 압도적 다수는 그룹 내에서 사회적 위험을 감수하면서 자신의 주장을 내세울 의향이 없었다. 인간은 그룹 안에서 우호적 지위를 고수하고자 하는 강렬한 욕구를 갖고 있다. 우리는 다수의 의견에 동의함으로써 이 지위를 지킬 수 있다고 믿는다.

후속 연구에서 애쉬는 상황을 뒤집었다. 이번엔 연기자가 한 명이고 여섯 명은 정상적인 실험 참가자였다. 연기자는 나머지 사람들이 그룹 내 비순응자를 어떻게 대우하는지 확인하기 위해 의도적으로 틀린 답을 말했다. 예측한 대로 참가자들은 한 명의 연기자를 낙오자 취급했다. 이들은 연기자가 오답을 말할 때 비웃기까지 했다. 실험 말미에 참가자들은 엉뚱한 대답을 한 연기자가 마음에 들지 않았다고 솔직하게 털어놓았다. 실험은 집단에 순응하지 않았을 때 개인이 얼마나 값비싼 사회적 대가를 치르는지에 대한 단순명료한 증거였다. 대다수 사람들에게 집단에 소속되는 것은 단순히 올바르고자 하는 욕구를 뛰어넘는다는 것을 보여준 셈이다. 애쉬는 이렇게 말했다. "인간이 사회에 순응하려는 경향은 너무 강해서 지적이고 선의에 넘치는 젊은이들조차 하얀색을 기꺼이 검다고 말한다. 이는 우리의 교육 방식 및 행동을 규제하는 가치와 관련해 여러 가지 질문을 제기한다."

순응이라는 광범위하게 번진 전염병은 솔로몬 애쉬 외에도 많은 사람들을 경악시켰다. 애쉬의 발견은 제2차 세계대전 직후에 이루어졌다. 모두가 같은 행동을 하고 있다는 사실 말고는 아무런 합당한 이유 없이 평범한 사람들이 이웃사람들을 소각장에서 태워버리던 때였다. 이런 종류의 무조건적 순응이 자신의 문화 속에도 존재할 것이라는 생각에 사람들은 공포를 느꼈다.

애쉬의 연구에서 또 한 가지 흥미로운 사실은 종종 무시된다. 바로 4분의 1이 자신의 판단을 고수했다는 사실이다. 이 사람들은 부정적인 영향이 예상되는데도 개의치 않고 정답을 내놓았다. 카너먼과 트버스키의 연구에서 보았듯, 다른 사람들이 모두 안전한 길을 선택한 반면 4분의 1은 자신의 충동에 따라 위험한 선택을 했다. 이 4분의 1에게는 뭔가 독특한 것이 있다. 탐색추구 유전자는 비우호적 결과에 직면해서도 굽히지 않는, 소수의 비순응성에 대한 유전적 실마리를 제공해줄 수 있을지 모른다.

충동적인 사람은 단순히 신중한 사람과 다른 결정을 하거나 다른 결론에 다다르는 차원이 아니다. 사실 충동적 성향을 가진 사람은 결정 자체를 전혀 다른 각도에서 바라본다. 이들이 반드시 안전 대신 위험을 선택하는 것은 아니다. 그보다는 잠재적 보상에 온통 마음을 빼앗기고 있기 때문에 선천적으로 위험에 덜 민감하다고 말하는 게 더 적절하다. 이런 관점에서 바라보자면 충동적 스노모빌러가 위험 경고를 무시한 채 언덕 위로 돌진하는 건 전혀 놀랍지 않다. 위험 경고가 충동으로 가득 찬 그의 마음에는 아무런 호소도 하지 못하기 때문이다. 3주짜리 여행에 당첨될 확률에 너무 몰두한 나머지 아무것도 못 받을 위험을 기꺼이 감수하는 사람이 있다는 사실 역시 놀랍지 않다. 레인 맥글린에게 "눈사태 위험이 높다"고 말하는 것은 잠재적 보상에 대한 욕구가 아니라 위험 회피 및 안전 의식에 호소하는 것이다. 그러니 그 말이 들릴 리 있겠는가.

잠재력에 집중하면 때로 큰 보상을 받기도 때로는 심각한 타격을 입기도 한다. 이런 모순 덕에 충동은 미덥지 못한 특성으로 여겨졌다. 양날의 칼처럼 말이다. 그렇다면 여기서 좀더 본질적인 질문을 짚어보자. 충동은 좋은 것인가, 나쁜 것인가?

대담한 행동이 값진 보상을 안겨준다

응용심리 연구회사 탤런트스마트에서 몇 달간 이 질문을 갖고 씨름했다. 연구팀은 인간의 변칙적 행동을 조사하고 모순을 파고들어 적용 가능한 답을 찾아내는 데 익숙했다. 그러나 충동을 효과 있게 만드는 것이 무엇인지 답을 찾는 과정은 단순하지 않았다. 인간이 개인으로, 그룹으로 어떻게 행동하는지 근저를 파악하기 위해 연구팀은 충동을 재는 간단한 척도를 만들었다. 이 척도에서 점수가 높을수록 충동적이다. 2,000여 명의 참가자들에게 데이터를 받은 뒤 승진 횟수와 연봉, 전반적 업무 능력 같은 일련의 성공 지표와 충동 지수를 비교했다. 또 자신의 직업이나 삶에 얼마나 만족하는지, 삶이 얼마나 목적이 있다고 느끼는지 등을 포함하는 '삶의 질 지수Quality of Life Index'도 살펴봤다. 점수를 그래프로 만들어보니 명백한 트렌드가 보이기 시작했다.

척도가 밑바닥인 가장 조심스러운 사람들이 승진에서 가장 뒤처지고 업무 능력이 떨어졌으며 월급도 가장 적었다. 삶의 질에 대한 만족도 역시 최저였다. 반면 충동적일수록 개인적, 직업적 성공과 만족도 역시 높아지는 듯이 보였다.

충동 점수와 비례해서 성공 지표가 높아지는 현상처럼, 연구에서 한 변수가 다른 변수에 비례해서 커지는 것을 '선형추세'라고 부른다. 선형추세는 우리 주위에 많이 있다. 예를 들어 더 많이 운동할수록 점점 더 건강해진다. 따라서 운동과 건강 사이의 관계는 선형추세라고 말할 수 있다. 회사가 더 많은 이윤을 낼수록 주가가 뛰는 것과 마찬가지다. 그렇다면 충동성은 좋은 것처럼 보인다. 그렇지 않은가?

글쎄, 어느 정도는.

충동성 척도의 4분의 3쯤 되는 지점에서 성공 지표는 깔끔한 선형추세를 멈춘다. 멋지게 쭉 뻗은 그래프의 선은 충동성 스케일의 가장 오른쪽에 위치한 사람들, 즉 가장 충동적인 사람들에 이를 즈음 위 아래로 출렁이기 시작했다. 이런 타입 중 일부는 성공의 정점을 향해 오르고 있었다. 그러나 충동적이면서 동시에 부유하고 만족스러운 사람만큼이나 성공지표의 바닥을 깔고 있는 사람들이 있었기 때문에 선형추세는 흐트러졌다. 충동적인 사람들의 대담한 행동이 값진 보상을 안겨주기도 하지만 비싼 대가를 요구하기도 한다는 것은 명백해졌다. 그래도 충동적인 독자들에게 잔은 여전히 절반이나 차 있는 것으로 보인다. 연구 결과 충동적인 사람들 중 절반은 높은 잠재력을 실현했기 때문이다. 대단한 성취 뒤에는 큰 실패가 공격의 찬스를 노리며 웅크리고 있다는 사실에도 불구하고 말이다.

충동적인 사람들 중 일부가 수혜를 입고 나머지는 피해를 본다는, 이런 모호한 결론은 사건 종결을 선언하기에 불충분했다. 탤런트스마트 연구팀은 가진 걸 다 걸지 않고도 성공할 수 있는 방법이 있지 않을까 궁금해졌다. 몇 달간 데이터를 들여다보고 관련 연구를 숙고하고 연구 결과를 실제 상황에 대입해본 끝에 연구팀은 마침내 충동의 이면을 찾아냈다.

충동적인 빌 게이츠가 성공할 수 있었던 이유

빌 게이츠의 별명은 '바이너리 빌Binary Bill(이진법의 빌)'이다. 이 별칭은 이진법으로 알려진 컴퓨터 프로그래밍 방식에서 따왔다. 이진법 시스템은 궁극적으로는 온 오프 스위치 역할을 하는 일련의 긴 숫자를 바탕으로 작동된다. 예를 들어 키보드 위의 스페이스바를 치면 스위치가 켜지고 커서는 한 칸을 건너뛰게 된다. 알파벳 전체가 아니라 온 오프라는 오직 두 개의 스위치만 갖고 있기 때문에 부호화 시스템은 이진법(바이너리) 체계라고 불린다. 빌 게이츠는 초보자로 이진법 체계를 배우기 시작했고 따라서 초창기 시스템과 깊은 인연을 갖고 있다.

그러나 별명은 완전히 다른 이유로 얻게 됐다. '바이너리 빌'은 게이츠의 이원적 사고 체계를 가리킨다. 한편으로 게이츠는 충동 그 자체이다. 그는 교통법규 위반 딱지로 마이크로소프트 이사회 회의실을 도배할 수도 있을 것이다. 다른 한편으로, 특히 사업과 관련해서 게이츠는 모험 충동을 자신의 비관주의로 억제한다. 대다수 사람들에게 비관주의는 장점이 아니다. 그러나 다시 강조하지만 대다수 사람들은 선천적으로 충동적이지 않다.

2001년 소비자 조사 회사 밀러–윌리엄스는 1,600여 명의 회사 임원을 대상으로 의사결정 스타일을 조사했다. 연구자들은 빌 게이츠가 위험회피 의사결정자의 완벽한 사례라고 결론 내렸다.[5] 위험을 기꺼이 감수하는 게이츠의 초기 성향을 떠올리면 믿기 어려운 얘기처럼 들린다. 위험회피란 단어는 분명 '하나의 거대한 아이디어에서 또 다른 거대한 아이디어로 한 번에 튀면서 출세한, 포르쉐 모는 대학 중퇴생'을 분류할 때 쓰는 말은 아니다. 그러나 밀러–윌리엄스의 분류는 사실 정확했다.

조사는 게이츠의 다른 면에 접근했다. 빌 게이츠는 어떤 아이디어도, 심지어 자신의 아이디어조차 특유의 회의주의와 강도 높은 정밀조사를 거치지 않고는 사무실을 떠나도록 허락하지 않는다. 1980년대

이원적 사고를 가진 빌 게이츠

초 게이츠는 지금 세계가 마이크로소프트 엑셀Microsoft Excel이라는 이름으로 알고 있는 풋내기 표 계산 프로그램의 종말이 임박했음을 설파했다. 1980년대 내내 그는 윈도Windows라는 소규모 운영시스템의 완전 절멸을 두려워하며 불면의 밤을 보내야 했다. 빌 게이츠의 두뇌 회로에는 마치 잠재적 가능성을 향해 항상 불이 켜진 긍정적 신호와 재앙을 감지하는 음울한 신호가 공존하고 있는 것 같다.

이런 이원적 사고는 재계 거물들을 만난 뒤 그 존재가 분명해졌다. 탤런트스마트의 최초 연구를 실행한 지 몇 달 뒤 어느 여름날, 나는 포춘지 선정 100대 그룹 중 한 회사의 유망주들을 초청해 진행된 글로벌 의사결정 워크숍에서 첫 번째 순서를 진행하고 있었다. 사람들의 의사결정 스타일은 역시나 둘로 나뉘었다. 참석자 중 4분의 1은 자신의 충동성을 부추겨서 성공한 반면, 대다수 리더들은 좀더 계산적인 스타일을 선호했다.

충동적 사고의 소유자들은 자신의 사고방식이 어떻게 하면 효과적으로 작용할 수 있는지를 두고 토론에 몰두했다. 한 사람이 불쑥 비밀을 누설했다. "방향이 맞아야 해요." 이 폭로가 나왔을 때 나는 '예스'

의 뜻으로 고개를 끄덕이는 한 무리를 목격했다. 하지만 이들은 반신반의와 혼란으로 실눈을 뜨고 있었다. 모든 사람들이 '방향이 맞다' 는 것이 무슨 의미인지 본능적으로 이해하고 있는 듯 보였다. 그러나 아무도 그것이 왜 사리에 맞는지는 깨닫지 못했다. 설명을 해보라고 주문하자 당황했다. 이들은 충동이 올바른 방향으로 안내할 때만 긍정적이라고 말했다. 어떤 사람이든 어떤 경우든 올바른 방향으로 안내받고 싶은 것은 어쩌면 당연한 일이다. 그러나 충동적인 사람들에게 '방향이 맞다' 는 것은 뭔가 특별한 의미를 내포하고 있었다. 이 사람들이 우연히 발견한 것은 성공적 충동을 향한 비밀 열쇠였다.

모든 충동이 같은 결과를 낳은 것은 아니다. 텍사스 대학 임상심리학자 스콧 딕먼Scott Dickman[6]은 1990년대 이른바 '실용적 충동성functional impulsivity' 과 '역기능적 충동성dysfunctional impulsivity' 을 구분했다. 유익하고 유연한 좋은 충동과 파괴적이고 문제를 일으키는 나쁜 충동은 다르다. 실용적 충동은 에디 해스켈(미국 시트콤 '비버는 해결사' 에 등장하는, 번지르르한 말을 늘어놓으며 이리저리 빠져나가는 캐릭터-옮긴이) 유형의 악동 같은 구석을 갖고 있다. 적절할 때, 가끔은 상식적으로 적절하지 않을 때도 실용적 충동은 위험을 기꺼이 감수하고 감당할 수 있도록 해준다. 경험상 실용적 충동은 심각한 해를 끼치지 않는다.

최근 에스토니아의 심리학자들은 실용적 충동성을 가진 사람들이 일반인보다 속도위반 딱지를 더 많이 끊는다는 사실을 발견했다.[7] 그러나 실용적 충동성 자체가 음주 운전자를 양산할 확률은 낮다. 스피드광과 음주 운전자는 피해 측면에서 엄청나게 커다란 차이가 있다.

2004년 알코올로 인한 자동차 사고는 7퍼센트에 불과하지만 차량 사망 사고의 경우에는 수치가 38퍼센트로 높아진다.[8] 속도를 좋아하는 운전자들이 용인된 위험이 어디까지인지 어느 정도 분별력을 가진 반면, 음주 운전자들의 판단력은 완전히 망가져 있다. 데킬라를 들이켜고 차를 모는 행동이 얼마나 위험한 일인지 생각조차 하지 않은 채 운전대를 잡도록 부추기는 장본인은 바로 역기능적 충동성이다.

모든 종류의 반사회적 행동에는 동일한 시나리오가 적용된다. 실용적 충동성을 가진 사람들은 두뇌 회전이 빠르고 무모해서 좀도둑질이나 반달리즘vandalism(문화·예술 및 공공시설을 파괴하는 행위나 경향) 같은, 사회가 눈살을 찌푸리는 행위에 더 자주 연루된다. 그러나 여기에도 차이는 있다. 스페인 연구자들은 마드리드에 거주하는 비행 청소년 1,200명을 추적했다.[9] 이들의 비행 정도는 제각각이었다. 몇몇은 사소한 학교 규칙을 어겼고, 어떤 아이들은 동네 유리창을 깨뜨렸다. 아이들은 모두 충동성의 특징인 약삭빠른 두뇌를 소유했다. 이후 심각한 범죄로 발전한 청소년들은 역기능적 충동성 또한 높은 것으로 나타났다. 애쉬의 순응성 연구에서 목격했듯이, 실용적으로 충동적인 사람들은 일반적으로 홀로 서는 걸 두려워하지 않는 정도의 범위 안에서 반사회적이다. 그들이 중대 범죄자가 될 확률은 보통 사람보다 높지 않았다. 하지만 빠른 두뇌와 결과에 대한 완전한 무시, 무계획이 동반됐을 때 과감성은 역기능을 갖게 된다.

실용적으로 충동적인 사람이 되기 위해서는 빌 게이츠처럼 이원적 사고를 가져야 한다. 충동적 본능을 억제한다는 것은 올바른 지향을 유지하면서 동시에 위험을 감수하는 것이다. 실용적으로 충동적인 사람들은 어딘가에 바른 길이 존재하고, 현재 가고 있는 길이 답이 아닐지 모른다는 사실을 상기하는 데 능숙하다. 실용적으로 충동적인 사람은 방향의 중요성을 인정함으로써 자신이 가진 판단력의 한계를 받아들인다. 이런 겸손함은 자신의 충동적 판단을 신뢰하면서도 동시에 자신의 판단이 올바른지를 끊임없이 재점검할 수 있도록 만들어준다. 실용적으로 충동적인 사람들은 경로를 확인하지도 않은 채 지구 끝까지 무작정 충동을 좇는 행위는 하지 않는다. 충동적 사고를 유용하게 유지시켜 주는 것은 바로 이런 신뢰와 의심의 정교한 조합이다. 반면 역기능적 충동성을 가진 사람들은 자신이 현재 여행하고 있는 길 이외에 다른 진로에 관심을 갖지 않는다. 이런 맹목성 때문에 위험한 기능장애가 생기는 것이다.

빌 게이츠는 다들 알고 있듯이 세계에서 가장 큰 부자가 됐고 사업과 기술 측면에서 인간의 한계를 계속 확장했다.[10] 최근에는 개발도상국의 빈곤 및 질병 퇴치 같은 새로운 도전을 향해 전진하고 있다.

닐 캐서디는 어떤가? 그가 남긴 유산은 복합적이다. 캐서디의 충동적 생활방식은 잭 케루악과 앨런 긴스버그 같은 이들이 불후의 성공을 이루는 데 일조했다. 그러나 정작 캐서디 자신은 개인적인 성공을 일궈내지 못했다. 케루악은 작가로서 정점에 도달했다. 그는 캐서디에게 영향을 받은 고강도 킥라이팅 스타일 덕에 지금도 여전히 전 세계 문학 평론가들로부터 찬사를 받는다. 그런데 캐서디 자신은 그 스타일을 인정받지 못했다. 노력이 부족했던 것도 아니다. 캐서디는 항상 작가가 되기를 열망했다. 많은 이들이 캐서디를 재기 넘치는 작가라고 생각했음에도 불구하고 생전에 그의 작품은 출간되지 않았다(캐서디 회고록 《최초의 세 번째The First Third》는 사후에 출판됐다).

가장 아이러니컬한(그리고 비극적인) 사실은 캐서디의 짧은 생이 그의 광기 때문이라는 점이다. 1968년 어느 춥고 비 내리는 밤, 마흔두 살이 채 안 된 캐서디는 멕시코 산 미겔데 아옌데에서 열린 결혼 축하연에서 혼자 자리를 뜨기로 결심했다. 그리고 철로를 따라서 24킬로미터를 걸었다. 티셔츠에 청바지만 걸친 차림으로 술에 취한 채 길에서 의식을 잃었고, 다음날 폐렴으로 목숨을 잃었다. 그렇게 이른 나이에 허망하게 죽음을 맞이하기 몇 개월 전, 이미 캐서디는 자신의 억제되지 않은 충동이 빚어내는 자멸적 패턴을 인지한 것 같았다. 캐서디는 전부인 캐롤린에게 이렇게 말했다. "어디로 가야 할지 모르겠어. 모두에게 나는 위험인물이야. 누구보다 나 자신에게 제일 그래." 캐서디는 올바른 방향의 중요성을 마침내 깨달았던 모양이다. 하지만 그 깨달음은 너무 늦게, 너무 미약하게 찾아왔다.

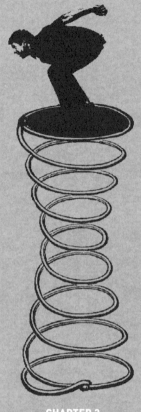

왜 우리는 나쁜 뉴스에
더 솔깃할까

나쁜 정치인이 계속 당선되는 이유

The Impulse Factor

인간으로서 갖는 귀중한 특전은, 사람의 갈빗대를 아침식사용 접시로 사용하려고 현관문을 향해 돌진하는 재규어의 침입 없이 매일 아침 침대에서 일어날 수 있다는 점이다. 영장류의 세계에서 인간의 사촌 모두가 이렇게 운이 좋은 건 아니다. 베네수엘라 열대우림에 사는 흰목꼬리감기원숭이들에게 매일매일은 삶과 죽음 사이에서 벌어지는 줄타기의 연속이다.

흰목꼬리감기원숭이는 온몸을 뒤덮은 갈색 털이 창백한 얼굴 주위에까지 난 작고 귀여운 동물이다. 몸무게는 5킬로그램 정도밖에 안 된다. 이런 몸으로는 90킬로그램이나 나가는 근육질의 재규어와 상대가 안 된다. 하지만 흰목꼬리감기원숭이는 두려울 게 없다. 나무 꼭대기에 집을 만들었기 때문이다. 덕분에 지상에 거주하는 포식자들의 손길은 그럭저럭 피할 수 있다. 그러나 정글의 건기 동안 나무꼭대기에 물과 식량이 떨어지면 이 조그만 친구들은 영양분을 찾아 재빠르게 기어 내려와야 한다. 이 시기야말로 재규어와 뱀 같은 육식동물들이 기다려온 기회다.[1]

다행스럽게도 흰목꼬리감기원숭이는 사회적인 동물이다. 한 나무마다 많게는 50마리가 산다. 이런 사회구조에는 몇 가지 이점이 있다. 먼저 형제간 교배를 할 필요가 없다. 또 몸집이 훨씬 큰 포식자들을 숫자로 누를 수 있다. 실제로 거대한 고양이를 언덕으로 도망치게 만들 수 있다. 규모가 조금 작은 무리는 굶주린 야수가 포기하고 다른 데로 이동할 때까지 미동도 않고 그 자리에 잠자코 있으면 된다. 인류학자이자 《먹거나 먹히거나 Eat or Be Eaten》의 저자인 린 밀러 Lynne Miller 2) 는 흰목꼬리감기원숭이가 "너무 긴장해서 땅에 내려오려고도 않는다. 이제 문제는 먹느냐 먹히느냐가 된다. 이들은 먹히지 않기 위해 차라리 먹지 않는 쪽을 택한다."고 묘사했다. 어떤 방어 전략이든 가장 중요한 조치는 위협이 무엇인지 파악하는 것이다. 무리 중 적어도 한 마리는 다가오는 포식자를 발견해야 한다. 일단 다가오는 포식자가 한 마리의 시선에 걸리면 경계심 많은 원숭이는 나무 꼭대기에서 긴급 뉴스를 퍼뜨린다. 거의 동시에 몇 마리 다른 원숭이들도 위험을 알리는 신호를 보낸다. 그렇게 몇 초 만에 나무 위 소식통은 이웃돕기 모금 생방송의 상담 전화마냥 울려댄다.

털북숭이 작은 친구들이 무리를 짓는 가장 큰 이유는 두 눈보다는 100개의 눈이 더 넓은 땅을 감시할 수 있기 때문이다. 무리가 클수록 위협을 미리 경고 받을 기회가 더 많아질 것이다. 이런 보안 시스템이 제대로 작동하기 위해서는 임박한 위험 신호에 민감해야 하고 소식의 출처를 신뢰해야 한다. 이런 환경에서 반항적인 원숭이가 얼마나 오랫동안 생존할 수 있겠는가. 마지막 한 개 남은 열매를 위해 경고를 무시한 충동적인 흰목꼬리감기원숭이는 조만간 맛좋은 간식거리로 전락할 것이다. 섬뜩한 최후를 맞고 싶지 않으면 조심하는 게 최선이다. 실상 대다수 원숭이들이 그 길을 택한다.

영장류 동물학자인 그레그 비치노는 세계적으로 유명한 샌디에이고 동물원의 원숭이 길Monkey Trails을 관리 감독한다. 비치노는 크고 호리호리한 체격을 갖고 있는데도 그와 함께 원숭이 길을 관람하다 보면 영어가 유창한 진짜 원숭이의 안내를 받는 듯한 느낌이 든다. 비치노가 영장류에 대해 얼마나 뜨거운 열정과 대단한 지식을 갖고 있는지는 그의 설명뿐만 아니라 원숭이들이 그를 맞는 태도에서도 분명하게 알 수 있다. 원숭이들은 유리에 기어 올라가 우스꽝스러운 표정을 짓고, 자신의 둔부를 장난스럽게 유리에 비벼댔다(나에 대한 불만이라기보다는 비치노에 대한 애정 때문이라고 생각하고 싶다).

원숭이 무리에서 암컷은 평균 5대1의 비율로 수컷보다 숫자가 많다. 수컷은 성적으로 성숙하기 전에 4마리 중 3마리 꼴로 죽기 때문이다. 암컷 대 수컷의 성 불균형으로 인해 원숭이 사회에서는 암컷이 지휘권을 갖는다.

워싱턴포스트의 전 발행인 캐서린 그레이엄의 명언 "권력에는 성별이 없다."라는 말이 떠오르는 대목이다. 비치노는 어린 수컷 원숭이들이 많이 죽는 이유는 일반적으로 "인간이 그렇듯 … 도박, 음주, 오토바이" 때문이라고 말한다. 잘못된 선택을 하는 원숭이는 살아남지 못한다. 수컷에게는 불행한 일이지만, 암컷보다 수컷이 훨씬 주기적으로 충동적 선택의 희생자가 된다.

비치노는 캘리포니아 국립영장류연구센터California National Primate Research

Center의 연구원으로 일하던 시절, 실제 자연환경 속에서 원숭이들을 관찰할 기회를 많이 가졌다. 연구센터에서든 야생에서든 위험한 상황이 닥치면 "충동적인 원숭이들이 먼저 훈제가 되곤 한다."고 비치노는 대수롭지 않게 말했다. 낯선 사물을 보고 먼저 가서 무엇인지 확인하는 것은 충동적인 놈들이다. 낯선 사물이 포식자인 경우 호기심 많은 원숭이는 "충동성에 대한 대가로 호되게 벌을 받는다." 낯선 사물이 멜론 같은 영양 만점의 음식이라면 최후에 웃는 놈은 충동적 원숭이이다. 멜론 한 개면 며칠간 버틸 수 있는 식량이다. 그러나 다수의 원숭이들은 잠재적인 보상이 아니라 일어날 수도 있는 위협을 훨씬 더 중요하게 여긴다.

정글의 원숭이들은 그렇다고 치자. 베네수엘라 흰목꼬리감기원숭이와 동물원 원숭이의 사회 구조는 도대체 인간과 어떤 관계가 있는 것일까? 흰목꼬리감기원숭이처럼 수천 년 전 인간은 '먹느냐 먹히느냐'를 두고 법석을 떨어야 했는지도 모른다. 그러나 지금 이곳 문명화된 세계에서는 아니다. 그렇지 않은가?

글쎄, 그렇기도 하고 아니기도 하다. 오늘날 호랑이에게 공격받을까봐 걱정하는 사람은 없다. 하지만 우리에게도 나름대로 힘겹게 싸워야 할 포식자가 상당히 많다. 가장 직접적으로는 거리를 산책할 때마다 우리 옆을 쌩하니 달려가는 운전자들이 있다. 운전을 하면서 휴대전화로 떠들고 문자를 날리고 라디오를 요란하게 울려대는 그런 사람들 말이다. 또 경제 상황이 변하거나 직업에 변화가 생길 때마다 대다수 사람들은 재정적 어려움이라는 위협에 직면한다. 질병과 테러리스트의 공격, 허리케인, 토네이도, 지진, 눈사태 같은 위협도 있다. 그러니까 위협이 결코 사라지지 않았다는 말이다. 위협은 진화했을 뿐이다. 다수의 사람들이 여전히 위협에 대해 예민한 감수성을 갖고 태어나는 이유다. 문명화된 현대사회에서조차 인간의 생명과 자원은 완벽하게 보장받지 못하고 있다.

지금까지 이 책은 충동적인 소수, 한쪽 눈을 지평선에 고정시킨 채 멜론을 찾아 대담하게 경계선을 넘는 한 줌의 무질서한 사람들에게만 초점을 맞춰왔다. 때로 이들 충동적 탐구자는 번영이 보장된 미개척 분야를 발굴해 새로운 길을 밝힌다. 반면 그저 판단력의 한계를 시험하는 것으로 끝나는 경우도 있다. 충동적인 소수에 대해서는 나중에 다시 언급하겠지만 이제부터 방향을 바꿔서 신중한 다수에 대해 들여다보겠다.

흰목꼬리감기원숭이가 명확히 보여줬듯, 안전에 대한 관심은 생존이라는 가장 기본적인 목표를 성취하기 위한 열쇠이다.

그러나 위험에 특별히 주의를 기울여야 한다는 이 보편적 필요성은 방어적 목적이긴 하지만 몇 가지 의도하지 않은 부작용을 낳았다. 위협이 명백해 보이지만 실은 단지 두뇌의 장난일 뿐인 경우가 있다. 위험을 감지해내는 직감적인 능력 때문에 기회를 놓치는 때도 있다. 우리가 확인하고 싶은 것은 위협에 대한 예민한 주의력이 안전에 대한 강박증으로, 궁극적으로 의사결정 과정의 부담으로 돌변하는 그 지점이다.

왜 정치인들은 서로 흠집 내기 바쁠까?

1820년대는 미국 정치사에서 파란의 10년이었다. 시작만 봐서는 결코 예상하지 못했던 일이었다. 1820년 제임스 먼로는 미국 대선 역사상 유일무이하게 경쟁자 없이 단독 출마해 압도적으로 재선에 성공하고 백악관에 재입성했다. 반대표가 나온 이유는 몇 사람이 조지 워싱턴 초대 대통령에게 존경을 표하기 위해 의도적으로 반대표를 던졌기 때문이었다. 워싱턴 대통령이 미국 역사상 유일하게 만장일치로 선출된 대통령으로 남을 수 있도록 하기 위해서였다. 반대한 선거인단의 진짜 의도는 아직도 논쟁거리다.(경쟁자가 없던 선거에서 반대한 사람은 누구를 찍었을까?) 어찌 됐든 먼로는 압도적 다수의 지지로 승리했다.

그 당시 민주공화당은 유일한 정치조직이었다. 제임스 먼로는 당 대표였고, 군 통수권을 맡을 능력과 의지를 아직 보유하고 있는 마지막 남은 국부Founding father(1787년 미국 헌법 제정자들)였다. 먼로 독트린에 서명함으로써 아버지 유럽이 아메리카 대륙에서 공식적으로 손을 떼도록 만든 사람보다 대통령에 더 적합한 인물이 누가 있겠는가.

마침내 미국은 자신의 앞길을 막아서는 세력은 누구든 혼내줄 자유를 갖게 되었다. 계속되는 노예무역과 성가신 인디언 원주민의 반란에도 불구하고 워싱턴은 매사가 장밋빛이었다. 뉴잉글랜드의 한 기자는 먼로가 통치한 이 시대를 '우호의 시대the Era of Good Feelings'3]라고 불렀다.

그러나 밖에서는 따뜻하고 원만해 보이던 워싱턴이 내부에서 무너져 내리고 있었다. 내각 구성원들을 포함해 워싱턴의 모든 사람들이 각자의 생각을 밀어붙이기 시작했다.[4] 하원 내 파벌의 경계는 곧 제도화됐다. 미국은 우호의 시대와 작별을 고하고 적대의 시대the Era of Hurt Feelings를 예고했다. 1824년 민주공화당은 머리가 두 개인 괴물처럼 운명이 정해 놓은 길을 걸었다. 당은 두 개로 쪼개졌다. 경쟁하는 두 캠프 어느 쪽에도 지도자는 없었다. 다음 대선은 누구에게나 열려 있었다. 결국 1824년 대통령 선거에는 후보가 네 명이 나왔다. 미국 역사상 처음이자 마지막으로 후보 중 누구도 승리자가 되지 못했다. 일반 투표와 선거인단 투표 어느 쪽을 기준으로 해도 마찬가지였다(불확실하게 구멍이 난 투표용지 조각을 추적해 재검표할 만큼 시스템이 정교해지는 데는 거의 200년이 필요했다). 새롭게 분파가 나뉜 하원이 개입했고 존 퀸시 애덤스가 가까스로 대통령에 취임했다.

애덤스의 가장 유능한 적수였던 앤드류 잭슨은 끝까지 선거부정 때문에 자신이 패배했다고 주장했다. 애덤스는 3위 헨리 클레이 의원과 뒷거래를 성사시켰다. 자신이 1, 2위를 다투지 못할 것이라는 사실을 깨달은 클레이는 사퇴하고 애덤스 지지를 선언했다. 덕분에 애덤스는 의회에서 필요한 우위를 확보했다.

애덤스와 클레이는 딱히 흉금을 터놓는 동료는 아니었다. 하지만 클레이는 애덤스보다는 잭슨을 훨씬 싫어했다. 오늘날 유권자들이 그렇듯(흔들림 없는 소수의 랠프 네이더 지지자들을 제외하고) 클레이는 자신이 그나마 덜 싫어하고 이길 확률이 높은 후보를 지지하는 실용적 선택을 했다. 클레이의 충성에 대한 대가로 애덤스는 클레이를 국무장관으로 지명했다. 잭슨은 클레이와 애덤스 사이의 거래를 '부패한 담합'이라고 불렀다. 부정에 대한 논쟁의 여지는 있었지만 실상 그것은 담합이었다. 과반수를 확보하지는 못했지만 잭슨은 다른 후보들보다 많은 표를 얻었다. 앤드류 잭슨으로서는 정말 불쾌한 일이었을 것이다. 그 모든 시련은 그를 심술궂게 만들었다. 4년 뒤 잭슨은 달콤 씁쓸한 복수를 하게 된다.[5]

통상 미국 정치에서 인신공격이 탄생한 것은 1828년 선거로 본다. 정확하게 어느 쪽이 첫 번째 펀치를 날렸는지는 알기 어렵다. 오늘날 파파라치조차 얼굴이 붉어질 정도로 양측 정당은 정치적·개인적 이슈 사이의 경계를 완전히 무시했다. 앤드류 잭슨은 애덤스와 클레이 사이의 '부패한 담합'을 얼마나 끈질기게 주장했던지 이 주장으로 포토맥 강(미국 동부를 흐르는 강으로 워싱턴 D.C를 지난다─옮긴이)을 흙탕물로 만들었다고 해도 과언이 아니다.

애덤스 캠프가 역공에 나서는 데는 오랜 시간이 걸리지 않았다. 잭슨의 과거는 풍부한 먹잇감을 제공했다. 인디언 공격에 앞장서온 끈질긴 전사이자 1812년 전쟁의 영웅인 잭슨은 어떤 이슈에서든 자신이 어느 쪽 편인지 논란의 여지를 남겨두지 않았다. 누구든 그를 모욕하는 사람과 정면으로 맞서 결투하길 두려워하지 않았다. 이때 잭슨이 제안한 결투란 신문지상에서 벌이는 설전이나 토론을 의미하는 게 아니었다. 두 자루의 장전된 총과 20보 걸음, 정신이 멀쩡한 두 '신사'가 맞대결하는 결투였다. 일생 동안 잭슨은 '103번'이나 결투에 참가했다. 이 숫자에는 미국 독립전쟁 당시 13살의 전쟁포로였던 그가 영국

군의 부츠를 닦으라는 명령을 거부했다가 영국 병사에게 살해될 뻔했던 사건 같은 비공식적 결투는 포함되지 않았다. 1700년대에는 꽤 표준적인 관례였던 결투에 대해 1828년 무렵에 와서는 많은 사람들이 못마땅해했다. 애덤스 캠프는 야비한 대결로 가득 찬 잭슨의 과거를 사람들에게 주저 없이 상기시켰다.

그러나 애덤스 측 비평가들에게 잭슨의 과거 결투는 빙산의 일각에 불과했다. 잭슨은 사랑하는 아내인 레이첼에 대한 공격에 가장 민감한 반응을 보였다. 평판 좋은 결투자 찰스 디킨슨은 레이첼의 혼외정사 소문을 암시했다가 잭슨과 결투를 벌인 끝에 최후의 대가를 치러야 했다. 사격의 명수 디킨슨은 먼저 한 발을 쏘아 잭슨의 심장 바로 위를 맞췄다. 잭슨은 총알을 맞고도 움직이지 않다가 총을 들어 한 발을 쏘아 디킨슨을 죽였다. 잭슨 부인에 대한 불경한 한마디 때문에 일어난 일이었다.

레이첼 도널슨 로버즈 잭슨은 앤드류 잭슨과 결혼하면서 간통한 자에게 붙이는 주홍글씨를 얻었다. 당시 37살이던 레이첼은 첫 남편 루이스 로버즈 대위와 별거 중이었다. 그녀는 로버즈와의 이혼 절차가 끝났다고 믿었지만 실상은 그렇지 않았다. 법적으로 로버즈는 이혼을 청구할 허가를 얻었을 뿐이었고 아직 이혼을 신청하지는 않았다. 그러므로 18세기 테네시 주 법정의 기준에서 보자면 레이첼과 잭슨이 결혼했을 때 레이첼은 말 그대로 '부정한 여자'가 된 것이다. 사실 그건 서류상 실수였을 뿐이다. 그러나 30년 뒤 애덤스 지지자들은 그 사건을 주저 없이 공개했다. 오늘날의 톰캣(영화배우 톰 크루즈와 케이티 홈즈 부부)

과 브랜젤리나(영화배우 브래드 피트와 안젤리나 졸리 부부) 커플조차 공포에 떨게 만들 만큼 잭슨 부부의 사생활이 만천하에 공개되었다. 그들은 풍채 좋은 잭슨 부인을 '주홍글씨' 속 간통한 유부녀 헤스터 프린으로 포장했다. 당시의 이전투구는 현대 정치와 선거 운동의 탄생을 알리는 첫 사례로 간주된다.

잭슨 캠프는 밀리지 않기 위해 애덤스가 아동 매춘부들의 기둥서방이었다는 비난으로 맞받아쳤다. 주장의 근거는? 주 러시아 미국대사로 근무하면서 애덤스는 차르가 미국 하녀와 관계를 갖도록 허락했다는 것이다. 또한 잭슨 캠프는 애덤스가 첫 번째 대통령 임기 중 도박을 하기 위해 공금을 조금씩 횡령했다고 비난했다. 실상 애덤스는 백악관에서 체스 게임판과 당구대를 샀을 뿐이다. 이 주장이 그나마 진실에 조금 가깝고 정치적으로 의미가 다소 있기는 하지만, 이 주장은 딱히 국가 안보와 관련된 문제는 아니었다.

약간 사실을 비튼다고 누가 다치는 건 아니다. 그렇지 않은가? 아무도 다치지 않았다. 레이첼 잭슨만 예외였다. 선거 기간 내내 약한 심장 때문에 고통 받던 그녀는 남편이 당선된 지 2주 만에 세상을 떠났다. 앤드류 잭슨은 무덤에 들어가는 날까지 아내의 병약한 심장을 한계까지 몰아붙인 장본인이 바로 부패한 협잡꾼 애덤스와 클레이의 언어폭력이었다고 굳게 믿었다.

우리는 본능적으로 나쁜 뉴스에 몰두한다

오늘날 정당 정치인들은 진흙탕 싸움을 벌인다. 섹스는 여전히 주요 뉴스거리가 된다. 도대체 새로운 것은 무엇인가?

1828년 선거가 남긴 주요 유산은 후보자들이 서로 인신공격을 하기 시작했다는 사실이 아니다. 그 선거를 주목하는 이유는 후보자들이 '내가 무엇을 제대로 하고 있는가' 하는 데서 완전히 초점을 바꿨다는 사실 때문이다. 대신 그들은 다른 후보자가 무엇을 잘못하고 있는지에 목숨을 걸었다. 오늘날 흔히 볼 수 있는 정치 광고의 전조였다.

'잭슨 대 애덤스' 선거 운동에서 후보자들은 자신은 어떤 사람이 아닌지, 자신이 무엇을 하지 않을 것인지를 강변하고 있었다. 그때부터 이런 식의 선거 캠페인이 계속 이어졌다. 2004년 대선 열기 속에서 미국 공영라디오 NPR의 시사 해설자이자 저자인 케네스 C. 데이비스[6]는 이렇게 말했다. "가짜 뉴스가 24시간 미디어의 끝없는 식탐에 불을 지피고 있습니다. 실제 패배자는 후보들이 아니라 바로 우리 유권자들입니다." 이런 종류의 선거 전략이 성공하고 있다는 사실은 정치인들보다는 우리들에 관해 좀더 근본적인 사실을 폭로한다.

정치인들이 왜 그처럼 단호하게 서로 모욕을 주고받는지 더 세심하게 들여다볼 필요가 있다. 정치인들은 유치원을 마치지 못한, 천성적으로 치사하고 남을 욕하기 좋아하는 패거리인가? 정치에는 음흉하고 품위 없는 사람들을 끌어들이는 특별한 구석이 있는 것일까? 둘 다 가

많은 정치인들이 선거 유세 때
이성이 아닌 감정에 호소한다.

능한 설명이다. 어떤 정치인에게는 맞는 말일 것이다. 그러나 정치인
모두가 그런 것인가? 정말 미국인 중 가장 음흉한 1퍼센트가 선출돼
요직을 차지하게 됐다고 믿어야 하는 것인가? 아니면 나라 안팎의 석
학들이 믿고 싶어하듯이 현대 미국인들은 도덕적으로 파산했고 정치
인들은 그런 문화를 대표하는 것인지도 모른다. 그러나 다른 설명도
살펴볼 가치는 있다.

　무엇보다 정치인은 선거에서 이겨야 한다. 어쩌면 그들은 세상을 더
나은 곳으로 만들기 위해 선거에서 이기고 싶은 것인지 모른다. 혹은
자신의 이익을 증진시키고 권력을 과시하기 위해서일 수도 있다. 아니
면 단순히 작가보다 근무시간이 더 짧은 직장을 원하는 건지도 모른
다. 선출된 뒤 무엇을 얻고 싶든지 간에 첫 번째 해야 할 일은 선거에
서 승리하는 것이다. 궁극적 의도와 무관하게 선거 승리야말로 모든
정치인에게 공통된 한 가지 보상이다.

　그렇다면 그들은 어떻게 선출되는가? 이렇게 묻는 게 더 나을 수도
있겠다. 누가 그들을 뽑는가? 물론 우리가 뽑는다. 유권자들이 알고 있

든 모르고 있든 (그리고 인정하고 싶든 아니든) 인신공격은 인간의 정신에 강렬하게 호소한다. 심리학자들은 흰목꼬리감기원숭이들이 그렇듯 인간도 좋은 소식보다는 나쁜 소식에 훨씬 민감하다는 걸 발견했다.

예를 들어 두 명의 대통령 후보 중 한 명을 선택해야 하는 상황을 상상해보자. 제인은 끝내주게 좋은 경제정책이 물가인상률을 절반으로 낮출 것이라고 약속했다. 물가가 낮아지면 1달러는 상점과 부동산시장에서 훨씬 큰 가치를 갖게 될 것이다. 운이 좋으면 끝내주게 잘나가는 경제 덕에 1유로당 2달러씩 환율로 손해 보는 일 없이 독일 맥주와 프랑스 와인을 살 수 있을지도 모른다. 물가가 상승하지 않으면 부작용도 있다. 인플레이션을 잡기 위한 제인의 경제정책은 일자리를 희생해야 할 것이다. 실업률이 현재보다 4분의 1 정도 높아져야 한다. 따라서 물가상승률이 절반으로 줄어드는 대가로 실업률은 25퍼센트 높아지게 된다.

제인의 상대는 메리. 메리의 입장은 '긁어 부스럼 만들지 말자' 정책으로 요약된다. 메리도 물가가 오르는 걸 좋아하지 않는다. 무엇보다 일자리를 희생해 물가를 잡기를 원하지 않는다. 메리는 물가상승률과 실업률을 지금 상태로 방치하기로 한다. 왜냐하면 자신의 라이벌 제인과 달리 열심히 일하는 유권자들의 일자리를 빼앗고 싶지 않기 때문이다.

다른 게 동일할 경우 당신은 '제인과 끝내주게 멋진 경제정책' 또는 '메리와 긁어 부스럼 만들지 말자 정책' 중 어느 쪽을 선택할 것인가?

만약 당신이 다수의 길을 간다면 틀림없이 두 번째 후보를 선택할 것이다.[7] 비록 물가상승률이 마음에 들지는 않지만 당신은 아무것도 건드리지 않고 내버려둘 것이다. 더 많은 실업자를 원하는 사람이 어디 있겠는가? 사라지는 일자리보다 두 배로 물가가 떨어진다는 사실에는 신경을 쓸 필요가 없다. 제인의 정책으로 아주 극소수의 일자리 일망정 일자리가 사라질 것이라는 사실만으로도 유권자들은 제인을 고려 대상에서 아예 제외한다. 대다수 사람들에게 위험 신호는 기회의 노크 소리를 덮을 만큼 강렬하다. 유권자의 두뇌 속에서 제인은 실업률을 높여서 자신의 경제적 안정을 집어삼키려고 하는 포식자로 인식된다. 따라서 오르지 않을 실업률만 생각하느라 물가상승률이 억제된다는 기쁨을 잊어버린다.

유권자 다수가 좋은 소식보다 나쁜 소식에 더 관심을 기울인다는 사실을 기억해두는 건 무엇보다 중요하다. 실제로 정치인들은 상대 후보야말로 경계해야 할 포식자라고 유권자들에게 경고하기 위해 위험 신호를 울린다. 다수는 그 위험 신호에 귀를 기울인다.

두 개의 옵션이 제시됐을 때 우리는 자신이 당연히 최선을 선택할 것이라고 굳게 믿는다. 그러나 인간은 의식적으로 또 무의식적으로 '안전'을 먼저 따지게 돼 있다. 인정하고 싶지 않겠지만 우리 마음 깊숙한 곳에서 진정으로 찾는 것은 최선이 아니다. 실상 우리는 덜 나쁜 대안을 선택할 뿐이다.

정치인들은 그걸 잘 알고 있다. 그들은 과거의 완벽했던 정치인들과 자신이 끊임없이 비교되고 있다는 걸 너무나 잘 안다. 그들은 또 초대 미국 대통령 조지 워싱턴과는 달리 자신에게 거짓말할 능력이 있다는 사실도 인지하고 있다. 선조들이 만든 신화에 부합하기 위해 굳이 힘겨운 싸움을 할 이유는 없다. 그저 상대방이 자신보다 이상적인 정치인과 거리가 더 먼 인물이라는 걸 알려주기만 하면 된다. 물론 대안은 있다. 유권자에게 영양분이 풍부한 먹잇감을 찾을 수 있는 장소를 알려주고, 그곳에 함께 가자고 말할 수도 있다. 그러나 사람들은 먹는 것 eat 보다 먹히는 것 being eaten 에 대한 걱정을 훨씬 더 많이 한다. 따라서 식사시간을 알리는 종소리보다 위험 신호에 더 민감해지는 것이다.

흰목꼬리감기원숭이가 늘 귀를 곤추세우고 위험을 탐지하는 능력은 아주 유용하다. 인간에게도 경계심은 쓸모가 있다. 한 가지 사소한 점을 제외한다면 말이다. 인간과 원숭이 사이에는 아주 중요한 차이가 있다. 흰목꼬리감기원숭이에게는 서로를 기만할 이유가 없다. 늑대가 나타났다고 외친다고 한들 현안이 해결되지도, 선거에서 재당선될 가능성이 높아지지도 않는다. 흰목꼬리감기원숭이에게는 상대방을 신뢰하지 못할 하등의 이유가 없다. 반면 정치인들은 유권자의 성향을 조종함으로써 확실한 보상을 받는다.

나는 화학자가 아니다. 그러나 진흙 파이를 만들며 소박한 어린 시절을 보낸 덕에 진흙 제조법에 관해서라면 제법 전문가 흉내를 낼 수 있다. 그 시절 기억을 더듬어보면 진흙을 만들기 위해서는 흙과 물의 적절한 비율이 필수적이다. 정치인들은 굴삭기로 상대방의 배후를 파서 흙더미(부정)를 캐낸다. 그러나 흙은 수분이라는 필수 성분 없이는 무용지물이다. 흙은 꽤 많은 사람들(다시 말해 유권자)이 흙더미 전체에 침을 잔뜩 흘려놓았을 때에만 비로소 진흙이 된다. 사람들 입 안에 확실하게 침이 고이기 시작하면, 그때는 성공이다. 나라 전체가 정치적 이전투구의 진흙 구덩이가 된다.

정치인들은 유권자들이 정해놓은 게임의 룰을 따르고 있을 뿐이다. 유권자들은 본능적으로 나쁜 뉴스에 몰두한다. 힙합에서 표현을 빌리자면 "선수들을 미워하지 말고 게임을 미워하라."는 것이다. 정치인들은 그저 자신을 그 자리에 앉힌 유권자의 욕구에 봉사하고 있을 뿐이다. 그들은 국민을 위해 무엇을 할 수 있는지가 아니라 상대 후보가 어떻게 국민들의 뒤통수를 치려고 하는지 알려주는 데 선거 자금 대부분을 사용한다.

내가 왜 저 사람을 뽑았지?

앞서 언급했듯이 롤라 롭스는 신중한 다수를 '안전중심형'이라고 불렀다. 사람들이 왜, 어떻게 특정 선택을 하는지를 밝히는 데 몰두해온 롭스는 안전중심형이 되려는 경향이 결코 비이성적이지도, 비논리적이지도 않다고 결론 내렸다. 한 연구에서 롭스는 두 가지 종류의 현금 지급 복권을 제안했다.[8] 모두 0달러에서 200달러까지 상금이 걸려 있다. 그중 동일 확률형 복권에서는 각 달러마다 동일한 숫자의 티켓을 배정했다. 다시 말해 0달러와 10달러, 100달러, 200달러를 탈 확률이 모두 동일했다. 나머지 복권은 당첨금이 중간에 이를수록 확률이 높아지는 포물선형이었다. 양극단인 0달러와 200달러 주위에 배정된 복권 수는 적었다. 반면 액수가 중간 지점에 다가갈수록 복권 수가 점차 늘어났다. 실험 참가자 중 가장 신중한 그룹에 속하는 한 사람은 "(포물선형 복권에서) 80달러에서 119달러 사이의 액수가 당첨될 확률이 가장 높다."고 말했다. 조심스러운 의사결정자에게 이것은 지극히 간단한 문제였다. 비록 대박을 터뜨릴 기회는 극히 낮았지만 포물선형 복권은 적지 않은 당첨금을 탈 수 있는 꽤 높은 가능성을 제공했다.

롭스가 예상했던 대로 대다수 참가자들은 안전하게 포물선형 복권을 선택했다. 한 참가자는 자신의 선택과 관련해 더 설득력 있는 설명을 내놓았다. 포물선형 복권과 비교했을 때 동일 확률형 복권에서 "낮은 액수에 당첨될 확률이 너무 높다"는 것이다. 이 말은 신중한 이들의 의사결정 경향과 관련해 중요한 사실을 드러낸다. 이 사람은 포물선형 복권이 높은 당첨금을 받을 가능성이 더 크다고 말하지 않았다. 결정은 순전히 낮은 보상을 받을 확률이 높은 게 어느 쪽인가를 잣대로 이뤄졌다. 결정을 내려야 할 때 신중한 사람들은 원치 않는 결과가 무엇인지를 먼저 따져보는 경향이 있다. 그 결론에 따라 선택을 한다.

동일한 논리는 선거에도 적용될 수 있다. 대다수 유권자들은 결국 그럭저럭 받아들일 만한 후보자에게 투표하게 된다. 상대 후보에게 표를 주면 낮은 보상을 받을 가능성이 크기 때문이다. 따라서 만약 현명한 선거 전략가라면 상대 후보가 낮은 보상처럼 보이도록 만드는 데 시간을 투자하지 않겠는가? 지지하는 후보가 값비싼 보상처럼 보이도록 만드는 게 맞을 것 같은데, 대다수 유권자는 낮은 보상만큼 비싼 보상에는 신경을 쓰지 않는다.

알아둬야 할 또 하나의 핵심 포인트가 있다. 동일 확률형 복권에서 낮은 보상을 받을 확률과 높은 보상을 받을 확률이 똑같다는 사실에 사람들은 전혀 관심을 기울이지 않는다는 점이다. 사람들은 이런 점은 전혀 고려하지 않았다. 고액 당첨금을 탈 가능성은 쥐꼬리만 한 당첨금을 받을 확률과 동일했다. 또다시 원치 않는 결과를 피하려는 경향이 원하는 결과를 얻으려는 욕구를 이겼다.

객관적으로 롭스의 복권 선택 실험에 정답은 없다. 당첨금의 평균값을 내면 두 가지 복권 모두 대략 100달러가 된다. 따라서 어느 쪽을 선택하는가는 결정의 기술이 아니라 단순히 결정자의 타고난 성향을 반영한다. 이는 사람들이 현실 속에서 매일 맞부딪치는 선택 상황에 대한 반영이기도 하다.

'좋은' 선택의 기준은 결정을 내리는 사람의 선호에 따라 종종 달라진다. 불확실하지만 큰 결과보다 확실한 결과를 선호하는 게 반드시 나쁜 선택은 아니다. 비록 확률 면에서 보면 다른 측면이 있더라도 말이다. 수학은 마음의 평화를 이해하는 데 서툴다. 작지만 확실한 결과에 만족하고 밤에 마음 편히 숙면을 취하는 능력은, 설사 도박에서 이길지라도 위험부담이 높은 도박을 하면서 느끼는 불안보다 훨씬 값진 것이다. 신중한 의사결정자에게 안전 추구는 행복 추구와 동의어다.

신중하면 틀림없이 득이 된다. 무엇보다 목숨을 잃지 않고 살아남을 수 있다. 대다수 사람들이 지나치게 몸을 사리는 실수를 하는 이유도 바로 생존 본능 때문이다. 옛말에도 있듯이 후회하는 것보다는 미리 조심하는 게 훨씬 낫다. 이런 이유로 핀처 크리크에서 구조팀 여덟 명 중 적어도 여섯 명은 위험천만한 언덕으로 달려 올라가기 전에 결과를 심사숙고할 것이다. 목숨이 위태로운 상황이 아니더라도 조심하는 건 언제나 도움이 될 수 있다.

이런 결론은 몇 년 전 기업 임원들과 작업을 하면서 또다시 부각됐다. 몇몇 임원들이 방 한구석에서 자신들의 충동적 성향을 자화자찬하며 쉬고 있는 동안, 다른 쪽에서는 많은 임원들이 모여 앉아 신중한 분석이 중요한 이유를 해부하고 있었다. 결정을 내릴 때 이것저것 따지는 계산적 스타일이 왜 효과적이냐고 묻자, 그들은 사려 깊은 답변을 내놓았다. 특히 한 사람은 핵심을 가장 잘 표현했다. 신중한 성향이 "감옥에 갇히지 않게 막아준다."는 것이다. 지극히 간단한 얘기였다. 그 논리를 반박하기란 쉽지 않다. 이 설명을 내놓은 사람은 위험관리 부서의 책임자였다. 특정한 장소와 시간에서는 계산적 스타일이 환영받는 정도가 아니라 필수적이라는 사실에 대한 꽤나 설득력 있는 논거가 된다. 계산은 필요하다. 왜냐하면 약육강식의 베네수엘라 정글에서 통용되는 규칙은 선거 운동과 캐나다의 눈 덮인 언덕, 세계적 기업의 회의실에서도 통하기 때문이다.

인류가 잠재적 보상이라는 좋은 뉴스보다는 위협이라는 나쁜 뉴스에 더 집중하는 것은 기초적이고 근본적인 수준에서 충분히 합리적이다. 만약 임박한 위험에 한쪽 눈을 온전히 붙박아놓은 채 위협에 과민하게 반응하도록 태어나지 않았다면 인간은 기업과 정당이라는 굶주린 포식자들의 공격에 더욱 무방비 상태가 됐을 것이다.

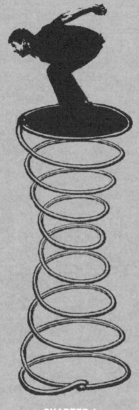

쏠리고 몰리고 들끓고

조건적 충동성은 어떻게 우리를 움직이는가?

The Impulse Factor

1559년 독일 바이에른 주, 콘라드 게스너라는 이름을 가진 온화한 성품의 과학자가 정원을 거닐고 있었다. 하얗게 센 긴 턱수염은 세월의 흔적이 완연한 얼굴을 마치 사자 갈기처럼 감싸고 있었다. 게스너의 시선은 16세기 독일 정원에서는 보기 어려운 이국적 식물이 즐비한 벌판 사이를 춤추듯 오갔다. 현대 동물학의 아버지로 불리는 이 열정적 자연주의자에게 정원을 감상하는 일은 직업적으로 흥미로울 뿐만 아니라 개인적으로도 만족스러워야 했다. 그날은 한 그루 꽃나무가 유독 시선을 잡아끌었다. 게스너는 한 번도 조우한 적이 없는 아름다운 자태의 희귀식물에 완전히 매료됐다. 크리스마스 날 아침을 맞은 꼬마처럼 게스너는 정원 주인에게 달려가 그 꽃의 원산지를 물었다. 기분이 좋아진 부유한 정원 주인은 기꺼이 게스너의 호기심을 채워주었다. 고문관 헤르바트는 그간 해온 여행을 자랑스럽게 이야기한 뒤 한창 번성하고 있는 오토만 제국의 수도 콘스탄티노플에서 독일까지 꽃을 배로 운송해 왔다고 설명했다. 주인은 종 모양의 섬세한 구근 식물을 '튤립'이라고 소개했다. 게스너의 반응에 한껏 고무된 헤르바트는 영어로 터번이라고 알려진 터키식 모자와 닮았다고 해서 튤립이라는 이름이 생겼다고 말을 이었다.

　게스너는 연약하지만 광채가 나는 튤립의 아름다움에 대해 떠들고 다니기 시작했다. 오래지 않아서 서유럽 엘리트들은 고문관 헤르바트가 그랬듯이 튤립을 콘스탄티노플에서 배로 실어 나르기 시작했다. 10년도 채 지나지 않아 튤립은 독일과 네덜란드, 영국, 프랑스에서 부유층이라면 누구나 갖춰야 할 정원의 터줏대감으로 자리 잡았다. 그후 5년 동안 게스너는 자신의 발견이 풍요로운 유럽식 삶의 전경 속으로 퍼져나가는 모습을 흐뭇하게 지켜봤다.

　그즈음 게스너는 스위스 취리히의 고향 마을에서 '석학강연자'로 선정되었다. 게스너의 인생은 새롭게 절정을 향해 치솟는 듯이 보였다. 다른 한편으로 그의 운은 빠르게 바닥을 쳤다.

　석학 강연자로 선정된 지 1년이 지난 1565년 겨울, 게스너는 고열과 깨질 듯한 두통, 심한 구역질에 시달렸다. 며칠 후 그는 세상을 떠났다. 페스트가 취리히를 휩쓸면서 게스너는 황혼의 날들을 빼앗겼다. 게스너가 흑사병(페스트)과 치른 승부에서 무릎을 꿇은 것은 어쩌면 그가 그토록 아끼던 튤립에 닥칠 불길한 신호였다.[1]

　튤립을 향한 유럽의 광적인 집착은 '튤립 마니아' 현상이 암스테르담 국제시장을 덮친 1634년까지 계속 커져만 갔다.[2] 튤립 마니아는 수요와 공급의 법칙이라는 기본적 경제 원칙의 완벽한 산물이었다. 튤립의 매력은 연약함과 직접 연결돼 있다. 튤립의 꽃잎 색은 꽃이 시들어가기 시작할 무렵 더 아름다워진다. 이 기묘한 특징은 튤립에 희소성(낮은 공급)과 아름다움(높은 수요)의 완벽한 결합을 선사했다. 튤립 마니아 현상이 절정기에 이른 즈음, 사람들은 튤립이라는 꽃 한 뿌리에 7만 6,000달러를[3] 지불한 것으로 전해졌다.

　만약 튤립 광풍이 암스테르담 상류층에 국한된 것이었다면 일부 별스러운 투자자 사이에서 유행한 기괴한 집착으로 치부할 수 있을 것이다. 그렇다면 이성적인 사람에겐 결코 일어나지 않을 피해라고 무시하기도 쉬웠을 것이다. 그러나 튤립 마니아는 일부에서 멈추지 않았다. 귀족부터 굴뚝 청소부까지 튤립 열풍은 암스테르담 전역을 휩쓸었다. 모든 계급의 사람들이 집과 땅, 보석 등 갖고 있는 것은 무엇이든 담보로 내놓고 대출을 받아 이 대열에 합류했다. 오늘날 부동산 투자자들이 주택을 되팔 듯이 그들은 튤립 뿌리를 다시 팔고 싶어했다. 19세기 고전《대중의 미망과 광기Extraordinary Popular Delusions and the Madness of Crowds》에서 영국 역사가 찰스 맥케이Charles Mackay는 종말의 시작을 이렇게 묘사했다. "그러나 좀더 신중한 사람들은 마침내 이런 우둔함이 영원히 계속될 수는 없다는 걸 깨닫기 시작했다. 부자들은 정원에서 키우기 위해서가 아니라 이윤을 남기고 되팔기 위해 튤립을 샀다. 누군가는 무

유럽을 사로잡은 튤립.
귀족, 농부, 상인 할 것 없이 튤립
뿌리를 사기 위해 가진 돈을 쏟아부었다.

서울 만큼 지독하게 손실을 입어야 했다. 이런 믿음이 퍼져나가면서 가격은 떨어졌고 다시는 오르지 않았다." 튤립 시장은 산사태를 일으켰고, 무너져 내리면서 네덜란드 경제를 초토화시켰다.

왜 튤립투기에 휩싸였을까?

1970년대 초반 대니얼 카너먼과 아모스 트버스키에 대한 평가는 사람에 따라 매우 달랐다. 노벨상 수상자 카너먼은 자서전에서 트버스키와의 동반자 관계(동료들 사이에서 '다이내믹 듀오'라고 알려져 있다)가 "양 극단의 협업"이라고 묘사했다.[4] 운동선수 같은 몸매에 흡입력 있는 성품을 지닌 트버스키는 재기가 넘쳤지만 영리한 만큼 우스꽝스러운 인물이라는 평을 들었다. 카너먼은 자신의 표현대로 "지적으로 조숙하고 육체적으로는 부실하게 자란" 빈틈없는 학자였다. 트버스키는 스무 살때 이스라엘 군 소대장으로 근무하면서 목숨을 걸고 어린 소대원을 구한 공으로 용맹한 군인상을 받았다. 반면 카너먼은 체육 과목이 부진해 8학년 때 우등상을 놓쳤다.

이런 차이에도 불구하고 두 사람은 동료로서 금세 의기투합했다. 트버스키가 올빼미였다면 카너먼은 아침형 인간이었다. 이들은 점심식사를 함께하고 오후에 장시간 공동 연구를 하는 데 동의했다. 두 사람모두 이스라엘 국적이었지만 1971년과 1972년을 미국 오리건 주에서 보냈다. 카너먼과 트버스키가 앞서 언급한 선택 시나리오(구름 낀 영국 교외 여행 일주일과 서유럽 지역을 순례하는 3주짜리 긴 여행 중 하나를 선택하는 것과 같은)를 만들어낸 곳은 바로 그곳 오리건리서치연구소였다. 두 사람은 실험 참가자들에게 두 가지 시나리오를 제시한 뒤 어느 쪽을 더 선호하는지 관찰했다. 이들의 발견은 당시 정치·경제·사회 시스템이 기반을 두고 있던 보편적 믿음을 산산조각 냈다. 이후 카너먼은 노벨상을 수상했다.

세계에서 가장 머리가 좋다는 저명 과학자와 사상가들은 20세기 내내 인간은 가능하면 위험한 제안을 피하려고 한다고 믿었다. 평균적인 인간은 조심하다가 실수를 저지르는 게 낫다는 금언을 충실히 따른다. 그러나 카너먼과 트버스키는 이런 결론이 완벽하다고 생각하지 않았다. 다른 연구자들과 마찬가지로 카너먼과 트버스키도 소수의 사람들이 알면서도 위험한 선택을 한다는 사실을 확인했다. 그러나 이건 진실의 절반만을 드러낼 뿐이었다. 대다수 사람을 신중한 자세에서 벗어나게 만드는 특정 상황이 존재했다. 카너먼과 트버스키는 똑같은 시나리오를 상황만 뒤집어서 제시했다. 결과는 정확하게 반대로 나타났다. 500달러를 받을 100퍼센트 확률과 1,000달러를 받을 50퍼센트의 확률 사이에서 어느 것을 택할 것인지 물었을 때 대부분의 실험 참가자들은 확실한 쪽을 선택했다. 그러나 같은 사람들에게 1,000달러를 잃을 50퍼센트의 확률과 500달러를 잃을 100퍼센트의 확률 중 하나를 받아들여야 한다고 말했을 때 대다수는 도박을 선택했다. 확실하게 액수가 알려진 손실을 받아들이는 대신 주사위를 던져 두 배의 돈을 잃

어버릴 위험을 기꺼이 감수했다.[5]

이 결과는 놀라운 발견이었다. 두 사람의 연구는 신중한 사람들조차 충동적인 결단을 내릴 수 있다는 걸 보여줬다. 2005년 일본 심리학자 사사키 히로유키와 카나치 미치히코[6]는 카너먼과 트버스키의 연구를 재시도했다. 사사키와 카나치는 토호쿠 대학에서 실험 참가자들의 충동성 여부를 시험한 뒤 이들에게 도박 시나리오를 제시했다. 확률이 낮은 위험한 도박에서 거액을 따는 경우와 비교적 안전한 게임에서 적은 액수를 따는 경우 중 하나를 선택하도록 하자 분명한 차이가 나타났다. 충동적인 사람들은 위험한 도박을, 신중한 사람들은 안전한 쪽을 선택했다. 그러나 손실 액수가 크고 확률이 낮은 경우와 액수는 작지만 확실한 손실 사이에서 선택을 하도록 했을 때 참가자들의 반응은 확연히 달라졌다. 손실이 예상되는 상황에서 신중파와 충동파 사이의 구분은 사라졌다. 신중한 사람은 확실하게 좋은 것과 덜 확실하지만 잠재적으로 큰 보상 사이에서 선택을 할 때 훨씬 더 분별력을 유지했다. 하지만 확실한 손실을 받아들이거나 본전치기를 바라면서 위험한 도박을 하는 경우 사람들의 분별력은 흐려졌다. 사실상 신중한 사람은 자신이 정한 기준점 아래로 떨어졌다고 믿을 때 위험한 결정을 내릴 것이다. 그 사람들은 부동산에 완벽하게 훌륭한 투자를 했다가도 다음 순간 불안정한 튤립 시장으로 이동할지도 모른다. 도박과 사업에서 흔히 "손해를 만회하기 위해 더 큰 손해를 본다."는 말로 묘사되는 상황이다. 사람들은 땅 위로 나오기 위해 발버둥 치다가 더 깊은 구덩이를 판다. 인간 본성의 이런 측면을 고려하면 튤립 마니아의 미스터리는 풀리기 시작한다.

부조리하게 비싼 튤립 구근을 사기 위해 집을 내놓는 행동에는 충동적 성향이 분명하게 보인다. 밤에는 격투기 선수로 뛰는 무모한 사업가가 치과용 장비 시장이 갑자기 무너져내릴 때 벌일 법한 일처럼 들린다. 유독 암스테르담이란 도시에 충동적인 사람들이 무척 많았다고 가정하는 것은 그다지 만족스러운 설명이 아니다. 암스테르담에서 상황이 종료된 직후 동일한 광풍이 파리와 런던을 휩쓸었다는 사실을 고려하면 더욱 그렇다. 튤립 열풍에는 계산적인 사람들조차 이성을 잃도록 만든 무언가가 있었다. 그들은 조건적 충동성conditional impulsivity이란 현상을 몸으로 보여주고 있었다.

혼자만 밑질 수 없다는 심리

잠시 튤립에 대해서는 잊자. 대신 최근 친구 몇 명과 함께 편안하게 저녁식사를 했던 때를 떠올려보자. 술 몇 잔을 곁들여 식사를 하고, 몇 차례 크게 웃고, 계산을 해야 할 때가 왔다. 음식 값을 분배하는 긴장된 순간, 각자가 주문한 음식을 정확하게 헤아리다가 팁이 부족하다는 것을 깨닫게 된다. 절반쯤 되는 사람들이 자신이 먹은 음식 가격에 팁을 더하는 것을 잊었기 때문이다(여섯 명도 넘는 손님에게 자동으로 팁이 붙는 이유가 뭘까 의문이 생기기도 한다). 식후에 겪게 되는 이런 어색한 혼란을 피하기 위해 많은 이들이 총액을 균등하게 나누는 방식을 택한다.

그러나 경제학자들은 총액을 균등하게 배분하는 것이 효율적이지 않다고 믿는다. 그럴 만한 정당한 사유가 있다. UC샌디에이고 경제학자 유리 그니지[Uri Gneezy 7]는 시카고대학 근무 시절 식사 값을 균등하게 나눴을 때, 지불해야 할 전체 값이 적지 않게 커진다는 걸 발견했다. 이유는 이렇다. 몇 사람과 함께 외식을 나갔다고 가정해보자. 당신은 사전에 모두가 똑같이 저녁식사 값을 치를 것이라는 사실을 알고 있다. 또한 테이블 반대편에 앉은 친구가 평소 충동적인 소비 습관을 갖고 있다는 걸 알고 있다. 틀림없이 그 사람은 메뉴 중 가장 비싼 음식을 시킬 것이다. 보통 때라면 혹은 혼자 식사할 때라면 당신은 샌드위치 정도에 만족할 것이다. 그러나 당신이 12달러짜리 샌드위치를 시킬 때 앞 사람이 40달러짜리 바닷가재를 시킨다면 당신은 틀림없이 사기당했다고 느낄 것이다. 어쩌면 당신은 샌드위치를 진심으로 좋아할 수도 있다. 그러나 앞 사람이 값비싼 바다 생물을 망치로 두드리고 부술 때마다 당신은 식사가 끝난 뒤 모두 같은 금액을 낼 것이라는 사실을 떠올릴 것이다.

그렇다. 당신은 바보가 아니다. 앞자리 친구가 당신보다 이득을 보지 않게 하려고 당신 역시 바닷가재를 주문한다. 이런 결정은 충동과는 거리가 멀다. 실상 당신은 비싼 음식을 주문해 자신이 내는 돈의 가치를 극대화함으로써 스스로를 보호했다고 느낀다. 각자 주문한 것을 모두 더해 나누면 1인당 20달러 정도가 나올 것이기 때문에 당신은 40달러짜리 바닷가재 요리를 먹고 20달러만 내면 된다. 이런 계산을 한 게 당신 혼자라면 정말 훌륭한 외식이 될 것이다.

그런데 그 자리에 동석한 다른 사람들도 근사한 요리를 시킬지도 모른다. 그들이 특별히 바닷가재 마니아여서가 아니다. 당신과 당신 앞자리에 앉은 두 사람만 이득을 보고 자기들은 손해 본다고 느끼고 싶지 않기 때문이다. 이제 참석자 모두가 바닷가재를 시킨다. 다들 애초 예상했던 가격보다 두 배나 비싼 저녁식사로 스스로에게 한턱을 내고 있는 것이다. 이제 각자가 내야 할 돈은 음료수와 디저트를 제외하고도 40달러가 됐다. 단지 지불 방식 하나 때문에 사람들의 미각이 변한 건 물론 아니다. 정당한 몫에 대한 판단이 달라졌을 뿐이다. 싸게 바닷가재 잔치를 벌일 수 있는 기회를 나 혼자만 놓치고 싶지 않다고 느낀 것이다.

저녁식사 참석자 수에 몇 십만 명을 곱하고 샌드위치 및 바닷가재를 괜찮은 임금 및 튤립 구근과 바꿔서 대입해보자. 어떻게 암스테르담에서 모두가 튤립 마니아가 됐는지 쉽게 이해할 수 있을 것이다. 바로 거대한 규모로 실현된 조건적 충동성이었다. 스스로 알아서 결정하도록 할 경우 일반적으로 신중한 사람들은 바닷가재를 주문하거나 튤립 구근을 사기 위해 집을 내놓지 않는다. 오직 충동적인 인간만이 하는 행동이라고 생각한다. 충동적인 사람들과 달리 신중한 사람들은 자신이 가진 선택권과 안전 사이에서 무게를 달아본다. 조심스러운 다수에게 가장 중요한 과제는, 있을지 모르는 위해로부터 자신을 보호하는 것이다. 단순히 튤립 투자가 큰 이익을 남길 것이라는 가능성만으로는 신중한 의사결정자의 마음에 불을 지피지 못한다. 조심스러운 개인들은 투자하지 않으면 위험하다고 느낄 때에만, 곧 바보들만 투자하지 않는 상황이 시작된 듯이 보일 때에만 투자 동기를 갖게 된다.

미국판 튤립 마니아 사건도 있었다. 1990년대 정보통신기술이 일으킨 닷컴 버블 당시 동일한 의식구조가 나라 전체를 점령했다.[8] 버블이 최고조에 달했을 때 인터넷 주식 애널리스트 헨리 블로젯[Henry Blodget][9]은 고평가된 주식을 사서 약간의 돈을 잃을 가능성은 훨씬 거대한 상승장을 놓칠 위험보다 크지 않다고 말했다. 당시 상황을 한마디로 요약한 발언이었다. 다시 말해 닷컴 주식에 투자한 돈은 지갑 속에 든 돈만큼이나 유용하고, 투자하지 않는 것은 그 돈을 잃는 것과 같다는 말이다. 안전과 안녕을 위협할 잠재적 가능성에도 불구하고 조건적 충동성이 고개를 들이밀기 시작하는 것은 바로 이 순간이다.

내 돈으로 동료가 비싼 바닷가재를 먹고, 이웃들이 튤립 투자로 사회적 계단을 올라가는 모습을 목격할 때 사람들의 준거 틀은 변화한다. 갑자기 더 큰 상승 기회를 잃어버릴 위험이 핵심이 돼버린다. 사람들은 안전을 원하기 때문에 앞서 나가는 것에 대해서는 크게 내 일로 받아들이지 않는다. 그러나 뒤떨어지는 것이라면 다른 이야기가 된다. 사람들은 낙오하는 걸 절대적으로 두려워한다. 그래서 바닷가재를 주문하고, 비정상적으로 비싼 튤립을 사려고 모든 걸 건다.

부실한 투자 결정은 범죄가 아니다. 그러나 절도를 저지르는 사람들의 행위를 들여다보면 바닷가재를 주문하기로 한 결정에 대해서도 조금 이해할 수 있다. 심리학자들은 반사회적인 범죄 행동이 사실은 가장 사회적 행위라는 것을 오래 전부터 알고 있었다. 범죄 행동을 야기하는 가장 결정적인 변수는 또래의 영향이다. 1993년 델라웨어 대학의 저명한 심리학자 마빈 주커먼Marvin Zukerman은 연구원 폴라 호바스Paula Horvath와 함께 범죄 심리에 대한 실험을 했다. 그 결과 상점 절도행위는 친구가 같은 행동을 했을 때 세 배나 증가한다는 걸 발견했다.[10] 이 같은 부정적 영향은 그 사람이 선천적으로 충동적인 성향을 보였는지 여부와는 상관없이 발생했다. 앞서 비교 실험이 증명했듯이, 이런 일이 벌어지는 이유에는 틀림없이 그룹에 소속되고 싶은 인간의 욕망이 자리 잡고 있다. 그러나 바닷가재를 주문하고 튤립에 투자하는 것이 어떻게 사회적으로 인정받는 지름길이 되는 것인지는 이해하기가 어렵다. 그저 손해를 보고 싶지 않아서 투자를 한다는 것이 더 설득력 있어 보인다.

프린스턴 대학의 연구자들은 정당한 몫을 받아야 한다는 요구가 두뇌에 깊게 내장되어 있다는 사실을 발견했다. 인지 심리학자 앨런 샌피Alan Sanfey[11]가 이끄는 연구팀은 '최후통첩 게임'이라고 알려진 고전적 실험을 부활시켰다. 실험 참가자 두 사람에게 돈을 나눠 갖도록 요청한다. 게임은 이렇게 진행된다. 한 명이 분배를 결정하면 나머지 한 명은 그걸 받아들일지 거부할지를 결정한다. 함정은 두 번째 참가자가 첫 번째 참가자의 제안을 거절하면 두 사람 모두 돈을 못 받게 된다는 점이다. 첫 번째 참가자가 논리적이라면 유리한 지위를 이용해 일방적으로 자신에게 유리하게 돈을 나눌 것이다. 이러한 판단은 영리한 행동으로 받아들여야 한다. 왜냐하면 두 번째 참가자는 나누는 돈이 얼마나 불공평하든지 상관없이 주어진 몫을 받아들일 것으로 예상되기 때문이다. 얼마를 받게 되든지 간에 아무것도 받지 못하는 것보다 낫다는 게 합리적인 결론일 테니까. 이런 상황에서 불공평한지 여부를 누가 신경 쓰겠는가? 그러나 현실에서는 거의 모든 사람들이 공평한지 불공평한지 여부에 신경을 썼다. 이런 이유 때문에 최후통첩 게임에서 대다수 첫 번째 참가자는 두 번째 참가자에게 절반의 돈을 제안한다.

그러나 몇몇 참가자들은 자신의 유리한 지위를 십분 활용해 불공평한 분배를 제안한다. 불리한 거래를 제안 받았을 때 두 번째 참가자는 어떻게 반응할까? 두 사람 모두 빈손으로 돌아가게 되리라는 것을 충분히 알면서도 제안을 거부한다. 논리적이지 않을지는 모르지만 어쩐지 그렇게 해야 할 것처럼 느껴진다.

샌피 연구팀은 이 고전적인 연구를 현대화했다. 최첨단 MRI(자기공명영상) 기계를 사용해 게임을 하는 동안 사람들의 뇌에서 어떤 일이 벌어지는지 관찰했다. 연구팀은 불공평한 분배를 제안 받았을 때 참가자의 두뇌에서 전방부 뇌섬엽이라고 불리는 부위에 불이 켜진다는 사실을 발견했다. 전방부 뇌섬엽은 뇌의 핵심 부위지만 숙고와는 거의 관련이 없다. 이곳이 분노와 혐오의 충동적 폭발이 일어나는 진앙으로 불리는 이유다. 불리한 거래를 제안 받았을 때 두 번째 참가자의 두뇌는 무엇인가 잘못됐다는 사실을 알린다. 전방부 뇌섬엽은 첫 번째 참가자가 앞서 가려 한다는 걸 경고한다. 뇌는 위험 신호를 하달하고, 두 번째 참가자는 이 신호를 토대로 거래를 거부하는 결정을 내린다. 이래서 '네 이웃의 재물을 탐하지 않기'가 그처럼 어려운 것이다. 다 같이 저녁 식대를 나눠 내야 하는 상황에서 이웃이 바닷가재를 주문하면 전방부 뇌섬엽은 불꽃놀이를 할 때처럼 금방 불이 붙는다. 불공평한 제안을 거부하는 게 재정적으로 이익이 안 된다는 사실은 중요하지 않다. 심리학적으로 말해 그 치사한 자식이 이득을 보는 것보다 둘 다 아무것도 가져가지 못하는 게 훨씬 유쾌하다.

카너먼과 트버스키의 실험에서 사람들은 자신의 지갑 속에 들어 있는 돈의 액수를 승리와 패배를 가르는 기준점으로 사용했다. 현실에서 기준은 훨씬 덜 개인적이다. 사회적 동물인 인간의 기준점은 굳건하게 타인에게 맞춰져 있다. 스스로가 얼마나 똑똑하고 매력적인지에 대한 인식은, 다른 사람들이 얼마나 매력적이고 똑똑한가 하는 판단에 전적으로 의존한다. 심지어 자신이 얼마나 반항적인가에 대한 판단 역시 다른 사람들이 얼마나 순종적인지에 대한 생각을 기반으로 한다.

조건을 바꾼 실험에서 샌피 연구팀은 참가자들이 사람 대신 컴퓨터와 경쟁하도록 했다. 컴퓨터가 불공평하게 몫을 분배했을 때 전방부 뇌섬엽에서는 상대가 사람일 때만큼 강렬한 반응이 나오지 않았다. 물론 컴퓨터에 의한 것이든 사람에 의한 것이든 불공정한 분배를 즐기는 사람은 아무도 없었다. 그러나 불공평한 몫에 대한 가장 강렬한 반응은 다른 사람이 나보다 더 많이 가져갔을 때 나왔다. 인간이 아닌 사물과의 경쟁에서 뒤떨어지는 것은 이웃에게 뒤지는 것만큼 중요하지 않았다. 우리를 충동질하는 것이 돈의 액수만은 아니기 때문이다. 전혀 어울리지 않는 결정을 내리도록 당신을 내모는 동인은 바로 당신을 제외한 다른 사람들이 얼마나 많은 돈을 가지고 있는가 하는 점이다. 최후통첩 게임은 대다수 사람들이 앞서 나가려고 애쓰는 게 아니라는 걸 증명했다. 첫 번째 참가자들 중 압도적인 다수는 공정하게 50대 50으로 나눌 것을 제안했다. 첫 번째 참가자 중 일부 기회주의자들은 혼자 앞서 가려 했으나 두 번째 참가자들의 거부로 뜻을 이루지 못했다.

신중한 사람들은 무리 중에서 앞서 나가기 위해 충동적으로 행동하지 않는다. 무리를 따라잡기 위해서 충동적으로 행동한다. 무리와 발을 맞추는 것은 우리가 할 수 있는 가장 안전한 선택이다. 문제는 안전한 선택이 처음 생각만큼 항상 안전한 게 아니라는 사실이다.

신중한 사람들이 쉽게 저지르는 오류

음울한 농담을 좋아하는 삼촌이 한 분 계셨다. 삼촌은 이렇게 말하곤 했다. "빌딩에서 떨어져 죽은 사람은 지금까지 한 명도 없단다."

"왜요?" 나는 미심쩍어하면서 물었다.

"사람들의 목숨을 빼앗는 건 추락이 아니야." 삼촌은 심술궂게 설명을 이어갔다. "사람을 죽게 만드는 것은 바닥에서 맞닥뜨리는 갑작스런 멈춤이란다."

농담의 핵심은, 갑작스러운 멈춤이 긴 추락의 불가피한 종결이고 따라서 두 가지 사이에는 그다지 큰 차이가 없다는 것이다. 긴 추락과 갑작스런 멈춤은 늘 함께 다닌다. 기술적으로는 삼촌 말이 맞다. 높은 곳에서 뛰어내리는 사람을 삶에서 조기 퇴장하게 만드는 것은 정녕 도로에 닿는 순간의 갑작스러운 정지다.

이 영악한 논리는 조건적 충동성이라는 기본 원리 위에 생긴 버블에도 동일하게 적용된다. 버블이 생길 때는 아무도 다치지 않는다. 사실은 정반대에 가깝다. 버블을 만들어내는 데 관여한 거의 모든 투자자가 많은 돈을 축적한다. 적어도 장부상으로는 그렇다. 조기에 뛰어들었다가 일찍 빠져나간 초창기 투자자들은 두둑한 밑천을 손에 쥐게 된다. 실리콘밸리 인근 부동산 가격이 드라마틱하게 급등한 걸 보면 2000년 초 첨단기술 주식 버블이 터졌을 때 모든 사람이 파산한 게 아니라는 걸 알 수 있다. 닷컴 머니는 부동산 버블을 만들 만큼 충분했다.

버블 경제에서 진짜 대가를 치른 이들은 뒤늦은 후발주자들이었다. 이들은 얼마 전까지 주식시장에서 무슨 일이 벌어지고 있는지 전혀 몰랐던 평범한 사람들이다. 주식 투자로 하룻밤에 부자가 된 옆집 사람과 동료들의 무용담을 듣기 전까지는 말이다. 버블이 이 지점에 다다르기 전까지는 위험 부담과 수익률이 모두 높은 첨단기술 관련 주식에 투자하는 사람은 극히 일부에 지나지 않았다. 이 그룹에는 천성적으로 잠재력 있는 종목을 찾아 헤매는 전문 투자자들과 '성장 투자자'라고 불리는 고객이 포함돼 있다. 일반 개미들이 시장에 뛰어들어 가격을 끌어올리는 것은 성장 투자자들에게 아주 좋은 일이다.

문제는 '너무 늦기 전에 합류하자' 바이러스가 평범한 제인과 조에게 퍼지면서 발생했다. 이 무렵이 되면 변덕스러운 첨단기술 주식에 투자하는 것은 앞서 나가기 위한 위험한 행동이 아니라 이웃이나 옆자리 동료와 보폭을 맞추기 위해 필요한 행동으로 간주된다. 후발주자들은 다른 사람들의 움직임에 신경을 곤두세우는 것으로 자신의 안전을 지키고자 했다.

일단 초짜 투자자들의 물결이 시장에 진입하자 상황은 두 배로 위험해졌다. 신규 투자자의 대규모 유입으로 버블이 아슬아슬한 크기까지 커졌을 뿐만 아니라 동시에 전혀 새로운 종류의 투자자들이 불안정한 시장으로 밀려들어왔기 때문이다. 벼랑 끝에 서는 데 익숙한 초기 수용자들에게는 괜찮을지 모르지만 불확실한 상황에 익숙하지 않은 사람들에게 위험성 높은 투자는 심각한 문제가 된다. 호시절이라는 열차에 동력이 떨어지고 그처럼 매력적이던 첨단기술 주식과 튤립 타운하우스가 가치를 잃기 시작하면 신중한 사람의 뇌는 크고 분명하게 신호를 보낸다. 포식자다!

버블이 이 지점에 도달하면 신중한 투자자들은 얼어붙는다. 이들은 이제 어디로 가야 할지 길을 잃게 된다. 주식을 팔고 싶지는 않다. 왜냐하면 장부상의 손실이 실제 손실로 바뀌기 때문이다. 투자자들 중 일부는 아무런 조치도 취하지 않을 것이다. 어떤 이들은 원금을 찾으려고 필사적으로 더 많은 주식을 사들인다. 부풀어 오른 버블이 천장에 도달하는 시점이 바로 이 무렵이다. 여기서는 한 가지 방향밖에는 갈 데가 없다. "좀더 신중한 사람들은 이런 우둔함이 영원히 계속될 수는 없다는 걸 깨닫는다."라는 찰스 맥케이의 말이 유효성을 입증할 무렵 투매는 시작된다. 모든 사람이 매수를 중단하고 매도하기 시작하면 어떤 일이 벌어질까? 추락이 시작된다. 필연적으로 바닥에서는 쿵, 충돌 소리가 들린다.

추락은 아주 빠르게 일어난다. 평균적 인간에게는 고도의 스트레스와 위험천만한 상황을 오래 버텨낼 배짱이 없기 때문이다. 대다수 사람들은 모험적인 상황을 극도로 두려워한다. 신중한 사람들이 모험 상황에서 안절부절못하는 근본적 이유는 그런 상황에 빠져본 경험이 드물기 때문이다. 반응 양식을 학습하지 않았을 때 판단력은 자동 속도 유지 장치인 크루즈 컨트롤 모드로 변환된다. 두뇌는 특정 시나리오에서 침착하고 여유롭게 대처하기 위한 행동 패턴을 떠올리지 못하고 반사, 즉 순수한 충동을 기반으로 행동하게 된다. 그렇게 해서 나타나는 행동은 충동성과 놀라울 만큼 닮은 점이 많다. 다시 말해, 대다수 사람들은 높은 위험 상황을 피하는 데 지나치게 능숙했기 때문에 위험 상황에 대처하는 데 능숙하지 않다. 불행하게도 이 순간 도움이 될 만한 재빠른 판단력은 등장하지 않는다. 대신 기능 장애를 유발하는 충동성이 고개를 든다.

잠재력을 추구하는 사람은 위험 신호를 무시하는 데 훨씬 능숙할 수 있다. 그 정도는 지나치게 흥분할 필요 없는 정상 상황이라고 치부하는 것이다. 왜냐하면 그들은 이미 그런 상황에 처해본 경험을 갖고 있기 때문이다. 합리적 결정을 내릴 확률이 높은 쪽은 바로 이런 사람들이다.

그러나 평범하고 신중한 사람에게 위험은 위험일 뿐이다. 어떤 이들은 주식시장이 일시적으로 급락한 것일 뿐이라는 헛된 희망을 품은 채 '할인된 가격에' 더 많은 주식을 사들임으로써 절박하게 탈출을 시도할지도 모른다. 어떤 이들은 사지도 팔지도 못한 채 그저 공포로 그 자리에 얼어붙을 것이다. 양쪽 모두 완전히 파산할 때까지 추락한 버블의 무게에 깔려 옴짝달싹도 못한다. 운이 좋은 '조금 더 신중한' 측은 도주 충동에 못 이겨 비교적 감당할 수 있는 손실만 입은 채 주식을 모두 팔아 치울 것이다.

비싼 가격에 보석을 산 투자자들이 흠집을 발견하고 앞을 다퉈 출구로 몰려드는 현상은 너무 흔해서 이 분야 연구자들은 이름까지 붙여줬다. '과잉반응 이론the overreaction hypothesis'이다. 이름이 암시하듯 사람들은 자신의 소중한 재산과 관련된 뉴스에 일반적인 수준보다 훨씬 과격하게 반응하는 경향이 있다. 여기 건실한 회사가 있다. 주가가 상승하고 시종일관 시장 평균을 웃도는 실적을 보이면, 이 회사가 나쁜 짓을 할 리가 없을 것 같은 일종의 신비감이 형성된다. 곧 회사는 안전하고 보장이 확실한 현금 제조기처럼 보이게 된다. 초기 투자자들은 상승장의 중간쯤에서 합승한다. 이제 평상시에는 모험을 즐기지 않는 신중한 사람들이 주식 가격 상승을 알아차린다. 이들은 이 회사의 난공불락 요새 안에 밑천을 쓸어 넣는 일에 갑자기 확신을 갖게 된다. 불행하게도 모든 회사는 필멸하는 존재, 한갓 인간들로 구성돼 있다. 그리고 회사란 언제나 실패에서 한 분기 수입 정도밖에 떨어져 있지 않다. 안전해 보이던 투자는 사실 안전이라는 덫이었다.

델 컴퓨터를 보자. 델은 1980년대 후반 증권거래소에 상장됐다. 델이 도약하기 시작한 것은 1990년대 중반이다. 중간에 낀 판매 대리점이나 소매점 없이 소비자들에게 컴퓨터를 직접 파는 델의 획기적 시스템은 개인용 컴퓨터 산업이 폭발적으로 성장하던 시대에 확실한 이윤 제조기였다. 투자자들은 깊은 관심을 기울였다. 1997년부터 1999년까지 델의 주식 가격은 통상적인 기준을 뛰어넘으며 치솟았다. 나무랄 데 없이 훌륭한 아이디어와 이를 수행할 탁월한 경영 능력을 갖춘 회사의 상승 중인 주식보다 더 좋은 투자대상이 또 어디 있겠는가? 보기에는 너무 좋았다. 문제는 델의 주식 가격이 비이성적인 수준까지 상승했다는 점이었다. 바탕에는 어느 회사도 결코 달성할 수 없는, 불가능한 목표에 대한 기대가 깔려 있었다. 델의 판매고는 매년 50퍼센트씩 건강하게 성장하고 있었다. 동시에 주식 가격은 몇 주 혹은 며칠 간격으로 그만큼씩 오르고 있었다. 50퍼센트 매출 신장은 주식 가격 상승과 비교하면 하찮았다. 1999년 델의 판매량은 물론 여전히 늘어나고는 있었지만 애널리스트들의 예상을 밑돌았다. 이 한 조각의 예상치 못한 뉴스는 델의 주식 가격을 벼랑 끝으로 내몰았다. 벼랑 끝에서 몇 달간 시소를 타던 델 주가는 이어 자유낙하를 시작했다. 5년여 후, 델 컴퓨터를 구매하겠다는 젊은이들이 줄을 서 있었음에도 불구하고 델의 주식은 2000년 당시의 최고점까지 다시 오르지 못했다.

델은 수없이 많은 사례 중 하나다. 사람들은 한 해에 100만 달러를 벌어들이는 야후 같은 회사의 주식을 10억 달러를 예상하고 사들인다. 이런 무지몽매가 영원히 계속될 수는 없다. 미래 투자자들의 마음속에도 결국은 경고의 사이렌이 울릴 것이기 때문이다. 살고 있는 집까지 밀어 넣도록 만든 고수익 주식들은 곧 수줍은 겉옷을 벗어 던지고, 잔뜩 부풀어 올라 터지기 직전인 자신의 실체를 드러냈다. 사람들이 주식을 팔기 시작할 때 주식 가격은 더 심하게 추락한다. 공포에 질린 사람들이 투매를 시작한다. 그 시점부터 오래 지나지 않아 주가는 최고 속도로 추락한다. 바닥을 치기 전에 빠져나올 시간 같은 건 없다.

그러나 희망은 있다. 무너진 주식시장의 잔해 속에서 천천히 꾸준하게 이익을 줍는 투자자들이 존재한다. 데이비드 드레먼David Dreman은 그런 투자자다. 《역발상 투자Contrarian Investment Strategies》의 저자인 드레먼[12]은 1970년대 후반 과잉반응 이론의 예측 가능성을 인정한 초기 투자자들 가운데 한 명이었다. 그 당시 이런 생각은 투자업계에서 대부분 무시됐다. 주식시장이 확고하게 효율적인 것처럼, 투자자들 역시 동요 없이 신중한 선택을 한다고 경제학자들은 믿었다. 따라서 "사람들이 적절하게 행동하지 않는다"라고 주장한 드레먼의 존재는 효율적 시장이라는 파티장의 불청객으로 치부됐다. 이후 드레먼의 주장은 정보통신IT 버블과 폭발로 인해 마침내 그 정당성을 인정받았음에도 불구하고, 드레먼의 저서 《역발상 투자》에는 그의 분노가 여전이 분명하게 드러난다.

드레먼이 말하는 역발상 전략은 원칙적인 것이다. 그는 "싸게 사서, 비싸게 팔라"는 가장 일반적인 투자 조언을 고수한다. 이는 격언집에 오를 법한 오래된 조언이지만 많은 투자자들이 이를 의도적으로 무시한다는 걸 드레먼은 알게 됐다.

주식이나 주택을 거래할 때 대다수 사람들은 가격이 최고점을 향해 상승할 때 매수하고, 가격이 떨어지려고 할 때 매도하려는 경향이 있다. 고래의 지혜를 완전히 부정하는 것이다. 투자자의 다수는 이런 매수를 정당화하기 위해 '지금 시장에 뛰어들지 않으면 평생 못할 거야.'라며 스스로를 설득하기 시작한다. 하지만 진실은 이렇다. 모두가 이미 합류했고, 그들이 영원히 가격을 끌어올릴 것이며, 만약 나만 빠진다면 홀로 동전 한 푼 없이 노숙자가 되거나 바닷가재 맛도 못 보는 낙오자가 될 것이다.

그러나 드레먼은 천성적으로 치밀한 성품을 활용해 고도로 효율적인 역발상 전략을 창조했다. 그는 광범위한 연구를 통해 주식 가격에 거품이 생긴 기업의 주가는 몇몇 후발 투자자들이 뒤늦게 합류하는 걸 제외하면 호재에 별달리 반응하지 않는다는 사실을 발견했다. 반면 이런 기업의 경우 악재에는 신속하게 반응한다. 조금이라도 나쁜 소식이 들리면 이 기업의 주가는 폭락한다. 주가가 저평가된 기업의 경우도 마찬가지다. 계속 나쁜 뉴스가 쏟아져도 낮은 주식 가격은 별달리 영향을 받지 않는다. 그러나 이 회사와 관련해 약간이라도 긍정적인 뉴스가 나오면 주가는 치솟는다. 이런 설명은 논리적으로 들린다.

그러나 한창 투자에 몰두한 사람들은 상황을 이런 방식으로 판단하지 못한다. 그들은 훌륭한 회사를 가격과 무관하게 훌륭한 투자 대상으로 간주한다. 투자한 것만큼 얻는다. 그게 그들의 논리다. 근데 좋은 걸 잡았다는 사실을 어떻게 알 수 있을까? 글쎄, 최근 그 회사 주식이 얼마나 많이 뛰었는지를 봐. 게다가 사람들이 다 그 주식에 대해 말하고 있잖아. 사람들은 주식 가격이 오르고 있기 때문에 좋은 투자 대상이라는 논리를 사용한다. 그래서 주식을 사들인다. 그리고 사람들이 모두 매수에 나서고 있기 때문에 주식 가격은 계속 오른다. 주식은 더 이상 기업이 위대하기 때문에 오르고 있는 게 아니다. 사람들이 사기 때문에 가격은 오른다. 이것이야말로 우리 모두를 곤경에 빠뜨리고 드레먼을 부자로 만든 순환 논법이다. 이런 설명이 진짜 의미하는 건 오르는 주식은 '안전하다'는 것이다. 주가가 떨어지는 기업은 이유가 있어서 두들겨 맞고 있는 것이다. 반면 값이 뛰는 주식은 이미 입증된 승자다. 이런 생각이 바로 안전이라는 덫이다.

안전을 추구하는 투자자를 비판하고자 하는 건 아니다. 천성적으로 충동적인 의사결정자는 틀림없이 버블을 만들어내는 데 일조한 장본인들이다. 그러므로 신중한 개인이 충동적인 인간으로 변신하는 게 해법이 될 수는 없다. 안전에 구멍이 생겼을 때 신중한 소비자들은 기꺼이 충동적으로 움직인다. 그런 행동이 아무 득도 되지 않는다는 건 명백하다. 안전에 대한 강렬한 욕구가 부실한 결정으로 이끄는 순간, 안전이라는 목표에서 더욱 멀리 밀려나게 된다는 걸 투자자들은 깨달아야 한다.

드레먼은 충동적으로 움직이는 한탕주의 성장 투자자는 아니다. 단기적 등락을 이용하기 위해 시장을 들락날락하지도 않는다. 실상 그는 그런 유형의 투자를 혐오한다고 거침없이 표현한다. 드레먼 식 투자법을 배우려면 드레먼 역시 신중한 의사결정 성향을 보인다는 사실을 아는 게 중요하다. 드레먼은 위험에 주의를 기울이고, 위험을 최소화하는 데 신경을 쓴다. 너무 좋아 보이는, 그게 아니더라도 너무 근사해서 오래 지속되기 힘들 것으로 보이는 단기 수익에 몰두하지 않는다. 투자업계에 종사하는 동료들과 달리 드레먼은 사람들이 자신의 소중한 투자와 관련된 악재에 지나치게, 그리고 예측 가능한 방식으로 과민하게 반응한다는 사실을 깨달았다. 그는 패턴을 발견했고 동료들의 비판에도 불구하고 적절하게 대응했다.

이것은 의도적이고 체계적이며 계산적인 의사결정파가 평범한 신중파와 다르다는 걸 보여준다. 양쪽의 근본 목표는 동일하다. 안전을 지키고, 위험부담이 낮고 보상 확률이 높을 때 가능하다면 균형 잡힌 발전을 성취하는 것이다. 그러나 지나치게 신중한 선택을 하는 사람들은 위협에 과잉 반응하게 되고, 안전이 위협받는다고 느낄 때마다 치명적이고 심각한 오류를 저지른다. 결국 그간의 모든 신중한 노력을 허공에 날려버린다. 그리고 충동적인 역할을 떠맡아 재정적으로 큰 실수를 저지르게 될 것이라는 무시무시한 예언을 실현하고야 마는 것이다.

반면 치밀한 계산파는 준비가 돼 있다. 그들은 전방부 뇌섬엽에 불이 켜지거나 판단력이 흐려지도록 틈을 허락하지 않는다. 계산파는 상황의 패턴을 연구하고 장기적 결과를 고려한다. 동료들보다 뒤처질지 모른다는 공포가 몰고 올 조건적 충동성의 소용돌이에 빨려 들어가는 일도 절대 없다. 찰스 맥케이가 언급한 '더 신중한' 의사결정자들은 외견상 안전해 보이는 것에 굴복하기 전에 상황을 면밀하게 검토한다. 이렇게 숙고한 끝에 안전이라는 덫의 주위를 돌아 위험을 빠져나갈 수 있다.

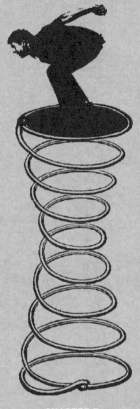

CHAPTER 5

똑똑한 선택을 위해
버려야 할 것

소유관념에서 벗어나면 선택 폭이 넓어진다

The Impulse Factor

매년 전미미식축구리그[NFL] 선수 선발(드래프트)이 시작되기 몇 시간 전이면 불안한 에너지가 미국 전역의 미식축구 팬과 선수들을 휘감는다. 선수 선발 때 프로 풋볼 팀 구단주들은 다음 시즌부터 팀에서 뛰게 될 최고의 대학 선수들을 영입하기 위해 한자리에 모인다. NFL 선수 선발은 영국의 대입 준비학교인 그래머스쿨 선발 과정과 흡사하다. 후자가 조금 더 정교하고 이해관계가 훨씬 더 복잡하기는 하지만 두 경우 다 일찍 뽑을수록 선택할 수 있는 폭이 넓어진다. 제일 먼저 선택을 하는 팀은 원하는 선수를 누구든지 뽑을 수 있다. 자연스럽게 이 팀은 확실한 이득을 챙기게 된다. 팀 간에 선수 기량의 균형을 유지하기 위해 선발 순서는 직전 시즌 성적의 역순으로 정해진다. 따라서 이론적으로 전 시즌 챔피언은 마지막 선택권을 갖는 불이익을 감수해야 한다. 한 해 전에 리그에서 꼴찌를 했다면 이듬해 드래프트에서는 위로 차원에서 1순위 선발권을 갖게 된다.

2004년 NFL 선수 선발전을 지켜보는 관전자들 사이에는 흔치 않은 긴장감이 떠돌았다. 전미 대학풋볼 최우수 선수에게 수여되는 하이즈먼 트로피의 차점자인 미시시피 대학의 쿼터백 엘리 매닝이 긴장의 중심이었다. 마침 비어 있는 쿼터백 자리를 채우기 위해 시장에 나온 샌디에이고 차저스에 2004년 첫 번째 선택권이 주어졌다. 차저스가 2003년 리그에서 꼴찌를 했기 때문이다.

대다수 미식축구 선수들에게 NFL 선수 선발에서 1순위로 낙점되는 건 굉장한 영광이다. 사인 몇 번만 하면 조만간 수백만 달러의 계약금을 챙기게 되기 때문만은 아니다. 첫 번째 영입 대상이라는 것은 그 분야에서 위대한 선수들을 관리해온 감독들이 자신의 재능을 어떻게 평가하고 있는지 말해주는 것이기도 하다. 2미터 키에 몸무게가 118킬로그램인 매닝은 그저 그런 선수들 중 하나가 아니었다. 그는 차저스에서 뛰고 싶지 않았다. 전직 NFL 쿼터백이었던 아버지 아치 매닝 역시 같은 생각이었다. 아버지 매닝은 차저스가 앞으로도 계속 패배할 운명의 형편없는 팀이라고 믿었다. 그리고 이런 생각을 공개적으로 떠벌렸다. 심지어 그는 매닝의 에이전트를 통해 차저스 감독에게 특별히 전화를 걸어 매닝은 차저스 팀의 푸른 유니폼을 입는 게 전혀 기쁘지 않다는 말을 전하라고 시키기까지 했다. 아버지의 반대에도 불구하고 차저스는 어쨌든 매닝을 선발했다.

매닝은 차저스 유니폼 뒤에서 머뭇대며 포즈를 취하고, 몇 분 뒤 차저스 팀에서 선수생활을 하지 않고 로스쿨에서 학위를 받을 계획이라고 발표했다. 완벽하게 가르마를 탄 블론드 머리 아래 보이는 슬픈 눈빛은 프로 미식축구 선수라기보다는 자신의 생일 케이크가 바닥에 떨어져 울상인, 비정상적으로 거대한 몸집을 가진 여섯 살짜리 아이처럼 보였다. 집에서 TV를 보던 시청자들을 위해 매닝의 대외용 발언을 번

역하자면, '가망 없는 팀을 위해 몇 백만 달러를 받고 뛰느니 차라리 엄마 아빠 집에 들어가서 살겠습니다'가 된다. 몇 분 후 차저스는 뉴욕 자이언츠와 선수 교환을 성사시켰다. 드래프트 당일 이런 거래가 성사되는 경우는 거의 없다. 차저스는 매닝을 뉴욕 자이언츠에게 건네고 대신 자이언츠가 1순위로 선발한 필립 리버스와 나중에 뽑은 두 명의 선수까지 받았다.

차저스의 1라운드 맞교환에서 무엇보다 충격적인 것은 그런 거래 사례가 극히 드물다는 것이다. 차저스가 취할 수 있는 가장 영리한 전략은 다른 팀이 가장 탐낼 만한 선수를 뽑는 것이다. 팀 내 빈자리를 채울 수 있는지 여부는 상관할 필요가 없다. 그것이 지하경제의 가장 기본적인 교리다. 사람들이 기꺼이 돈을 지불할 재화(선수)를 손에 넣어야 한다. 그리고는 그것을 가장 필요한 재화(선수)와 교환하면 된다. 설명하자면 이렇다. 점심시간 무렵 뱃속에서 나는 꼬르륵 소리를 들으며 책상에 앉아 있다고 가정해보자. 나가서 샌드위치를 사 먹어야 할 시간이다. 그런데 샌드위치 가게 밖에서 누군가 당신을 막고 샌드위치와 20달러 지폐 가운데 하나를 선택하라고 제안한다. 어떤 걸 택하겠는가? 어쩌면 너무 허기가 져서 지금 당장은 그 샌드위치가 진심으로 먹고 싶을지도 모른다. 그러나 그렇다고 해도 답은 너무 명백하다. 물론 당신은 샌드위치 대신 20달러 지폐를 선택할 것이다. 왜냐하면 20달러를 들고 바로 샌드위치 가게 안으로 걸어 들어가 샌드위치 두 개를 사고도 음료수와 포테이토 칩 한 봉지까지 살 돈이 남을 것이기 때문이다.

NFL 선수 선발 역시 동일한 개념이다. 비록 그 선수가 팀에 당장 필요하지 않더라도 구단은 가장 몸값 높은 선수를 선발해야 한다. 왜냐하면 그 선수를 팀 내 빈자리를 채워줄 다른 팀의 선수와 맞바꿀 수 있기 때문이다. 또한 전반적으로 더 나은 팀을 구성할 수 있는 추가 선발의 기회와 맞바꿀 수도 있다. 어쩌면 팀의 모든 선수에 대한 연봉을 지급하고도 여유 자금이 남는데다 칩 한 봉지까지 덤으로 가질 수 있을지도 모른다.

만약 선발과 뒤이은 맞교환이 팀이 내릴 수 있는 최선의 선택이라면 차저스는 왜 강요 당한 뒤에야 마지못해 교환에 응했을까? NFL 미식축구 팀 소유주들이 어떻게 하면 좋은 풋볼 팀을 만들 수 있는가보다 더 잘 아는 한 가지가 있다면 바로 어떻게 하면 가장 경제적으로 돈을 버는가이다. 그럼에도 불구하고 선발 당일 맞교환은 거의 일어난 적이 없다. 그렇다면 수십억 달러 규모의 프로 풋볼계 감독들은 오직 '우연히' 논리적 결정을 내린다는 말인가?

한번 소유하면 절대 잃고 싶지 않다

저명한 경제학자 리처드 탈러Richard Thaler[1]는 선발전 당일이나 직후에 선수 교환이 드문 이유는 '보유효과the endowment effect'라는 현상과 관련이 있다고 믿는다. 보유효과는 소유주가 아니라 팬들의 결정과 관련이 있다는 점에서 흥미롭다. 보유효과란 일단 우리가 무엇인가를 소유하면, 그래서 재산의 일부가 되고 나면 포기하기 싫어진다는 것이다. 포기하는 게 너무나 싫어서 소중한 보물이 내 손을 빠져나가는 듯이 보일 때, 충동적으로 행동할 수 있다. 소유물을 포기하면 현금이 더 많아질 때도 여전히 그걸 꼭 붙든다. NFL 드래프트의 경우에 소유물은 응원하는 팀이 막 선발한 대학 풋볼 스타다. 탈러는 '선수가 일단 선발되고 나면 그 선수는 팬들의 소유목록이 된다. 만약 이 선수가 팔리거나 맞교환되면 팬들은 이를 손실로 간주하게 될 것'이라고 설명한다. 팬들이 선수 교환을 전체적으로 더 나은 팀을 만들기 위해 계산된 전략적 행동으로 바라보지 않는다는 것이다. 팬들은 아끼는 선수를 내놓는 얼간이 같은 행동으로 간주한다.

여기서부터 팀 운영을 위한 수학은 아주 간단해진다. 소유물을 잃는 것은 팬들을 기분 나쁘게 만든다(선수 교환이 응원하는 팀의 향후 경기력 전망에 대해 모욕적인 평가가 내려지는 가장 핵심적인 이유가 됐을 때는 더욱 그렇다). 기분이 나빠진 팬들은 만족하는 팬들보다 티켓을 덜 산다. 팀 소유주에게는 경기 티켓을 사줄 팬들이 필요하다. 그래야 돈을 벌 수 있다. 결국 소유주는 선발전에서 선택한 선수를 계속 붙잡아둠으로써 팬들을 행복하게 만들려고 애쓴다. NFL 구단주들은 결국 경제적으로 가장 이성적인 결정을 내리고 있는지도 모른다. 비이성적으로 보이는 행동을 하게 만드는 것은 사실 손실에 대한 팬들의 충동적인 반응이다.

캐나다 빅토리아 대학의 잭 네트치(현재는 사이먼 프레이저 대학에 근무한다)가 주도한 한 연구는 보유효과 이론을 실증했다.[2] 실험에 참가한 학생들에게 대학 이름과 로고가 새겨진 머그잔을 나눠줬다. 그리고는 머그잔과 5그램 분량의 잘 포장된 맛있는 스위스제 초콜릿을 교환하고 싶은지 물었다. 얼마나 많은 학생들이 초콜릿을 받아 들고 달아났을지 짐작해보라. 참가자 중 겨우 11퍼센트만이 맛있는 초콜릿 바를 얻으려고 머그잔을 포기했다.

그러나 그것만으로는 아무것도 증명하지 못했다. 물론 새로 받은 머그잔을 계속 갖기로 결정한 89퍼센트는 압도적인 다수임에 틀림없다. 그러나 만약 연구자들이 빅토리아 대학에서 칼로리에 유독 민감한 학생들 혹은 커피 중독자들만 우연히 한자리에 모이게 한 것이라면 어떻게 하겠는가? 어쩌면 참가 학생들은 초콜릿을 좋아하지 않을 수도 있다. 복통을 일으킬 만한 양이라면 더욱 그렇다.

그런 의혹을 해소하기 위해 또 한 그룹을 모아 이번에는 판을 뒤집었다. 두 번째 그룹에게는 초콜릿 바를 먼저 주었다. 이어 참가자들이 잠깐 동안 초콜릿 바를 감탄의 눈으로 쳐다보며 《찰리와 초콜릿 공장》에 등장할 법한 초콜릿 강을 헤엄칠 수 있는 상상의 시간을 주었다. 그리고 이전 연구에서 무려 89퍼센트의 학생들이 포기하지 않았던 바로 그 머그잔을 공개했다. 이윽고 참가자들에게 교환을 제안했다. 누가 초콜릿 바를 머그잔과 교환하길 원하는지 물었다. 이번에는 겨우 10퍼센트만이 머그잔을 받고 초콜릿 바를 포기했다. 첫 번째 실험에는 10명 중 9명이 이미 갖고 있던 머그잔을 포기하지 않았다. 두 번째 실험에서는 10명 중 9명이 초콜릿 바를 포기하지 않았다.

커피와 초콜릿에 대한 기호 이상의 것이 작용하고 있다는 사실이 명백해졌다. 초콜릿 바든 머그잔이든 간에 소유물의 '실제' 가치가 얼마나 되는지 상관없이 사람들은 이미 소유하고 있는 것을 그대로 가지는 걸 더 좋아하는 듯이 보인다.

일단 차저스를 믿어보기로 하자. 차저스에게는 단 하루라도 엘리 매닝에게 차저스 유니폼을 입힐 의도가 없었는지 모른다. 차저스는 그저 뉴욕 자이언츠가 값비싸게 교환하리라고 확신한 그런 선수를 골랐던 것일 뿐이다. 모든 경제학자들의 박수갈채를 받을 일이다. 실제 뉴욕 자이언츠는 그렇게 했다. 차저스 구단의 소유주들은 매닝을 교환한다고 해서 티켓 판매가 줄까 봐 걱정할 필요가 없었다. 매닝이 차저스에 대한 불만을 너무 공개적으로 드러냈기 때문이다. 팬들의 분노는 컴퓨터처럼 정확하게 엘리 매닝에게로 향할 터였다. 차저스 소유주에게는 위기에서 빠져나갈 절묘한 카드였다. 팬들을 화나게 하거나 예기치 못한 부작용 없이 구단주들은 마침내 가치를 극대화하는 결정을 내릴 수 있게 됐다.

경영진이 가장 경제적인 선택을 할 자유를 갖게 되면 어떤 일이 벌어지는가? 영화 〈슈렉〉의 연장선에서, 동화 같되 훨씬 현대적인 결말이 나온다. 말 많고 탈도 많았던 선수 선발이 이뤄지고 나서 두 시즌을 치른 후 이야기 속 왕자인 엘리 매닝은 심각한 경기력 부족 문제에 휩싸이게 된다. 차저스는 매닝과 교환한 필립 리버스의 주도하에 리그 최고 기록을 달성하면서 2006년 시즌을 마무리했다. 이듬해 매닝은 뉴욕 자이언츠를 이끌고 꿈같은 슈퍼볼 승리를 거머쥔다. 반면 차저스는 리그 챔피언십에서 탈락했다. 차저스 팬들은 틀림없이 매닝 이탈의 상처를 여전히 느끼고 있을 것이다. 오늘날까지도 팬들은 슈퍼볼의 영광이 차저스 차지가 됐어야 했다고 믿고 있으리라. 그러나 사실 매닝은 한 번도 차저스 팀에서 뛰고 싶어하지 않았다. 차저스 유니폼을 착용한 적도 없다. 매닝은 대외 홍보 기술도 미숙했고, 쿼터백으로서 기술적으로 성숙할 시간도 필요했던 것이다.

차저스 소유주들은 보유효과의 총알을 피할 수 있었지만, 그렇다고 팬들의 분노에 대한 출구를 다른 데서 찾을 필요가 없었다는 뜻은 아니다. 샌디에이고 차저스 팬들은 매닝을 포기했다는 사실에 진실로 감정이 상했다. 매닝 대신 영입한 필립스 리버스는 변변치 못한 선수가 결코 아니었다. 차저스에 합류한 지 고작 2년차에 일급 경기력으로 자신의 가치를 확실하게 입증했다. 그러나 차저스 팬들은 리버스가 후에 얼마나 훌륭한 선수로 판명될지 알 수 없었고, 선발 당시에는 그런 문제에 관심조차 기울이지 않았다. 그들은 자신의 소유물 엘리 매닝을 포기해야 한다는 사실에 집중했다. 그 사실이 팬들을 화나게 했다. 그러나 리처드 탈러조차 혹은 빅토리아 대학의 연구자들조차 미국 전역을 휩쓴 팬들의 광범위한 분노는 예상하지 못했을 것이다. 차저스의 홈 타운 팬들만 분노한 게 아니었다. 라이벌 관계임에도 불구하고 다른 팀의 팬들도 매닝이 차저스에게 부당한 행위를 했다고 느꼈다.

선수 선발이 실시된 지 일주일 뒤 〈스포츠 일러스트레이티드〉의 작가 필 테일러[3]는 "쿼터백 엘리 매닝은 지난 토요일 자신을 1순위로 선발한 샌디에이고 차저스로 하여금 뉴욕 자이언츠와 자신을 교환하도록 만든 뒤 다이애나 로스 이래 최대 허영 덩어리로 비판받고 있다. 그가 왜 모두에게 비난받고 있는지 이해하기 힘들다."라고 썼다. 테일러의 의견에 따르면 차저스의 팬들만 약 오를 권리가 있는 사람들이었다. 분노가 옳든 그르든, 매닝의 교환 문제에 대해 모든 풋볼 팬들이 불쾌하게 생각했다. 2004년 선수 선발은 정확하게 일어나야 할 일이 일어났다는 사실을 토대로, 테일러는 팬들에게 이제 매닝 건에서 관심을 끊으라고 간청했다. "만약 차저스 팀이 영리하다면 … 그들은 매닝 교환을 전력 향상의 기회로 삼을 것이고 선수 선발은 원래 계획했던 방식으로 운영될 것이다." 그리고 차저스는 그렇게 했다.

섣불리 내 것이라고 믿지 말 것

그러나 평균적인 팬은 노련한 경제학자나 스포츠 칼럼니스트가 보는 방식으로 사물을 판단하지 않는다. 샌디에이고 차저스가 아닌 다른 NFL 팀을 응원하는 팬들, 그래서 차저스의 승리에 어떤 개인적 이해관계도 없는 대중의 공분은 보유효과 혹은 정당한 소유라는 개념이 얼마나 뿌리 깊이 인간 의식 속에 박혀 있는지를 웅변한다. 사람들은 이 개념을 매우 소중하게 여긴다. 그래서 개인적으로 상관없을 때도 우리는 이 개념으로 자연계의 질서를 바라본다. 샌디에이고 밖의 팬들은 우주의 보편 법칙이 깨진 것처럼 느꼈기 때문에 엘리 매닝이 차저스에서 몸을 빼낸 사실에 신경을 썼다. 본질적으로 팬들은 지극히 올바르다.

인간 사회의 법률은 거의 대부분 소유권이라는 개념을 토대로 구성돼 있다. 구체적으로 소유권 혹은 점유권이야말로 '법률의 90퍼센트'를 이룬다고들 말한다. 빅토리아 대학 실험에서는 소유권이라는 이 단일한 개념이 머그잔과 초콜릿 바를 갖고 실시된 맞교환 행위의 90퍼센트를 결정했다.

만약 당신이 소유권 의식의 역할에 대해 아직 확신이 서지 않는다면 스포츠 세계에서 좀더 확실한 실례를 보여주겠다.

캘리포니아 해변을 몇 백 마일 거슬러 올라간 곳에서 2년 앞서 벌어진 일이다. 2001년 야구 시즌의 마지막 경기에서 샌프란시스코 자이언츠의 논란 덩어리 강타자 배리 본즈가 73번째 홈런을 터뜨렸다. 이로써 본즈는 메이저리그 단일 시즌 최다 홈런 기록을 경신했다. 볼이 본즈의 배트를 떠난 뒤 광란과 소란이 이어졌다. 소란은 법정으로까지 이어졌는데, 놀랍게도 법률 논쟁의 주인공은 본즈가 아니었다. 법정 드라마의 주연은 무명이던 두 명의 팬이 맡았다. 그중 한 명인 알렉스 포포브는 본즈의 홈런 볼을 순간적으로 잡았다. 그러나 우측 관중석에서 열광한 팬과 가죽 글러브가 뒤엉키는 난투극이 벌어지면서 곧바로 볼을 놓쳐버렸다. 그 공을 패트릭 하야시가 잡았다. 역사의 소중한 한 조각을 거머쥔 행운의 관람자였다.

포포브가 하야시를 상대로 소송을 낸 일은 놀랍지 않다. 두 사람은 각자 그 공에 대해 정당한 소유권을 주장했다. 당신은 야구공을 몇 달러만 내면 동네 스포츠용품점에서 살 수 있는 물건이라고 생각할지 모르지만, 스포츠 수집품의 세계를 주시하는 사람이라면 본즈의 최다 홈런 기록을 세운 볼이 수십만 달러의 가치를 가진다는 걸 알고 있다. 사실 언론 매체는 재빠르게 그 공을 '백만 달러' 볼이라고 불렀다. 포포브 사건은 일찍 일어난 새는 비록 벌레를 잡지 못했더라도 벌레를 가질 자격이 있다는 복잡한 전제를 기반으로 했다. 하야시는 잃어버리면 끝, 찾은 사람이 임자라는 절박한 논리로 반박했다. 패트릭 맥카시 판사에게는 빅 리그 심판이라면 한 번쯤 맞닥뜨리게 되는 그런 힘든 결정이 주어졌다. 확실한 소유주가 없는 상태에서 전에 없이 관대해진 본즈가 나서 타협을 제안했다. 본즈의 제안을 받아들인 맥카시 판사는 이 공을 경매에 부쳐 수익을 포포브와 하야시에게 공평하게 나눠줬다. 맥카시의 결정은 정당한 소유권이 의사결정자들이 싸워야 하는 가장 힘겨운 문제라는 걸 다시 한 번 보여준다.

소유권은 현대 미국 법률에서도 여전히 완벽하게 옹호되고 있다. 현대 법률 시스템의 토대를 만든 가장 중요한 초기 공로자는 올리버 웬델 홈스[4]이다. 1898년 〈하버드 로 리뷰〉에 쓴 에세이에서 그는 소유권 개념을 강력하게 지지했다.

이것은 인간 마음의 본성이다. 재산이든 의견이든 당신이 자기 것으로 오랫동안 즐기고 사용해온 것은 당신의 존재에 깊이 뿌리를 내려 쉽게 분리해낼 수 없다. 당신에게서 앗아가려고 하면 분노하고 방어할 수밖에 없다. 그것을 어떻게 얻게 됐든지 상관없다. 법률은 인간의 가장 깊은 본능보다 더 정당한 근거를 요구할 수 없다.

당신의 소유물 중 하나를 떠올려보자. 사랑하는 사람이거나 좋아하는 스포츠 스타일 수도 있고, 가장 아끼는 만년필일 수도 있다. 그것이 어떻게 생겼는지 상상해보고 그것이 당신의 것이라고 생각해보자. 이제 사랑하는 애인이 낯선 남자의 팔에 안겨 있다고 생각하자. 아니면 당신의 몽블랑 펜이 한 번도 신뢰한 적이 없는 교활한 동료의 손에 가 있다고 가정하자. 내 것을 잃어버렸을 때 어떤 기분이 드는지 모두 잘 알 것이다. 가볍게 신경이 쓰이는 정도에서 가슴이 무너지는 고통까지 감정의 폭은 다양할 수 있다. 느끼는 감정의 정도는 다를 수 있지만 예외 없이 위장은 꼬이고 목은 뻣뻣해진다. 심지어 두 눈에 눈물이 조금 고일지도 모른다. 프로 미식축구 선수들을 포함해서 가장 강하다는 사람들에게도 그런 일은 일어난다. 우리 모두 상실의 감정을 알고 있고 그걸 별로 좋아하지 않는다. 홈스가 매우 능숙하게 지적하고 체계화했듯이 대다수 사람들은 자신이 갖고 있는 혹은 갖고 있다고 생각하는 것을 잃어버렸을 때 느끼는 그 치명적 감정을 피하기 위해 무슨 짓이든(때로 부주의하고 충동적인 결정을 내린다) 한다. 그것이야말로 인간 본성이다.

2005년 예일 대학교 경영대의 키이스 첸Keith Chen[5]은 소유권이라는 의식이 얼마나 보편적인지를 확인하기 위해 영리한 연구 프로젝트를 구상했다. 첸의 연구팀은 일종의 시장 경제 시스템을 만들었다. 인간들이 쇼핑몰과 상점에서 돈으로 물건을 사듯이 원숭이들이 그 시스템 속에서 특정 자산을 소유하고 교환할 수 있도록 했다. 연구자들은 실질적 기능은 전혀 없는 작은 금속 디스크를 원숭이들에게 보여줬다.

반복되는 실험을 통해 원숭이들은 이 무용한 금속 조각으로 과일이나 젤리와 교환할 수 있다는 사실을 깨닫게 됐다. 그런 방식으로 과거에는 무용지물이던 디스크가 인간 세계의 현금처럼 교환 가치를 지니게 됐다.

두 번째 연구 단계에서 판매자 역할을 맡은 두 명의 연구자들은 사과 조각을 팔러 다니며 원숭이들과 인사를 나눴다. 첫 번째 상인은(캐시라고 부르겠다) 디스크 교환을 유도하기 위해서 원숭이들 앞에 사과 두 조각을 흔들었다. 그러나 캐시는 유인상술을 썼다. 원숭이들이 사과와 바꾸기 위해 디스크를 내놓으면 캐시는 사과 한 조각을 되가져가고 한 조각만 주거나 두 조각을 전부 주었다(약속을 지킨 경우는 총 교환 건수 중 50퍼센트였다). 두 번째 판매인은(안드레아라고 하자) 정직한 접근법을 쓰도록 했다. 안드레아는 디스크 한 개와 사과 한 조각만 교환하겠다고 제안했다. 원숭이들이 제안을 받아들인 뒤 안드레아는 때로 한 조각을 보너스로 더 던져줬다(한 조각을 더 주는 경우는 총 거래 건수 중 50퍼센트였다). 초기에 원숭이들은 캐시와 교환하는 걸 더 좋았다. 캐시가 한 개 가격에 사과 두 조각을 주는 듯이 보였기 때문이다. 그러나 결국 원숭이들도 캐시의 장난을 알아차렸다. 캐시가 사과 두 조각을 주겠다고 암시적으로 약속해 놓고는 제대로 지키지 않는 경우가 많다는 걸 원숭이들은 깨닫게 됐다.

실험이 계속되면서 원숭이들은 캐시보다 안드레아를 더 좋아하게 됐다. 여기서 중요한 것은 캐시와 안드레아 두 사람과 하는 거래 결과는 결국 동일하다는 사실이다. 원숭이들은 모든 거래 중 절반의 경우에 사과 두 조각을 받았다. 차이점은 캐시가 사과 두 조각을 주겠다는 약속으로 시작했다는 사실이다. 이 때문에 원숭이들은 캐시와 거래를 시작하면서 두 조각을 받을 자격이 있다고 믿었다. 캐시와 거래를 시작하면서 원숭이들은 이미 두 조각을 다 소유한 것처럼 느꼈다. 사실상 캐시는 원숭이들의 기대 수준을 높여놓은 것이다. 캐시가 두 번째 조각을 빼앗아갔을 때 실제 사과를 소유한 적이 없었음에도 불구하고 원숭이들은 캐시가 마치 두 번째 사과 조각을 강탈한다고 여겼다. 원숭이들은 틀림없이 자기 것을 놓쳤다고 느꼈을 것이다.

안드레아는 다른 방식을 사용했다. 원숭이들에게 사과 한 조각을 제안함으로써 원숭이의 기준점을 두 개가 아니라 하나로 맞췄다. 그가 두 번째 조각을 던졌을 때 그것은 원숭이의 계산에 포함된 예상된 결과물이 아니라 일종의 선물로 간주됐다. 안드레아는 덜 약속하고 더 많이 보상했다. 사실 알고 보면 안드레아가 유인원 친구들을 위해 캐시보다 더 후한 거래를 한 것은 아니었다. 캐시가 원숭이들에게 배신의 씁쓸한 뒷맛을 안겨줬다면, 안드레아가 한 일은 거래를 조금 더 유쾌하게 만들었을 뿐이다.

키이스 첸은 원숭이들이 인간과 마찬가지로 더 큰 파이 조각을 놓치고 있다고 느낄 때 지극히 조심스러워진다고 결론을 내렸다. 예상했던 소유권을 잃어버렸을 때 따라오는 실망이라는 감정에는 심리적 비용이 든다. 조심스러운 다수는 같은 돈으로 더 많은 기쁨을 얻길 바라지만, 그건 그 기쁨이 보장됐을 때로 제한된다. 만약 보너스가 확실하지 않을 때, 손실로 인한 실망감을 무릅써야 할 때, 사람들은 기대를 너무 높이 잡고 출발하길 원하지 않는다. 첸의 실험은 또한 소유권이란 개념이 가변성이라는 특성을 갖고 있다는 사실도 보여준다. 인간과 원숭이들이 무엇을 자신의 정당한 소유로 간주하는가는 순전히 인식의 문제이다. 물론 누군가의 소유물을 강제로 빼앗으면 법정에서, 여론으로, 사무실에서, 친구들 사이에서 비난받는다. 법률적 전문용어를 사용하자면 '절도'가 된다. 남의 소유물을 내 것이라고 주장할 수 있는 사람은 없다.

소유권이란 개념이 늘 명쾌하게 정의될 수 있는 건 아니다. 앞으로 소유하게 될 것이라고 그저 예상한 것들이 이미 소유한 것만큼이나 강력하게 우리의 상상력을 붙잡아맬 수도 있다. 알렉스 포포브와 패트릭 하야시 두 사람은 샌프란시스코 자이언츠의 2001년 시즌 마지막 게임을 보겠다는 희망, 그리고 운이 좋으면 역사적인 스윙을 목격할지도 모른다는 희망을 품고 경기장에 갔다. 그러나 배리 본즈의 볼, 모두가 열광하는 값비싼 73번째 홈런 볼을 소유한다는 생각이 일단 의식 속에 침투하자마자 어떤 것도 그 생각을 제거할 수 없게 됐다.

올리버 웬델 홈스는 법률 역사에서 중요한 인물이자 미국이 낳은 위대한 사상가이다. 그러나 과거를 되돌아보면, 그의 주장 중 두 가지는 수정할 필요가 있겠다. 키이스 첸의 연구가 보여주듯이 소유할 것으로 예상한 것을 빼앗겼을 때 무시당한 듯이 느껴지고 분노하는 것은 인간 마음을 넘어서는 본능이다. 영장류 세계의 인간 친족들 사이에서도 동일한 명제는 사실로 보인다. 홈스가 잭 네치의 관찰을 알았다면 그걸 반영해서 소유권에 둔 시간제한 역시 조정하길 원할지도 모른다. 꼭

'오랫동안' 사용하거나 즐겨야만 손실에 분노하는 건 아닌 것 같다. 빅토리아 대학 연구와 샌디에이고 차저스 팀에 엘리 매닝이 아주 잠깐 동안 소속된 데서 목격할 수 있듯이 사람들은 지독하게 재빨리 소유권을 주장한다. 포포브와 하야시 사이에 벌어진 코미디 같은 법률 분쟁은 이런 점을 더욱 명확히 보여줬다. 모성의 권리를 주장한 두 여인 사이의 분쟁에서 아이를 둘로 나누라고 제안한 위대한 솔로몬 왕조차 이번에는 왕관을 쓴 머리를 긁적여야 했을 것이다.

알렉스 포포브의 변호사인 마틴 트리아노 역시 배리 본즈 홈런 볼의 가치에 대해 일종의 소유 의식을 가진 것 같다. 백만 달러는 받을 줄 알았던 공은 경매에서 45만 달러밖에 받지 못했다. 결국 포포브와 하야시에게는 각각 22만 5,000달러밖에 돌아가지 않았다.

그 후 트리아노는 전 고객인 포포브에게 소송비용으로 47만 3,530달러 32센트를 청구하는 소송을 냈다.

홈런 볼이 경매에서 받아야 한다고 생각했던 백만 달러의 거의 절반에 달하는 액수이다. 포포브의 상처받은 소유권에 더 모욕을 준 것은 재판이 시작되기 전, 패트릭 하야시가 경매 수익금을 나누자는 본즈의 제안을 받아들이자고 했었다는 사실이다. 현실에서 연출된 '최후통첩 게임'에서 포포브는 재판 전에 분배하자는 하야시의 제안을 거절했다. 재판으로 가기 전에 이 제안을 받아들였더라면 포포브는 터무니없는 소송비용을 물지 않아도 됐을 뿐만 아니라 10분의 6초라는 지극히 짧은 시간 동안 야구공을 잡고 있었던 것 이외에는 아무것도 한 게 없는데도 6자리 수의 거액을 챙길 수 있었을 것이다. 그러나 그의 편도체와 강력한 소유 의식은 '백만 달러짜리 볼'을 챙길 완벽한 기회를 잃는 것을 참을 수 없었다. 포포브는 예상했던 소유물을 포기하지 못함으로써 엄청난 비용을 치르게 되었다. 결국 그는 백만 달러짜리 보상을 잃었을 뿐만 아니라 그저 곤경에 빠지지 않기 위해 또 다른 법정 투쟁을 벌여야 했다.

백만 달러짜리 야구공 사건은 소유 의식이 사람들의 선택에 미치는 영향에 있어서 다소 기이한 사례다. 세간의 엄청난 이목을 끈 사건에 연루됐다는 사실에도 불구하고 알렉스 포포브는 우리 자신과 크게 다르지 않다. 사람들은 '내 것'이라고 말하는 데 걸리는 시간만큼이나 짧은 순간 소유했던 것이라도 그것을 잃은 뒤에는 완전히 이성을 잃고 화를 낼 수 있다. '존재에 깊이 뿌리 내린' 어떤 물건을 진짜 소유해야만 그것을 지키려는 목적으로 전례 없이 충동적으로 행동하는 건 아니다. 당신과 나 역시 마찬가지다.

자동차 딜러가 시험운전을 권하는 이유

예상되는 소유권이란 하버드대학 심리학자 대니얼 길버트Daniel Gilbert[6]가 '미리 느껴보기'라고 표현한 것으로 설명이 가능하다. 그의 저서 《행복에 걸려 비틀거리다Stumbling on Happiness》에서 길버트는 미리 느껴보기란 미래 사건을 상상하는 능력만이 아니라 미래에 어떻게 느낄지를 지금 미리 경험하는 것이라고 설명했다. 일종의 감정적인 점치기인 셈이다.

인간의 두뇌는 미래에 실제 일어날 거라고 여기는 사건에 대한 현재의 감정을 만들어내기 위해 과거와 현재의 경험을 모두 활용한다. 원하던 승진을 하거나 잡힐 듯 잡히지 않던 아름다운 여인을 커피숍 한 구석에서 마침내 연인으로 쟁취하는 상상을 할 때 심장은 가파르게 뛰고 피부의 털은 곤두서기 시작한다. 그런 일이 아직 진정으로 일어나지 않았다는 사실 따위는 중요하지 않다.

환상은 진짜같이 느껴진다. 승진으로 월급이 올라 살 수 있게 된 물건들과 더 이상 당신에게 명령을 할 수 없게 된 사람들을 떠올려보라. 상사가 당신의 어깨를 두드리고 회사 전체에 회람시킬 메모를 준비할 때 비로소 '내 것'이라고 주장할 수 있는 그 성취감을 상상하는 것은 짜릿한 일이다. 미래에 갖게 될 결과물에 대해 더 많이 생각할수록 마음의 눈, 특히 감정에 모든 것이 점점 더 현실적으로 느껴진다.

감정은 강력한 것이지만 현실과 환상 사이를 구분하는 데는 그다지 능숙하지 못하다. 감정에 대해서 말하자면, 소유를 상상하는 것은 어떤 물건을 실제로 소유하는 것만큼이나 실감나고 강렬할 수 있다. 그러나 선택받은 예술가나 병적 몽상가를 제외하면 대다수 성인의 상상력은 상상 속 경험을 완전히 날조하지 못한다. 설사 환상이 감각을 휩쓸도록 허락하는 데까지는 성공하더라도 두뇌의 이성적 부위가 즉각 효과적으로 다시 낚아 올린다.

예를 들어 유니콘을 타는 상상을 하라고 요청하면 당신은 마음속으로 그 장면을 떠올릴 수 있을 것이다. 그러나 마음속에 그리더라도 그 이미지가 홍수처럼 강렬한 감정으로 당신을 휩쓸지는 않을 것이다. 유니콘에 안장을 얹을 수 있는 확률은 무지개를 미끄럼틀 삼아 타고 내려와 시리얼이 담긴 그릇에 빠질 확률만큼이나 가능성 없는 일이라는 걸 당신은 잘 알고 있기 때문이다. 그러니 그런 상상은 그다지 실감나지 않는다.

그러나 만약 창밖을 내다보다 이웃이 두 칸짜리 차고로 새 유니콘을 끌고 들어가는 모습을 본다면 한순간에 그런 인식은 바뀔 수 있다. 며칠 전 아니 몇 분 전까지만 해도 비현실이던 환상이 갑작스럽게 바로 눈앞에서 현실적인 가능성으로 돌변할 것이다. 이제 판타지에 경험적 근거가 생겼다. 뒤따르는 감정의 홍수 속에서 당신은 연간 건초 소비량을 따져보고, 유니콘 이착륙 허가를 위해 미 연방항공청FAA에 연락을 해야 하는 것은 아닐까 궁금해하게 된다.

마음속으로 미래를 탐색해서 사물을 상상 속에서 소유하고 소유의 즐거움을 즐길 수 있는 인간의 능력은, 그 모든 과정을 위험할 정도로 강력한 것으로 만든다. 만약 어떤 물건이 '내 것이나 다름없다'고 느껴지면 감정은 실례를 무릅쓰고 소유권을 주장할지도 모른다. 그런 감정을 제어하는 것은 이성적인 사고의 역할이다. 그러나 즐거움에 발목이 잡히면 감정적으로는 이미 갈기를 쓰다듬고 있는 그 유니콘에 실제 올라타게 되기까지 이성적 두뇌에는 그저 약간의 설득이 필요할 뿐이다. 잠재적으로 가능한 사건들 사이를 산책하며 정신적으로 향유하는 기쁨은 인간 상상력의 근사한 장점임에 틀림없다(어쩌면 인간의 영장류 친족들도 무리 우두머리 자리에 오르는 공상을 할지 모른다). 상상했던 감정이 현실에서 실현되기를 바라는 힘이 없다면 파워포인트 프레젠테이션을 더 멋지게 만들기 위해 시간을 투자할 이유도 없을 것이다. 그리고 늘 원하던 무엇인가를 획득했을 때 긍정적 감정을 즐기는 일상도 깨질 수 있다.

그러나 상상의 힘에는 단점이 있다. 소유한 적도 없는 것을 잃어버렸다고 느낄 위험이 있는 것이다. 만약 실제 무엇인가를 경험하고 있다고 생각하도록 감정을 속일 수 있다면, 바로 그것을 강탈했을 때 진심으로 괴로움을 느낄 것이다.

왜 자동차 딜러가 고객에게 차를 시험운전해 보도록 권유하는지 생각해본 적이 있는가?

고객이 시운전을 하면 딜러는 시간을 많이 빼앗긴다. 차의 마일리지도 높아진다. 시험운전으로 소모된 휘발유는 딜러가 자기 돈으로 채워 넣어야 한다. 주차장에 세워둘 때보다 차가 손상될 위험성도 훨씬 크다. 그래도 여전히 딜러들은 고객에게 시험운전을 해보라고 열성적으로 권한다.

만약 고객이 차를 타고 도로를 달리면서 좋아하는 라디오 방송에 주파수를 맞추고 뒷자리 아이에게 고함을 치는 상상을 하면 그 차를 실제 소유한다는 것이 어떤 의미인지 훨씬 분명하게 인식하게 된다. 딜러들은 그런 반응을 좋아한다. 왜냐하면 일단 고객이 시운전 경험을 하게 되면 손에 따끈따끈한 키를 넣지 않고 빈손으로 주차장을 나오기가 훨씬 힘들어지기 때문이다.

차를 소유한다는 것이 어떤 느낌인지 고객은 정말로 느끼게 된다. 그러므로 차를 사지 않기로 결정한다는 것은 소유의 기회를 놓쳤다는 공허함과 맞바꾸는 있을 수 없는 일이다.

P
A
R
T
2

충동,
성공을 결정짓는
강력한 변수

나는 어떤 유형의 의사결정자인가

—

모험추구자: 일단 행동하고 보는 사람들

—

위험관리자: 돌다리도 두드리는 사람들

—

충동을 활용할 줄 아는 자가 성공한다

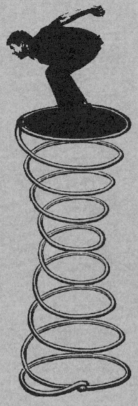

CHAPTER 6

나는 어떤 유형의
의사결정자인가

유형에 맞는 선택 전략

The Impulse Factor

폭풍 같은 중학교 시절 어느 순간
우리는 결정을 내리는 올바른 방법을 배운다. 그때까지는 거의 모든 결
정을 다른 사람이 내려준다. 어느 학교에 갈지, 점심에는 무엇을 먹을
지, 같이 놀아도 되는 친구가 누구인지 스스로 결정하지 않는다. 질풍
노도의 사춘기 시절이 돼서야 우리 마음을 온통 차지하게 될 '선택' 이
란 놈의 맹공에 정면으로 맞서게 된다.

이 시기 아이들에게는 결정을 내리고 문제를 해결하는 데 필요한 한
두 가지 일반적인 전략이 제공된다. 의사결정을 위한 것인 양 가장했
지만 보통은 가치를 기반으로 한 전략들이다. 열심히 공부하고 술이나
마약 같은 데 빠지지 않고 정크 푸드를 피하고 법을 어기지 않고 나쁜
친구들과 몰려다니지 않도록 가르치는 데 초점이 맞춰져 있다. 이런
전략에 장점이 없는 것은 아니다. 그러나 의사결정 기술을 이런 식으
로 익힐 경우 십대는 전략을 엉뚱하게 오용할 수가 있다. 아이들은 어
울려서는 안 되는 최고로 나쁜 무리를 선택하고 절대 어겨서는 안 될
규칙을 깨는 데 도리어 이 방법을 사용할 수 있다.

이런 전략이 언제나 희망했던 결과를 가져오지는 않았지만 어쨌든

사춘기 시절 우리는 결정에 대해 배우기 시작했다. 가장 손쉬운 길은 세상을 흑과 백, 옳은 것과 그른 것, 좋은 것과 나쁜 것이라는 이분법으로 바라보는 것이었다.

그러나 지금은 그런 이분법에서 졸업할 때다. 의사결정 과정에 대한 더 전문화된 접근법을 배워야 할 때가 된 것이다. 이 접근법은 사람들 사이에 의미 있는 차이가 존재한다는 사실을 염두에 둔다. 우리는 결정을 내릴 때 모두가 같은 시작점에서 출발하지 않는다는 걸 알고 있다. 사람이 착한 아이 대 말썽쟁이로 나뉘지 않는다는 것도, 모든 상황이 옳고 그름으로 선명히 갈리지 않는다는 사실 역시 잘 알고 있다. 어른들의 세상, 그리고 어른들이 끌어안고 있는 고민거리의 세계에는 농도가 제각기 다른 회색지대가 많이 존재한다. 우리가 발견해낸 것은 관점의 차이다. 차이는 부분적으로는 유전적 특징에서, 부분적으로는 인생 경험의 차이에서 비롯됐다. 분명한 것은 차이가 있다는 것이다. 그리고 개인적 차이를 무시한 일반적 접근법은 결정의 질을 크게 향상시키지 못한다.

우리의 의사결정 과정을 공식으로 만들면 아래와 같다.

의사결정자 × 상황 = 결정

만약 선택을 내리는 주체의 성향과 상황의 주요 변수를 알고 있다면 결과를 예측하거나 더 똑똑한 선택으로 이끌 가능성이 높다. 그러나 불행하게도 많은 상황이 유동적이다. 상황을 정확하게 분석하려고 애쓰는 것은 환경의 변화에 따라 판단을 끊임없이 재조정해야 한다는 것을 뜻한다. 때로 상황이란 것이 예측했던 것보다 얼마나 더 복잡할 수 있는지 심리학이 잘 알려주고 있다. 선거, 식비 나누기, 보유효과와 같은 앞서 언급한 사례들은 상상하지 못했던 결과를 상황이 어떻게 만들어낼 수 있는지를 보여준다. 몇 가지 일상적인 상황을 벗어나면 그런 변수를 식별하기가 더욱 까다로워진다. 통제된 실험실 밖에서는 다른 요인들이 셀 수 없이 많은 방식으로 당신의 의사결정 과정에 영향을 줄수 있다. 오늘 정확하게 상황으로 정의됐던 것이 내일 완전히 새로운 상황으로 대체될 가능성이 꽤 높다. 따라서 우리는 앞의 등식을 보면서 상황이야말로 무한대의 값을 가진 변수라는 것을 언제나 염두에 둬야 한다.

그러나 의사결정자들은 그렇게 신비로운 존재가 아니다. 인간 각자의 성향은 비교적 예측 가능한 패턴을 따른다. 자신을 예측 불가능한 존재라고 상상하고 싶을지 모르지만, 스스로 주장하는 예측 불가능성조차 인간을 너무나 예측 가능하게 만든다. 예측 가능하다는 것은 괜찮은 일이다. 왜냐하면 등식에 알려진 값이 더 많아질 때 대수학은 무척 쉬워지기 때문이다.

이런 전제를 가지고 탤런트스마트는 충동성 테스트the Impulse Factor test를 고안했다. 사람들에게 자신의 의사결정 성향을 확인하고 이 정보를 이용해 더 나은 결정을 내릴 기회를 주는 게 목적이었다. 의사결정은 인간 기능의 매우 광범위한 영역을 차지하고 있기 때문에 그 과정에는 수없이 많은 심리학 개념들이 관련돼 있다. 그래서 의사결정 유형에 대한 포괄적인 관점을 얻기 위해 우리는 탤런트스마트가 그간 했던 테스트의 점수와 의견, 평가, 일반적 코멘트 등 수십만 건의 데이터베이스를 전부 훑어보았다. 데이터는 일반적인 리더십 기술에서부터 감성 지능과 영향력을 행사하는 기술, 성격까지 다양한 주제를 망라하고 있다. 먼저 어떤 패턴이 숨겨져 있는지 알아보기 위해 다양한 방식으로 숫자를 분석했다. 때로 사람들이 스스로를 등급 매기는 방식을 깊이 들여다봤다. 실험 참가자들이 주위 사람들을 어떤 방식으로 묘사하는지도 분석했다. 또 사람들이 자신을 둘러싼 난관을 바라보는 방식에 초점을 맞추기도 했다. 그렇게 해서 발견된 사실을 분자생물학에서부터 신경과학, 생태학, 사회과학 같은 다양한 분야에서 저명한 연구자의 연구 성과와 비교했다.

사람마다 의사결정 스타일이 다르다

충동 성향이란 평소 얼마나 충동적으로 결정을 내리는지와 관련이 있다. 덜 충동적인 의사결정자는 위험관리 접근법을 선택한다. 위험관리형 접근법은 어떤 일이 실제 벌어질 개연성과 그 일이 몰고 올 결과에 관심을 기울인다. 만약 당신이 충동적인 편에 속한다면 더 크고 즉각적인 수익을 얻는 기회에 더 많이 끌릴 것이다. 모든 사람들이 상황에 따라 양쪽 성향을 수행할 능력을 보유하고 있다. 그러나 연구 결과를 보면 사람들은 보통 이쪽 아니면 저쪽 범주에 분명하게 속해 있다는 걸 확인할 수 있다. 각 범주 내에서도 스펙트럼은 경증에서 중증까지 넓게 분포돼 있다.

당신이 스펙트럼의 어디쯤 위치하는지는 충동인자를 구성하는 두 개의 하위 지표를 보면 알 수 있다. 조급성^{hastiness} 지표에서 높은 점수를 받으면, 의사결정을 내릴 때 평균적인 사람들보다 더 서두르는 경향이 있다는 뜻이다. 낮은 점수는 결정을 내릴 때 타인에 비해 더 머뭇거린다는 의미다. 두 번째 하위 지수는 위험성^{risk}이다. 위험성 지표는 좀더 안전한 대안이 존재할 때에도 더 큰 과실을 얻기 위해 얼마나 기꺼이 위험을 감수하는지를 반영한다. 하위 지수는 전반적인 성향에 대한 더 심도 깊은 분석을 제공한다. 이들 하위 지수에서 양극단의 점수가 나올수록 모험추구 혹은 위험관리 성향이 강하다고 추정할 수 있다. 만약 점수가 평균에 가깝다면 모험추구형과 위험관리형 중에서도 온건한 축에 속하는 것이다.

의사결정 유형이 같은 사람들이라도 특정 상황이나 환경에서 정확하게 똑같이 반응하지 않는다. 그러나 대다수 사람들은 이 두 가지 범주 중 하나에 속한다는 걸 알게 될 것이다.

유사한 분류가 정치학에도 존재한다. 예를 들어 보수적인 공화당원과 온건한 공화당원이 존재하듯이 민주당 내에도 진보적인 민주당원과 온건한 민주당원이 있다. 이런 차이에도 불구하고 동일한 그룹 내의 하위 그룹은 더 큰 집단(즉 공화당과 민주당)의 멤버로 분류된다. 상대편과 비교했을 때 하위 그룹의 시각이 같은 집단에 속한다고 인정받을 수 있을 만큼 충분히 유사하기 때문이다.

그렇다면 대체 어느 쪽이 더 나은 의사결정자인가? 지금쯤 당신은 그런 의문이 들었을 것이다.

명백한 답은 '둘 다' '양쪽 모두 아니다' '상황에 따라서'이다. 어느 쪽이나 더 나은 결정을 내릴 수 있다.

좋은 결정의 구성 요건은 누가 질문을 던지느냐, 그리고 어느 결정에나 수반되는 예측 불가능한 상황에 달려 있다. 한 사람의 올바른 선택이 다른 사람에게는 얼간이 같은 행동이 될 수 있다. 사실 동일한 사람이라도 어떤 상황에서 내린 올바른 결정이 다른 상황에서는 바보 같은 선택이 될 수도 있다. 사람들은 자기 안에 있는 두 주인을 섬기기 위해 결정을 내리기 때문에 전혀 다른 결론에 도달한다. 한 주인은 가진 걸 지켜야 한다고 말하고 다른 주인은 가장 큰 상을 타내라고 명령한다. 다시 말해 어떤 이들은 마음의 평화를 추구하는 반면 다른 이들은 더 큰 파이를 쟁취하려고 한다. 이 대립되는 두 마음의 관점을 결합시키면 건강한 조화를 이룰 수 있다. 나중에 살펴보겠지만 일단 자신의 스타일을 확인한 뒤에는 대립되는 스타일을 가진 사람들과 유대를 강화하는 게 성공의 필수 요인이다. 이런 협력을 '유대관계connectedness' 라고 부른다.

충동성 테스트의 두 번째 부분은 의사결정 성향을 얼마나 효과적으로 활용하는가에 맞춰져 있다. 효율성 등급은 두 가지 별개의 능력을 보여준다. 하나는 객관적인 효율성이다. 이 잣대는 결정의 근거를 '합리성'에 두고 판단한다. 객관적 효율성은 컴퓨터가 잘하는 종류의 효율성이다. 확률을 설명하고, 투자한 노력과 자원 대비 산출을 극대화한다. 객관적 효율성을 측정할 때 결과는 다른 모든 걸 앞서는 최우선 고려사항이다. 객관적 효율성이야말로 충동성이 실용적이냐 역기능적이냐를 판단하는 가장 설득력 있는 기준이다.

반면 주관적 효율성은 양심과 감정 같은 요인을 고려한다. 결정을 내린 뒤 어떤 기분이 들었는지를 살필 뿐만 아니라 결정을 내리기 위해 거쳐 온 과정을 평가한다. 결과는 상관없다. 예를 들어 수익을 극대화하는 결정이 객관적 효율성 면에서 높은 등급을 받았다. 그러나 만약 수익이 실현되길 기다리는 동안 불면증이 생기거나 위에 구멍이 생긴다면 이 결정은 주관적 효율성에서 낮은 등급을 받게 된다. 상사나 회사가 언제나 주관적 효율성에 관심을 기울이는 건 아니다. 그걸 걱정하는 게 임무도 아니다. 그러나 당신이라면 이 부분에 세심한 관심을 기울여야 할 것이다.

두 가지 유형, 위험관리형 VS. 모험추구형

위험관리형과 모험추구형이라는 두 가지 핵심 범주의 이름은 라벨이나 분류어를 정할 때처럼 전형이나 추구해야 할 이상을 나타내도록 고안됐다. 충동성이 높다거나 혹은 낮다고만 말하는 것보다 위험관리형 또는 모험추구형 같은 용어로 표현하면 의사결정 성향을 좀더 명쾌하게 이해할 수 있다. 넓은 의미에서 충동적이라는 단어는 수시로 충동에 따라 행동하는 사람을 묘사하는 말이다. 충동성에 대한 이 책의 정의에 따르면 틀림없이 맞는 말이다. 그러나 한편으로 충동은 위험을 회피하도록 지시하는 감정이나 본능이 될 수도 있다. 충동적인 사람은 평균적으로 조심스러운 사람들에 비해 더 위험한 상황에 놓일 가능성이 높음에도 불구하고, 충동이 반드시 위험하거나 불확실한 시도로 귀결되는 건 아니다. 이론적으로 충동 가운데는 인지된 위험을 피하도록 지시를 내리는 신중한 충동이 있을 수 있다. 그러므로 피검사자가 얼마나 충동에 의거해 행동하는지, 또 이 과정에서 어떤 종류의 충동이 작용했는지도 분석하고자 했다. 그래야 충동성 테스트 결과가 의사결정 과정에 효율적으로 도움을 줄 수 있다.

이제 위험관리형 혹은 모험추구형 같은 의사결정 성향에 대한 진단을, 자신이 얼마나 충동적인지에 대한 측정이자 동시에 행동의 배경이 되는 충동의 종류에 대한 설명으로 함께 받아들이기 바란다. 평균 혹은 더 낮은 수준의 충동 성향을 가진 사람들은 위험을 관리하는 능력을 갈고 닦는 동시에 적절한 기회를 추구해야 최선의 결과를 얻을 수 있다. 반면 충동성 지수가 높은 사람의 경우에는 모험추구 기술을 연마해야 전성기를 누릴 수 있다.

자신에게 없는 성향을 개발해야 한다는 얘기가 아니다. 위험관리 유형이 내면에서 모험추구형을 찾아낼(혹은 역의 경우) 필요도 없다. 대신 각자의 스타일에 내재된 장점을 극대화해야 한다.

위험관리형

대략 4분의 3에 해당하는 사람들이 위험관리 성향을 갖고 있다. 이들은 결과 자체만이 아니라 그런 결과가 실제 일어날 가능성에 특별한 관심을 쏟는다. 주관적 관점에서 이들은 마음의 평화를 중요하게 여긴다. 세련된 위험관리형 인간은 결정을 내릴 때 철저하게 점검하는 방식을 취하기 때문에 보통 심사숙고형 의사결정자로 간주된다. 돌다리도 두드려보는 성향 덕에 대부분 안전하고 편안한 상태를 유지한다. 하지만 필요할 때는 행동에 나설 것이다.

위험관리 성향은 신중하게 계산된 행보가 특징이다. 미지의 세계로 대담하게 몸을 던지는 행동은 좀처럼 볼 수 없다. 필요할 경우 현재 질서에 도전하기도 하지만, 이런 유형이 단기간에 현실과 급진적으로 결별할 가능성은 높지 않다. 그러나 장기간에 걸쳐 신중하게 계산된 결정을 내린 뒤 과거의 질서에서 멀리 떨어져 있을 가능성은 있다. 위험관리형은 안정적이고 지속적인 수익을 찾는다. 수익 실현 가능성이 높고, 반드시 필요한 만큼만 위험을 감수하는 정도여야 한다. 이들은 단기간에 부유해질 기회가 생기더라도 기꺼이 다른 이들에게 양보할 것이다. 왜냐하면 일확천금을 얻는 길이 그대로 파산에 이르는 지름길이 될 수도 있기 때문이다.

위험관리 유형은 결정을 내릴 때 타인의 의견에 휘둘릴 가능성을 경계해야 한다. 혹은 남들이 앞서 갈 때 혼자 뒤처질 것이라는 두려움도 조심해야 한다. 고도로 효율적인 위험관리자들은 타인의 의견을 하나의 정보로 받아들인다. 해당 정보에 적당한 주의를 기울이되 자신이 충동의 희생양이 되도록 방치하지 않는다.

　우유부단은 아마도 위험관리형에게 최대 난관일 것이다. 잘못된 결정을 내릴지 모른다는 두려움은 쉽게 장애물로 변해 결국 우유부단하게 만든다. 물론 우유부단이 반드시 문제가 되는 건 아니다. 현재 방식에 불만을 갖지 않고, 현 상태 그대로 유지하며 살 수 있다면 말이다. 그러나 일상의 삶은 어떤 방식으로든 결정을 요구하고, 그러다 보면 현상유지가 쉽지 않을 것이다. 결정을 회피할 수 없는 상황들도 온다. 그런 순간이 오면 우유부단함은 주관적이고 객관적인 효율성 모두를 저해한다. 제때 결정을 내릴 권리를 포기할 때, 누군가가 결정을 대신 내려주기를 바랄 때 인간은 특히 안전이란 덫에 걸리기 쉽다.

　예를 들어 위험관리형 인간이 새로 개발된 과학기술을 이용한 신상품을 시장에 출시할지 여부를 결정해야 하는 상황이라고 해보자. 제품을 성공적으로 발매하기 위해 돈을 써서 시장 분석을 할 수 있다. 그러나 시장이란 움직이는 타깃이다. 위험관리형 인간이 해당 신상품이 대대적으로 히트할 것임을 보증하는 완벽한 시장 분석을 기다린다면, 결과가 나왔을 때 이미 시장은 방향을 전환해버린 뒤가 될지 모른다. 아마도 벌써 경쟁자들은 시장에 대한 지분을 차지하고 있고, 소비자들에게는 이미 선호하는 제품이 생겼을 수도 있다. 지나치게 오래 기다리다 기회를 놓쳐버린 것에 대해 뒤늦게 자신의 발등을 찍으며 후회하고 있을지 모른다. 그 순간, 이 일은 잊어버리고 손실을 줄이자고 결정해야 하는데, 그동안의 준비와 분석이 무용지물이 되지 않도록 혹은 앞서 나간 경쟁자들을 따라잡기 위해 어쨌든 제품을 출시하자는 강렬한 유혹이 생길 것이다. 가장 효율적인 위험관리형은 안전한 결정에 초점을 유지하는 반면 실행에서는 과감하고 빈틈없이 행동한다.

모험추구형

모험추구 성향은 소수의 사람들에게 나타난다. 이들은 조급성과 위험성 지수 양쪽에서 모두 높은 점수를 받는다. 모험추구형 중에서도 실용적 충동성 기술을 연마한 이들은 성공적이었다. 모험추구형은 현 상황을 개선하는 선택에 본능적으로 끌린다. 이들은 기꺼이 미지의 영역으로 걸어 들어간다. 하지만 과거 경험을 반추하는 과정에서 손해를 야기할 수 있는 충동을 언제 막아야 하는지 알게 되었다.

단호함은 모험추구형에게 분명히 장점이 될 수 있다. 자신감 넘치는 성향은 자신의 한계를 이해하는 한 득이 된다. 하지만 이들은 위험을 고려하지 않고 행동할 때 생기는 특별한 자유에 도취되기 쉽다. 그런 충동적 행동은 새로운 사고방식을 낳기도 하지만 동시에 위험할 수 있다. 위험관리형이 자신의 궤도를 지나치게 자주 되돌아본다면, 모험추구형은 종종 자신의 진로를 충분히 검토하지 않는 실수를 범한다.

기회비용은 모험추구형이 의사결정을 내릴 때 가장 중요한 위치를 차지한다. 모험추구형은 실현 가능성 있는 새로운 방식에 대한 집요한 관심 덕에 간혹 몽상가라는 평을 받기도 한다. 역설적이게도 이들은 지극히 근시안적일 수도 있다. 특별한 단기 수익은 장기적으로 부채를 만들어낼 가능성이 있다는 사실을 때때로 이해하지 못하기 때문이다.

모험추구형은 집단 내에서 자신의 결정이 타인에게 미칠 영향을 인지하지 못할 때가 있다. 위험관리형이 다른 사람들이 무엇을 하고 어떤 생각을 하는지에 지나치게 신경을 쓴다면, 모험추구형은 즉각적 보상에 집중하느라 타인에게는 충분히 관심을 기울이지 못하는 경향이 있다. 때문에 모험추구형에 속하는 사람들은 공감 능력이 부족한 듯 보인다. 변호를 하자면, 감정이입 능력이 부족한 게 아니라 자신의 충동 이외에 다른 것에 별로 신경을 쓰지 않는 것이다. 모험추구형이 타인의 감정을 무시하기로 결심한 것은 아니다. 실상 모험추구형은 고려사항을 전부 다 무시하고 있다. 타인의 감정과 의견은 무시된 고려사항 가운데 우연히 포함됐을 뿐이다.

생각해보면 우리가 내리는 결정 중에서 타인에게 영향을 미치지 않는 것은 거의 없다. 조직이라면 더욱 그렇다. 가족이 됐든 회사의 팀이 됐든 말이다. 때때로 충동적인 의사결정자들은 다음 기회를 쫓는 데 너무나 몰두한 나머지 자신의 선택이 타인에게 미칠 영향을 보지 못할 수 있다. 그러나 효율적인 모험추구자라면 최상의 보상을 획득하기 위해 미래 수익을 추구할 때는 타인을 고려대상에 넣는다.

위험한 선택은 모험추구자가 먹는 일일 식단의 기본 메뉴처럼 일상 곳곳에 도사린다. 그러나 이들이 모험 자체를 위해 모험에 이끌리는 건 아니다. 모험추구형이 다른 사람들보다 특별히 더 위험이나 실패를 즐기는 건 아니다. 위험한 선택은 성공적으로 실행됐을 때 가장 큰 보상을 안겨준다. 그런 잠재력이 충동적 의사결정자에게 온갖 종류의 새로운 가능성을 열어준다. 그러나 목표가 검증되지 않았을 때 모험추구는 역기능을 초래할 강력한 위험을 내포하고 있다. 모험추구자의 충동적 성향이 잘못된 방향으로 향했을 때 지극히 비생산적일 수 있다. 이런 경우 모험추구자는 충동 덕에 자유로워지는 게 아니라 충동의 포로가 된다.

어떤 사람들에게 충동은 유전적 성향인 동시에 라이프스타일이기도 하다. 순간을 사는 것은 즐겁다. 그러나 그 순간들은 자신을 한데 묶는 기이한 특성을 갖고 있다는 사실을 마음에 새겨둘 필요가 있다. 한 순간은 다음 순간으로 그리고 또 다음 순간으로 영원까지 이어진다. 그러므로 미래의 순간에 대한 고려 없이 산다는 것, 이를테면 이 순간 꼬불꼬불한 산길을 시속 180킬로미터로 달려 내려가는 것은 다음 순간들을 아예 없애버리는 아주 훌륭한 방법이 될 것이다. 안전보다 잠재적 가능성에 초점을 맞추는 결정은 완벽하게 건전한 의사결정 방법일 수 있다. 충동성은 애초 추구하고자 했던 잠재력에 도달하지 못하도록 지속적으로 방해할 때만 악영향을 미친다.

나에게 맞는 선택 전략은 따로 있다

결정을 내린다는 것은 언제나 불확실성으로 점철된 복잡한 과제다. 언급했듯이 어른들의 세계에서 흑백이 분명한 답변은 드물다. '결정을 내리는 사람'을 모두 겨냥하는 포괄적인 충고는 좋은 의사결정에는 한 가지 최고 방식이 존재한다는 의문스러운 전제에서 출발한다. 더 많이 생각하라. 직감에 충실해라. 마음의 소리에 귀를 기울여라. 충동을 조절하라. 이런 충고에는 각각 어울리는 상황이 있다. 그러나 모든 상황에서, 모든 이들에게 똑같은 조언을 건넨다면, 잘못된 것이다. 만약 어디서나 통하는 올바른 방식이란 게 존재한다면, 나는 겸허하게 이렇게 제안하고 싶다. 언제나 올바른 의사결정 방법은 움직이는 타깃이어서 우리보다 영원히 한두 발짝 앞서 있다고 말이다. 만족스러운 결정을 내릴 가능성을 조금이라도 더 높이려면 언제나 누가^{who} 결정을 내리는지를 잊어서는 안 된다. 그 사람의 스타일에 맞게 전략을 짜야 한다.

따라서 누가 더 나은 의사결정자인가라는 질문은 잘못된 질문이다. 의미 있는 질문은 바로 이것이다.

(1) 당신과 당신 주변의 사람들은 어떤 유형의 의사결정자인가?
(2) 각자는 자신의 선천적 성향을 활용하기 위해 무엇을 하고 있는가?

당신이 자신의 의사결정 스타일을 파악했다면 최근 내린 결정 혹은 기억할 만한 결정을 떠올려보자. 개인적인 것이든, 직업적 판단이든 상관없다. 당신의 의사결정 스타일이 결과에 어떻게 영향을 끼쳤는지 파악할 수 있겠는가? 당신은 충동을 실용적으로 이용했는가 아니면 역기능적으로 이용했는가? 자신의 스타일을 아는 상태에서 결정을 내릴 때, 과거와는 어떻게 다른 방식으로 접근할 것인가?

앞으로 읽을 장에서는 모험추구 스타일과 위험관리형에 대해 분석할 것이다. 이어 의사결정 과정을 전반적으로 살펴보고 미래 전략도 점검할 것이다. 당신이 위험관리형이라고 해서 모험추구형을 다룬 장을 건너뛰어야 한다는 뜻은 아니다. 반대 역시 마찬가지다. 이미 짧게 다뤘고 앞으로 더 자세히 살펴보겠지만, 위험관리형과 모험추구형 간의 유대관계야말로 각자 최상의 의사결정을 내릴 수 있는 해법을 제시한다. 충동적인 동업자를 통찰하거나 신중한 직장 동료를 이해하면 크게 도움이 될 것이다.

앞서 지적했듯이 모험추구형의 경우 주의력 지속 시간이 짧을 가능성이 높은 만큼, 우리 중 소수에 해당하는 이들에 관해 먼저 살펴보도록 하겠다.

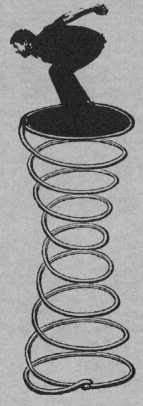

모험추구자:
일단 행동하고 보는
사람들

모험추구자를 위한 충동 사용 설명서

The Impulse Factor

1216년 여름, 프랑스 역사학자 자크 드 비트리Jacques de Vitry는 이탈리아를 여행했다. 로마 가톨릭 교회의 주요 인사였던 비트리는 최근 임명된 교황 호노리우스 3세와 추기경들을 직접 관찰하는 데 여행 일정의 대부분을 할애했다. 비트리는 교회에 대해 좋은 인상을 받지 못했다. 그는 한 편지에서 "불쾌했다. 교회 지도자들이 통치자들과 왕국, 송사, 법정투쟁 같은 세속적인 일에 너무 몰두해서 영적인 일에 대해서는 말을 꺼내지도 못하게 했다"고 노골적으로 불만을 털어놓았다. 비트리의 말은 많은 로마 가톨릭 교도들이 교회 지도자들에게서 목격한 비열한 부패에 대해서만 증언한 게 아니었다. 그의 편지는 교회 위계 안에서 자라나고 있는, 모든 걸 마비시키는 관료주의에 대해서도 지적한 것이었다.

그러나 비트리는 그해 여름 이탈리아를 떠나기 전에 '작은 형제회 Lesser Brothers and Lesser Sisters'로 알려진 교회 내 새 종복들의 그룹에서 희망을 발견했다. "이들은 낮에는 각자의 도시와 마을로 나가 활발하게 활동한다. 밤에는 저마다의 은둔지 혹은 외딴 장소로 되돌아가 묵상에 전념한다. 여성들은 도시 인근의 다양한 순례자용 숙소에 함께 모여 산다. 이들은 아무것도 공짜로 받지 않고 두 손으로 노동해 생계를 꾸려간다." 비트리는 이들의 삶이 초기 교회의 이상적 계율을 따르고 있을 뿐만 아니라 어디를 가든지 노동과 자비로운 행동으로 놀라울 만큼 확실하게 복음을 전파하고 있다고 적었다. 비트리는 작은 형제회가 주위 사람들의 고난을 진심으로 걱정했던 점이 이들의 성공에 큰 영향을 끼쳤다고 믿었다. 동시에 이들이 파멸과 저주 대신 기쁨과 행복의 메시지를 전달한 것도 중요한 역할을 했다. '단순하고 빈곤한' 작은 형제회 사람들은 이상적이면서도 실용적인 방식으로 교회의 진짜 목적을 달성하고 있었다. 임명된 교회 지도자들은 결코 하지 못한 일이었다.

비트리가 목격한 이 혁명적 운동은 프란체스코 베르나도네라는 한 남성이 씨앗을 뿌리면서 시작되었다. 젊은 시절 프란체스코의 삶을 보면 영적 업적을 이룰 가능성이 거의 없어 보였다. 인기 만점의 프랑스계 이탈리아 소년은 늘 아버지 가게에서 가져온 멋진 옷을 입고는 비슷한 중상류층 친구들 사이에서 렉스 콘비비('연회의 왕'이라는 뜻을 지닌 옛 라틴어 별칭) 역할을 제대로 해내고 있었다. 친구들은 혈기왕성한 청년기를 보낼 최상의 방법은 탕진이라고 생각하는 젊은이들이었다. 가장 성대하고 화려한 파티를 여는 귀족에게 렉스 콘비비라는 타이틀이 주어졌다. 만약 당신의 역할 모델이 로마의 폭군 황제 칼리굴라라면 렉스 콘비비라는 별명을 얻는 것은 꽤나 커다란 명예가 될 것이다. 그러나 프란체스코는 물질적 부를 추구하는 가족들에게 환멸을 느끼기 시작했다. 이웃 마을을 공격한 뒤 전쟁 포로로 투옥됐다가 풀려나고, 몇 년 뒤 기사 자격으로 4차 십자군 전쟁에 참여하려다가 실패하면서

심경의 변화가 나타나기 시작한 것이다. 연회의 왕이라는 '명예'에 대해서도 수상쩍게 생각하기 시작했다.

1206년 바람이 많이 불던 어느 날, 아버지와 공개 논쟁을 마친 후 23세의 프란체스코는 아시시 주교의 안뜰에서 베르나도네 가문의 부와 영향력과 절연할 것을 선언했다. 오늘날 성 프란체스코의 성스러운 등장으로 간주되는 바로 그 장면에서 그는 자발적으로 모든 세속적 안전을 버렸다. 그리고 평생 극빈한 생활을 하면서 학대받는 민중을 위해 봉사하겠다고 맹세했다.

그날 현장을 목격한 군중들은 완전히 압도당했다. 전기 작가 도날드 스포토$^{Donald\ Spoto11)}$는 "1206년에 아무것도 소유하지 않겠다는 말은 글자 그대로 아무것도 갖지 않는다는 뜻이었다. 조금 덜 갖겠다는 의미가 아니었다."라고 지적했다. 여기 대단한 특권을 누리는 인기 만점의 젊은이가 있다. 그가 부와 물질적 안락함을 포기하고 그것도 모자라 생존에 필요한 기본적인 필수품을 구하는 것조차 금지하기로 마음을 먹었다. 영혼의 관점에서 보면, 한 개인이 안전과 안락을 포기하겠다고 결심하는 것은 비범한 신념의 행위다. 그가 한 행동의 영적 가치를 평가절하하는 위험을 감수하고 말하자면, 심리학에서 그런 결정은 '충동적'인 것으로 분류된다.

프란체스코가 개종 전과 후에 내린 선택은 모험추구형 인간의 진짜 본질(어쩌면 '영혼'이라고 말할 수 있을지도 모른다)을 보여준다. 그때까지 어떤 노동도 해본 적이 없는 사람이 세속적 물질을 전부 포기했으니 상황은 어느 쪽으로든 전개될 수 있었다. 어떤 측면에서 프란체스코는 자신에게 백지를 제공했다. 말하자면 책임질 일도, 맞춰 살아야 할 기대도, 잃어버릴까 봐 전전긍긍해야 할 소유물도 없어진 것이다. 동시에 그 과정에서 굶어 죽거나 얼어 죽지 않고 버텨야 하는 기초적인 책임을 져야 했다. 만약 그가 새 삶의 방식에 적응하지 못했다면 역사는 이 외골수 청년의 이야기를 더는 기록하지 못했을 것이다.

프란체스코는 냉정을 잃지 않았다. 그 후 몇 개월간 그는 과거와는 달리 충동의 희생양이 되지 않고 자신의 충동 성향을 통제해냈다. 프란체스코는 역기능적 충동에서 실용적 충동 성향으로 자신을 변모시킨 성공적인 인물이다. 그건 목표에 집중했을 때만 가능한 변화였다. 그의 생애는, 과거 제멋대로 구는 청춘이자 무자비한 싸움꾼이었던 청년 프란체스코와 새롭게 태어난 자비심 넘치는 성인 프란체스코 사이의 명백한 균열이 겉으로 드러나는 것만큼 크지 않다는 걸 보여준다. 사실 경솔한 연회의 왕이자 야심만만한 기사는 겸손한 신의 종복과 함께 한 인간의 내면에 공존하고 있었다. 과거 세속적 즐거움과 사적인 영광을 맹렬하게 추구하던 프란체스코는 단순한 삶과 봉사에 대한 열정을 향해 자신을 재조정했다.

만약 닐 캐서디가 20세기 환호 받는 인물이 아니라 13세기의 아이콘이었다면 캐서디와 프란체스코 베르나도네는 캐서디와 케루악이 700년 뒤에 떠났던 여정을 똑같이 밟았을지도 모를 일이다. 그러나 프란체스코는 캐서디와 달랐다. 프란체스코는 충동적 욕망이 자신을 제압하고 파괴해버리기 전에 이를 통제했다. 프란체스코의 성취는 기억해둘 가치가 있다. 충동적인 소수에게 존재하는 사소한 범죄 본능에 대해 언급할 수는 있지만, 모험추구형이나 위기관리형 중 어느 한쪽이 영혼의 우위를 독점하고 있는 것은 아니다. 양측이 오를 수 있는 도덕적 정신적 고양의 높이에는, 한계가 없다. 한계가 있다면 스스로가 설정하고 있는 것뿐이다.

프란체스코는 올바른 방향을 찾기 위해 애썼다. 그 결과 그는 고전하고 있던 교회를 근본적으로 변화시켰다. 그는 또 궁핍한 이들에게 희망의 등대가 됐다. 게다가 이 모든 일을 해내면서도 동시에 역사상 가장 유쾌한 인물로 기억되고 있다.

탤런트스마트에서 연구를 하면서 우리는 프란체스코에게 발견된 충동 성향(장점과 단점 모두를 포함해)이 오늘날 우리 주위에 있는 모험추구자에게도 여전히 존재한다는 걸 확인했다. 자세히 들여다보면 800년 전 프란체스코 성인을 인도했던 원칙들은 오늘날 모험추구자의 결정에도 똑같이 적용된다는 사실을 이해할 수 있을 것이다.

큰 목표 아래 작은 목표를 재조정하라

프란체스코에 관한 주목할 만한 여러 일화를 통해 모험추구형에게 핵심적인 테마 한 가지를 알 수 있다. 바로 생각하기 전에 행동한다는 점이다. 한 가지 상징적 사례를 보자. 극빈자를 위해 헌신하는 삶을 살기로 한 직후 프란체스코는 로마 북부의 한 도로에서 나병 환자와 조우

한다. 중세시대에 나병은 전염병으로 알려져 있었다. 아무리 친절한 여행자도 나병 환자에게는 안전하다고 생각되는 거리에서 음식을 던져 주었다. 당시에는 극악무도한 죄를 저질렀을 때 문둥병에 걸린다고 여겨졌다. 따라서 중세인에게 나병은 신체적으로 뿐만 아니라 정신적으로도 전염성 질병이었다. 로마법은 나병 환자가 마을에 가까이 다가갈 때는 종을 울리도록 의무화했다. 주민들에게 미리 경고하기 위해서였다. 사실 중세시대에 나병 환자를 만지는 것은 금기였다. 누구도 이를 함부로 어기지 않았다.

전에도 그랬듯 프란체스코는 관습을 따르지 않았다. 병든 사람들에게 줄 돈도 음식도 없었던 그는 가장 심하게 앓고 있는 병자의 발치에 자신의 몸을 던졌다. 그리고는 그를 부둥켜안았다. 나병 환자를 포옹한 뒤에야 프란체스코는 자신의 행동을 곰곰이 반추했다. 그리고는 이렇게 결론을 내렸다. 나병 환자들과 어울리는 것이 위험하다는 가상의 공포에 떠는 것은 진실하지 않을 뿐만 아니라 조건 없는 사랑을 베풀어야 한다는 자신의 선택과도 일치하지 않는다고. 프란체스코는 조건 없는 사랑에 대해 매우 헌신적이었기 때문에 그 시대에 보편적이던 그릇된 '지식'을 극복할 수 있었다. 오늘날 우리는 나병 환자를 격리할 필요가 없다는 걸 알고 있다. 대다수 사람들이 지금은 나병 환자 격리라는 관행을 비윤리적이라고 여긴다. 프란체스코는 남은 생애 동안 나병 환자들을 돌봤다.

개인적 안위(신체적인 안전조차)에는 신경 쓰지 않았던 프란체스코의 즉흥적인 자선 행위는 그 후에도 계속됐다. 프란체스코의 방식은 그가

프란체스코를 기리며 세워진,
프란체스코 수도회 최초의 성당

추구했던 영적 성취감과 자유를 쟁취하는 데 대단히 성공적이라는 게 증명됐다. 지금 행동하고 나중에 생각한다는 프란체스코의 원칙은 겸손과 청빈한 삶을 사는 것이 목표라고 고백했던 13세기 이탈리아 수도사에게는 멋지게 들어맞았다. 그러나 프란체스코의 전략이 오늘날에도 적용될 수 있을까? 세속적 성공을 추구하는 데도 활용될 수 있는 것일까?

탤런트스마트 연구를 위해 지구촌 곳곳을 돌아보는 과정에서 나는 포춘지 선정 글로벌 100대 기업 안에서 앞서 나온 질문에 대한 답을 탐색할 기회를 갖게 됐다. 2년 전 호주에서 재능 있는 모험추구형 인재들과 작업할 기회가 있었다. 이들은 설득력 있는 해답을 제공했다. 다국적 기업의 금융서비스 분야에서 출세 가도를 달리고 있는 수완가들이 몇 세기 전의 청빈한 탁발 수도사와 동일한 원칙을 갖고 있을 거라고는 짐작하기 어려울 것이다. 하지만 내가 발견한 것은 둘 사이의 연관성이었다.

사실 성 프란체스코는 생각하지 않고 즉흥적으로 행동하는 극단적 사례이다. 오늘날의 가정과 사무실에서도 동일한 행동 양식은 쉽게 발견할 수 있다. 금융권의 모험추구자들은 먼저 결정하고 나중에 사고하는 자신의 성향에 대해 솔직하게 털어놓았다. 그들은 충동성 테스트의 자가 분석 후 토론 시간에 이렇게 말했다. "미안하다고 말하는 게 부탁보다 쉽다." 그런 고백은 이 충동적 이단아들이 일상생활에서 반항, 부주의 혹은 더 나쁜 행동을 저지를 가능성이 높다는 말처럼 들린다. 당신은 먼저 찾아와 조언을 구하는 대신에 혼자 저질러 놓고 나중에 사과하는 그런 동료와 함께 일하고 싶은가? 추가 토론을 하면서 그들은 이런 행동 양식이 모호한 상황에 적용된다는 점을 지적했다. 전통적인 지혜가 전략적 방향과 일치하지 않는 그런 경우 말이다. 명백한 해답이 없거나 혹은 시간에 쫓기는 상황에서 호주의 모험추구형 인재들은 원하는 결과를 얻을 수 있을 것으로 보이는 결정을 먼저 내렸다. 거기에 따르는 문제가 있으면 나중에 감당했다. 그들은 규칙을 어긴 게 아니다. 상황이 결단을 필요로 할 때 과단성 있게 결정을 내린 것이다. 행동 중심주의는 공포와 주저로 굳게 닫혀 있던 가능성의 문을 열 수 있다.

조직 내에서 '먼저 쏘고 나중에 사과하기' 전략을 진짜 유용하게 만드는 것은 두 번째 요소이다. 사과하는 것을 잊지 않을 때에만 부탁하지 않는 태도가 용인될 수 있다. 용서를 구하는 행위는 주위 사람들과 굳건한 인간관계를 유지하는 데 도움을 주는, 명백하게 선의의 제스처이다. 그러나 사회적 관계만큼이나 중요한 게 있다. 사과가 필요할지 모른다는 인식을 하려면 반성이 필수적이다. 실수를 인정하기 위해서 당신은 먼저 개방적이고 비판적인 태도로 스스로의 결정을 점검해야 한다. 이런 고찰을 했을 때에만 목표를 향해 올바른 방향으로 전진할 수 있다.

성 프란체스코는 나병 환자들을 만났을 때 스스로의 내면을 들여다봤다. 그리고 자신의 방향이 올바르다는 것을 확신하고는 몸을 던져서 환자들을 돌봤다. 한편 상황에 따라서 지킬 수 없는 원칙은 경로를 수정하기도 했다. 그는 단순한 삶을 서약한 추종자들에게 극단적인 절식을 요구했다. 이는 육체가 아니라 영혼이 번성하도록 하기 위해서 세계 여러 종교에서 널리 차용돼온 금욕주의 수행법이다. 하지만 유달리 혹독했던 겨울이 지나고 프란체스코는 이런 수행법이 되레 추종자들의 일탈을 부추긴다는 걸 목격했다. 그는 극한의 상황까지 굶주리는 것이 사랑과 봉사라는 애초 목표를 달성하는 데 아무런 도움이 되지 않는다는 걸 깨달았다(석가모니도 부처가 되는 수행 과정에서 동일한 결론에 도달했다). 프란체스코는 가난한 삶을 계속 주창했고, 기름진 음식에 빠지는 것을 끊임없이 경계했다. 그러나 단순한 삶을 강조한 그의 서약은 사랑과 평화라는 좀더 큰 목표 아래서 재조정됐다.

또한 호주에서 만난 금융전문가들이 "부탁해" 대신 "미안해"라고 말하는 것은 암묵적으로 자신의 결정이 스스로를 곤경에 빠뜨릴 수 있다는 걸 인정한다는 뜻이다. 끝에 가서 자신의 결정에 대해 사과할 수도 있음을 인정하는 것은 늘 실패를 염두에 두고 있다는 의미다. 결정을 내리면서 얼마나 대단한 확신을 품고 있었는가와 상관없이 말이다. 그러나 실패를 가능성으로 받아들인다고 해서 그들이 처음부터 행동하길 주저하는 건 아니다. 그들은 철저하게 준비됐다는 자신감과는 무관하게 실패의 가능성을 피할 수 없다는 걸 이해한다. 잊거나 무시하지 않고 실패를 가능성으로 받아들이는 것이다. 모든 결정에는 결과가 따른다. 결정이 중요할수록(더 많은 사람에게 영향을 끼치고 더 많은 일이 얽혀 있을수록) 결과 역시 거대하다. 만약 모험추구형이 기회를 잡으려 한다면 모든 일에는 내일이 있다는 것을 이해해야 한다. 또 자신이 한 행동의 결과로 도미노가 무너지는 모습도 지켜봐야 한다.

모험추구 유형에 속한 사람들은 타고난 실험가들이다. 새로운 것을 시도함으로써 에너지를 얻는다. 새로운 시도야말로 모든 실험의 촉매다. 이미 시도되었고 결과가 진실하다고 밝혀졌다면 그것은 이미 실험이 아니다. 의외로 익숙하지 않은 영역으로 도망치는 것은 어렵지 않다. 오히려 이미 내린 결정을 지속적으로 돌이켜 숙고하기가 훨씬 더 어렵다. 역기능적 충동과 실용적 충동을 구분하는 것은 반성이라는 힘겨운 과제이다. 당신은 자신이 한 실험이 스스로를 어디로 이끌어 갔는지 점검해야 한다. 만약 도달한 목적지가 마음에 든다면 그 방향으로 계속 전진하면 된다. 결과가 딱히 만족스럽지 않다면 그때는 방향을 수정하거나 실험 전체를 폐기해야 할 수도 있다.

하버드 대학 정신과 의사이자 성인 주의력결핍장애[ADD] 전문가인 네드 할로웰[Ned Hallowell]과 존 레이티[John Ratey][2]는 공저《주의력 결핍으로부터 구원받다[Delivered from Distraction]》에서 이 점을 강조했다. 할로웰과 레이티는 ADD를 앓고 있는 성인들에게 두 가지 명료하고 상호 연관된 제안을 내놓았다. "이전에 성공했던 것은 멈추지 말라." 이어 첫 번째 제안의 필연적 귀결로 "실패했던 전략을 되풀이하지 말라."라고 조언했다. 계속할 것과 그만둬야 할 것을 구분하는 데 필수적인 게 바로 반성이다. 조금만 생각해보면 둘 사이의 구분은 비교적 명백할 거라고 할로웰과 레이티는 말한다. "매번 같은 유형의 직장에 들어가서 사표를 던지거나 해고되는 일을 무한 반복하지 말고 새로운 분야를 시도해보라. 혹은 매번 같은 유형의 파트너와 데이트하고 결혼했다가 이혼하지 말고 완전히 다른 사람과 사귀어보라. 혹은 동일한 친구와 친지를 인생에 끌어들였다가 상처 입거나 실망하길 반복하지 말고 다음번에는 싫다고 거절해보라." 만약 그게 통했다면 다음번에도 그 방식을 다시 쓰면 된다. 막다른 골목에 이르렀다면 나침반을 재조정하라.

충동적 성향을 가진 지도자들은, 자신의 빠른 의사결정이 필요한 순간에 결정을 되돌릴 수 있는 독특한 시간적 우위를 안겨준다고 내게 말했다. 빠르게 변화하는 환경에서 신속한 결정은 때로 시간을 벌어준다. 이미 게임에서 많이 앞서 나가고 있기 때문에 방향이 잘못된 것으로 드러났을 때 아직 뒤집을 시간이 충분하다는 것이다. 초기에 계산하느라 너무 오래 시간을 허비하면 나중에 가서 재조정할 수 있는 여유가 줄어들게 된다. 물론 오래 계획하면 되돌아갈 이유가 없지 않느냐고 말할지 모른다. 하지만 단도직입적으로 말해 미리 계획하는 건 모험추구형의 강점이 아니다. 그들은 미리 세운 계획을 본능적으로 빠른 결정 방식에 통합하기 위해 힘겹게 싸워야 할 것이다. 게다가 상당부분은 무용한 수고가 될 것이다.

성공적인 모험추구자들은 빠른 결정이 옳을 수도, 틀릴 수도 있다는 걸 선선히 인정한다. 요점은 점검이다. 그들은 결정을 내린 후에 경로를 수정할 필요가 있는지 여부를 비판적으로 검토한다. 할로웰과 레이티스는 "광기의 특징 중에 같은 행동을 하고 또 하면서 다른 결과를 기대하는 점"이 있다고 했다. 따라서 가장 결정적인 반성의 과정을 생략하는 것은 모험추구자가 실험을 하고 있는 게 아니라는 뜻이다. 목적 없이 헤매고 있거나 혹은 정신착란으로 직행하고 있는 것이다.

결정을 내릴 때는 신속하게

1950년대 중반 유럽을 여행하던 중년의 미국인 부부는 스위스의 한 기념품 가게에서 '빌트 릴리' 인형을 발견했다. 빌트 릴리는 독일에서 인기를 끌던 만화 캐릭터였다. 풍만한 몸매의 인형은 만화의 주 독자층인 아동이 아니라 성인을 겨냥해 만들어졌다. 릴리 인형은 익살스런 어른용 선물이었다. 성인 소비자를 겨냥한 것이었지만 루스 핸들러는 릴리 인형을 보고 어린 딸 바바라를 떠올렸다. 바바라의 종이 인형 컬렉션에 릴리가 훌륭한 수집품이 될 거라고 생각했다. 핸들러는 딸 바바라가 유아나 어린이보다는 성인 모습을 한 종이 인형을 더 오래 갖고 논다는 걸 알고 있었다. 그는 딸이 10대 소녀나 숙녀가 된 자신의 모습을 상상하며 노는 데 흥미를 갖고 있다고 믿었다. 딸 바바라는 또

전 세계 어린이들의 꿈과 동경의 대상이 된 바비 인형

래 소녀 인형에는 별 관심이 없었다. 핸들러는 어른에 대한 판타지를 가진 소녀가 바바라 한 명은 아닐 거라고 추측했다. 로스앤젤레스 집에 도착한 뒤 핸들러는 인형 릴리의 얼굴을 조금 바꾸고 새 이름을 지어줬다. 영감을 준 딸 바바라에게서 이름을 따왔다. 그렇게 바비 인형이 탄생했다.[3]

최근 역사에서 바비 인형만큼 명성과 오명을 동시에 얻은 장난감은 없었다. 바비 인형은 여자아이 소꿉놀이의 아이콘이자 해부학적 논란의 진원이었다. 루스 핸들러는 릴리 인형을 바비로 만들면서 릴리가 어른 소비자를 겨냥한 장난감이었다는 사실을 몰랐다고 말했다. 그러나 릴리 인형의 엄청난 볼륨에 대해서 인식하고 있었던 것만은 분명했다. 사실 볼륨 있는 몸매야말로 핸들러가 마음속에 그리던 인형의 모습이었다. 그녀는 "가슴이 있는 인형을 갖고 노는 것이 소녀의 자존감 형성에 중요하다."고 생각했다. 소꿉놀이 자체가 아이들이 어른인 체하며 노는 놀이라는 점을 전제하면, 소녀들이 실제 자기 나이보다 많은 어른 인형을 갖고 놀길 원한다는 핸들러의 자각은 지극히 상식적인 것이다. 어린이들은 자신이 컸을 때 모습을 공상하길 즐긴다. 그러나 전후 미국의 장난감 회사 중에 가슴을 강조하려는 욕구를 드러낸 인형을 제작한 회사는 하나도 없었다.

성인 여성의 몸매를 가진 인형을 만들겠다는 루스 핸들러의 결정은 도박이었다. 어른의 신체 특징을 가진 인형에 아동용 장난감 제조업체의 이름을 붙이는 것은 회사 이미지에 재앙이 될 수도 있었다. 핸들러 회사의 고위 임원들 중 몇몇은 바로 그런 우려를 표명했다. 결과적으로 그 결정은 마텔 사를 도약하게 만들어주었다. 바비와 그 창조자는 엄청나게 큰 성공을 거뒀다.

바비가 루스 핸들러의 최초 혹은 최대 도박이었던 것은 아니다. 바비와 그녀의 남자친구 켄(핸들러네 아들 이름을 땄다)은 과거에는 존재한 적 없는 장난감 왕국의 이야기다(미국 장난감 역사상 가장 낭만적으로 묘사된 이 커플이 실제 남매에서 출발했다는 사실은 언젠가 따로 다뤄볼 주제다). 1955년 루스는 ABC 방송 임원에게 전화를 받는다. 조만간 ABC TV에서 방송될 새 텔레비전 쇼를 후원해볼 생각이 없느냐는 제안이었다. 1년 후원 비용은 마텔의 순자산 총액과 맞먹는 액수였다. 문제를 더 복잡하게 만든 것은 결정 과정에 고려해야 할 미지의 변수가 알려진 변수보다 압도적으로 많았다는 사실이다.

첫째, 텔레비전은 비교적 새로운 매체였다. 미국에서 TV를 보유한 가정의 숫자는 빠르게 증가하고 있었다. 하지만 바보상자를 활용해 광고한다는 생각은 아주 새로운 개념이었다. 특히 장난감 업계에서 텔레

비전 광고는 그 당시만 해도 사실상 전무했다.

두 번째로 크리스마스 전 6주를 제외하면 장난감은 거의 판매되지 않았다. 따라서 연중 막대한 비용을 들여가며 광고를 하는 것이 판매 신장에 효과가 있을 거라고 믿을 근거는 없었다. 하지만 ABC 방송은 핸들러 부부에게 거액을 들여 1년간 매주 광고할 것을 요구했다.

다시 말해 부부는 입증되지 않은 매체에서 방송되는, 입증되지 않은 쇼에 모든 것을 걸라는 요청을 받은 셈이었다. 장난감 구매 트렌드에 관해 핸들러 부부가 알고 있는 모든 지식과 모순되는 가상의 판매 사이클에서 수익이 생길 때 광고비를 보상받을 수 있다는 사실에 유일하게 위안을 받으면서 말이다. 마텔의 최고재무관리자 야스 요시다는 루스 핸들러에게 만약 이 계획이 실패한다고 해서 마텔이 파산하지는 않겠지만 틀림없이 심각하게 빈털터리가 될 것이라고 경고했다. 만약 이 제안을 거절했더라면 마텔은 이전처럼 적당한 성장세를 이어 나갔을 것이다. 마텔은 새 매체에 대한 테스트를 좀더 한 뒤 언제라도 TV 광고를 살 수 있었을 것이다. 아니면 TV 광고에 돈을 쏟아붓고 진짜 파산할 수도 있었다. 잘 알고 있듯이 공격적 투자에는 파산하거나 적어도 빈털터리가 될 진짜 가능성이 상존한다.

그 모든 상황을 약 45분쯤 숙고한 뒤 루스와 엘리어트(루스의 남편이자 마텔의 공동 설립자)는 ABC 방송국에 전화를 걸었다. 그리고는 ABC의 새 쇼 '미키 마우스 클럽'에 기꺼이 그들의 생계 수단을 전부 걸겠다고 통보했다. 도박은 성공했다. 1956년 마텔의 자동권총 판매고는 치솟았다. 그 후 3년간 회사 수익은 세 배가 폭증했다. 바비 인형이 등장한 때는 그러고도 3년이나 흐른 뒤였다. 1959년 바비는 맨해튼에서 열린 토이페어에서 처음 소개됐다.

루스 핸들러의 도박은 확실하게 보답 받았다. 그녀는 1967년 대표로 취임해 회사 경영권을 쥐었고 1970년대 초반까지 마텔을 매년 3억 달러의 수익을 내는 대기업으로 키워냈다. 루스 핸들러와 마텔에 있어 전환점은 분명히 그때 그 결정이었다. 사운을 걸고 새로운 쇼 미키 마우스 클럽을 후원해달라는 ABC 방송의 전례 없는 요구 조건을 받아들이기로 한 것 말이다. 핸들러는 대다수 사람들이 외식 장소를 정하는 시간보다 더 짧은 시간에 그런 결단을 내렸다. 그녀가 반드시 1시간 내에 ABC에 전화를 걸어야 했던 것도 아니다. 그저 빨리 전화를 하고 싶었을 뿐이다. 그럴 필요가 없을 때조차 신속하게 결정을 내리는 것, 그것이야말로 모험추구의 극적 사례다.

아니면 빠른 결정이 필수적인가?

조사 결과, 모험추구형에 속하는 많은 사람들이 시간의 압박을 받을 때 최선의 결정을 내린다고 확신하는 것으로 나타났다. 탤런트스마트가 설문조사를 한 건강보험업체의 한 임원(모험추구형에 속하는) 도리스 J.는 "심사숙고할 시간이 길게 주어지면 결정을 내리기가 더 어렵다."는 말로 이를 적절하게 표현했다. 모험추구형이 그저 결정을 빠르게만 내리는 것은 아니다. 그들은 시간이 촉박할 때 결정의 질이 향상된다고 느낀다. 모험추구형의 이러한 직관은 8장에서 논의하게 될 위험관리형과는 극명하게 대비를 이룬다. 위험관리형은 시간의 구애를 받지 않을 때 최고의 성과를 낸다고 말한다.

우리는 1,000명 이상에게 어떤 조건에서 최선의 결정이 나오는지 물었다. 설문에 응한 대다수 위험관리형은 시간이 충분하고 정보가 풍부할 때 좋은 결정을 내린다고 믿었다. 그러나 대부분의 모험추구자는 신속하게 결심했을 때 최선의 결정이 도출됐다고 답했다. 이들이 시간의 압박을 받았을 때 실제 좋은 결정을 내렸는지, 아니면 그저 좋은 결정을 내렸다고 느꼈는지는 확실하게 알기 어렵다. 그러나 이런 신념이 그들 사이에 팽배해 있다는 것만은 분명히 확인할 수 있었다. 거의 40퍼센트의 모험추구형이 시간이 촉박할 때 좋은 결정을 내렸다고 응답한 반면, 위험관리형에서는 같은 답변이 10퍼센트 미만이었다. 더 인상적인 사실은 모험추구형 응답자 중 7퍼센트만이 좋은 의사결정을 위한 조건으로 충분한 시간을 꼽았다는 점이다. 대조적으로 위험관리형에게 시간은 좋은 결정을 위한 가장 중요한 요소였다.

모험을 추구하는 사람들이 압박감의 효용을 믿는 이유는 아마도 도파민과 관련이 있을 것이다. 마감시간의 중압감 속에서 도파민이 대량으로 분비되기 때문이다. 시간에 쫓길 때 인간의 체액은 말 그대로 빠르게 순환하게 된다. 차이는 모험추구형과 위험관리형이 급격한 활기를 받아들이는 방식에서 드러난다. 대다수 위험관리형은 여분의 활기가 없어도 아무 문제가 없기 때문에 과격한 활기는 불안과 불쾌감만 키운다. 반면 모험추구형에게는 반대의 상황이 적용된다.

왜 모험추구 유형에 속하는 이들이 좋은 결정의 촉매로 촉박한 시간을 꼽았는지를 밝히고 싶어 나는 몸이 달았다. 이런 호기심은 나를 미국의 비옥한 중심부로 이끌었다.

열정적으로 공략하라

돈 R.은 기회를 찾아 중서부 평원을 헤집고 다니며 살았다. 그는 미국 중서부 시골의 한 농가에서 8남매 중 셋째로 태어났다. 그는 농사 외에 다른 일을 해본 적이 한 번도 없었지만 고등학교를 마친 뒤 농장을 떠나 사업을 해보기로 결심했다. 36년간 그와 그의 고교시절 연인이었던 아내, 둘 사이에서 태어난 네 명의 아이들은 마을 11곳을 돌며 적어도 14곳의 집에서 살았다. 그간 40대 이상의 차량을 소유했다. 한 해 적어도 한 대의 차량을 거래하고, 2년 6개월에 한 번씩 집을 옮겼으며, 3년마다 새로운 동네로 이사를 갔다는 얘기다. 어쩌다 보니, 그렇게 되었다.

　돈은 초기에 보험 판매와 화재경보 탐지기 방문판매, 드라이클리닝 등 다양한 사업을 벌였다. 그러다 30대 초반 무렵 언제나 그의 소명이었던 농업으로 되돌아와 정착했다. 돈은 그 후 20년간 양곡기 관리나 농업협동조합을 운영하며 지냈다. 코압^{CO-OP}으로 불리는 조합은 농장 사업에서 핵심적인 사업이었다. 조합은 코압이란 이름이 암시하는 그대로 운영됐다. 농부들은 매년 수확기에 곡물을 저장했다가 구매자에게 판매·배달할 수 있는 장소가 필요했다. 이를 위해 농부들은 조합을 꾸렸다. 조합은 그 자체로 상업적인 실체였다. 선출된 지역 농부들로 구성된 이사회는 사업상 문제들을 결정하며 조합을 이끌어갔다. 40층 높이의 시멘트로 만든 저장고는 저장을 담당한다. 저장고야말로 농업조합이 소유한 시설물 중 대도시 마천루에 가장 가까운 것이다. 현장 사무소는 곡물을 거래한다. 농부들은 곡물을 지역 조합에 팔고, 바로 그 자리에서 조합은 곡물을 전국 구매자에게 다시 판매한다. 기업과 마찬가지로 대다수 조합은 전국 각지에 지부와 관리자, 이사회를 두고 있다. 대다수 농촌에서 조합은 가장 큰 사업이다.

조합은 풍년이 든 해 수확기에 곡물을 저장할 창고가 부족하다는 난제를 안고 있었다. 이럴 때 조합은 밀려들어오는 곡물을 더 이상 받지 못하고 저장고 문을 닫아야 했다. 곡물을 받지 못한다는 얘기는 수익도 없다는 뜻이다. 곡물은 부패하기 쉽기 때문에 추수 당시의 흠 없는 상태로 좋은 가격에 팔릴 수 있는 시간은 한정돼 있다. 수확 직후 곡물이 팔리지 않으면 썩기 전에 곡물을 팔 수 있다는 보장은 없었다. 수확기 이후에도 곡물을 팔려면 적당한 저장시설이 있어야만 했다. 수확기에 조합이 곡물 수매를 못한다는 것은 연휴 쇼핑 시즌에 백화점이 물건을 받지 않고 창고 문을 닫는 것과 마찬가지다. 게다가 조합은 주요 이해 당사자인 농부들의 분노를 감당해야 했다. 바로 현금이 될 농작물을 조합에서 거절했을 때 조합의 고객이자 주주인 농부들은 당연히 열을 받았다. 농부들은 분노를 거침없이 표현했다. 수확기는 조합 지부 관리자들에게는 스트레스가 극도로 고조되는 시기이다.

지금 50대 후반이 된 돈에게는 수확기에 벌어진 격앙되고 소란스러웠던 기억이 많다. 예상과 달리 그때 기억은 그의 생애에서 가장 애착이 가는 추억이다. 수확기에는 신속한 판단이 최선이었다. 극도로 긴장된 수확기야말로 돈을 가장 흥분시켰고, 그때 그는 그 누구보다 뛰어나게 대처했다. 돈처럼 충동적인 타입에게 재빠른 결정에 대한 압박감은 참고 견뎌내야 하는 것이라기보다는 자신의 직업을 가치 있게 만드는 요소였다. 수확기 위기의 순간에 대해 말할 때 돈은 흥분했다. 손으로 만져질 듯 생생한 열기가 느껴졌다. 두 눈이 커지고 몸은 앞으로 기울었다. 그는 말 그대로 의자 끝에 간신히 걸터앉아 있었다. 그의 얼굴이 광채로 빛나는 걸 지켜보면서 나는 마치 돈의 도파민 수용기가 기어를 바꿔 질주하는 모습을 눈앞에서 목격하는 것 같았다. 돈에게 왜 그런 힘든 상황에서 가장 잘할 수 있다고 생각하느냐고 묻자, 그는 이렇게 답했다. "인근의 타 지부 관리자들이 공황 상태에 빠진 반면 저는 더 많은 공간을 확보할 해결책을 떠올릴 수 있었어요. 저장 창고를 대여하고 땅바닥에도 자리를 만들었지요. 저장고가 계속 굴러갈 수 있도록 방법을 찾은 거예요."

돈은 호주에서 만났던 모험추구자들을 생각나게 하는 답변을 내놓았다. 그는 급박한 상황에서 보여준 결단력의 뿌리를 상사에게 승인을 구하지 않았다는 데서 찾았다. 다른 조합 지부 관리자들은 잘못된 결정을 내릴까 너무 두려워서 결국 아무것도 하지 않았다. 어느 해인가 돈의 지부는 수확기 막바지까지 곡물을 수용해준 유일한 조합이었다. 계절 수입에 따라 죽고 사는 산업에서 몇 주간 추가로 문호를 개방한 덕에 조합은 훨씬 경쟁력 있는 지위에 설 수 있었다.

문제의 핵심은, 무엇이 그를 계속 뛰게 해서 효과적으로 곡물 거래를 지속할 수 있었는가 하는 점이다. 돈이 "그것이 계속 굴러가게 만들었다"고 말할 때 그것이란 물론 농작물을 사고팔 수 있도록 하는 조합의 능력을 언급한 것이었다. 동시에 '그것'은 돈의 내부 수용기가 갈망해 마지않던 도파민 분비를 의미할 수도 있다. 충동적인 사람들이 흔히 그렇듯 돈도 때때로 주의를 집중하는 데 애를 먹었다. 그는 늘 새로운 경험을 원했다. 잦은 이직과 끊임없이 바뀐 자동차, 거의 여행 수준이었던 빈번한 이사가 이를 증명한다.

그러나 시간에 쫓기며 성공을 향해 질주할 때 그의 주의력은 날카롭게 벼려졌다. 집중력과 추진력은 정해진 경로를 이탈하거나 방황하지 않았다. 주의력 집중에 장애를 겪는 사람들에게서 자주 발견되는 독특한 특성은 '과다집중'의 시기에 빠지기 쉽다는 것이다. 이 시기에 그들의 마음은 정처 없이 배회하는 대신에 한 가지에 극도로 몰두하게 된다. 그것은 마치 도파민 수용기가 적당한 자극을 찾아서 새 경험 목록위를 목적 없이 헤매는 것과 같다. 그러다 적당한 자극을 발견하면 열정적으로 공략한다. 돈의 말을 빌리자면 "그것을 계속 굴러가게 만드는 방법을 찾은 것이다." 만약 시간에 쫓기지 않는다면 자극 역시 사라질 것이다.

돈을 비롯해 충동적인 의사결정자들은 위기의 순간에 오히려 유능해졌다. 그들은 제약을 받는 상황에서 뛰어난 역량을 발휘했다. 자유분방한 모험추구자들은 하고자 하는 여행의 방향과 시간이 구속을 받을 때 최고의 능력을 발휘했다. 그들은 심리적 압박감이 높은 상황에서 되레 한 가지 목표를 향해 충동의 고삐를 부담 없이(그리고 가끔은 그렇게 하도록 격려를 받기도 한다) 풀어놓는다. 여분의 곡물을 입고할 수 있도록 공간을 마련하는 일에 집중하는 동안만큼은 자신의 충동이 그 목표에 계속 집중하도록 견지할 수 있었다. 모험추구형에 속하는 사람들이 신속한 결정을 선호하는 데에는 신경학적 근거가 있어 보인다. 그렇다면 왜 빨리 결정할 필요가 없을 때조차 단시간에 결정을 내리는지 해명될지도 모른다.

'벼랑 끝 전술'이라고 불리는 흥분과 자극 말고도 모험추구형은 자신의 스타일을 이용해 사회에서 유리한 위치를 점할 수 있다. 그들은 먼저 쏘고 나중에 사과하는 데 익숙하기 때문에 시간에 쫓길 때 불안해하지 않고 되레 편안함을 느끼게 된다. 이때 도파민 수용기는 원하는 에너지를 충전하게 된다. 원하는 것을 얻은 수용기는 반응을 강화시키고, 자극과 흥분이 계속되도록 간청한다. 적절한 시간 제약과 명징한 목표가 있다면 이제 방향은 제대로 설정된 것이다. 모험추구형에 속하는 사람들은 상대적으로 소수이다. 따라서 적당한 분야만 발견한다면 그들 앞에 얼마나 많은 기회가 펼쳐질지 상상할 수 있을 것이다. 위험관리형이 혐오하는 고도로 긴장된 환경이야말로 이들에게는 비옥한 기회의 땅이 된다.

이런 상황에서 경로를 이탈하지 않기 위해서는 한 가지 부가 조건이 필요하다. 돈은 위기의 순간에 과거 몇 년간의 경험을 활용해 결단을 내렸다고 말했다. 모험추구자에게 그 한 조각의 퍼즐이 없었다면 충동을 실용적으로 활용하기가 훨씬 힘들었을 것이다. 돈에게는 상황을 가늠해보고 뛰어들 시점을 판단하도록 돕는 본능적인 제동 장치 같은 게 있었다. 그렇다고 그가 모든 일을 실수 없이 해냈다는 뜻은 아니다. 우리 모두 실수를 저지른다. 그러나 돈은 충동적인 성품 덕에 과거 유사한 상황을 참고하면서도 재빠르게 행동하고 목표에 고도로 집중할 수 있었다.

기회가 왔을 때 재빨리 움직여라

남보다 앞서 행동하려는 모험추구자의 욕구는 그만큼 부정적인 결과도 낳았다. 하지만 적절하게 활용했을 때는 다른 이들이 놓친 기회를 잡을 가능성이 훨씬 크다. 외부 조건 때문에 루스 핸들러가 미키 마우스 클럽 후원을 즉각 결심해야 했던 것은 아니다. 어찌됐든 그녀는 그렇게 했다. 돈 R.은 판매 부진으로 가격이 떨어졌을 때 싼값에 젖병을 대량으로 구매했다. 그것이 그가 비즈니스 세계에서 거둔 최초의 성공이었다. 젖병을 살 당시 그는 실제 돈을 지불하지도 않았다. 하지만 기회가 왔다는 걸 알았기 때문에 재빠르게 움직였다. 돈은 상황을 반전시켰고 막대한 수익을 올릴 수 있었다. 자극을 향한 모험추구자의 욕구가 발동한 것이다. 미키 마우스 클럽을 후원하기로 했던 루스 핸들러의 결정이 그랬듯이 돈은 젖병 구매를 결정하기 전에 대략 10분 정도 생각했다. 그는 킥킥대며 내게 이렇게 말했다. 하루를 더 기다렸다고 해도 아마 똑같은 가격에 물건을 살 수 있었을 것이라고. 하지만 만약 하루를 기다렸다면 그 거래를 하지 않아야 하는 이유를 여섯 가지쯤 찾아냈을 것이다. 루스 핸들러가 했던 추론 과정도 아마 동일했을 것이다. 오래 숙고했다면 루스와 그녀의 남편은 마법같이 근사한 기회를 잡지 말라고 스스로를 설득하고 말았을 것이다.

돈이 젖병을 사기로 한 일이나 핸들러 부부가 미키 마우스 클럽에 투자하기로 한 결정이 안전한 의사결정의 모범 사례인지는 논쟁거리다. 두 결정 중 어느 쪽도 통상 말하는 '세심하게 살펴보고 내린' 결정이라고 말하기는 어렵다. 하지만 양쪽 모두 결정자의 전문 영역 내에서 이뤄진 결단이었다. 돈은 젖병을 팔아 남길 수 있는 이문이 막대하다는 걸 알았다. 필요한 건 적당한 구매자를 찾는 일이었다. 타고난 세일즈맨의 입장에서 대박이 보장된 기회였다. 사소한 한 가지 장애를 제외한다면 말이다.

돈은 수표를 현금화해 자금을 마련하기 전에 당장 물건을 사야 했다. 핸들러는 장난감을 잘 알았고 아이들에 대해서도 전문가였다. 그녀는 고객을 이해했다. 하지만 미키 마우스 클럽이 히트하리라는 보장은 어디에도 없었다. 결정에 참고할 만한 미디어업계의 선례나 시청률 데이터 역시 전무했다. 그런데도 핸들러는 성공에 필요한 요소들이 완비됐다고 믿었다. 더 생각한다고 해서 없는 정보가 추가로 나올 리가 없었다. 핸들러와 돈은 모두 최상의 기회를 발견했고, 결정을 내리는 데 스스로 제한된 시간만 허락했다.

실패에 대비해 백업 플랜을 마련하지 않는 것은 그 사람이 모험추구형이라는 보증수표다. 이런 행동이야말로 위험관리형과 구분되는 명백하고 일관된 특징이다. 이들은 때로 성공하고 때로는 실패한다. 탤런트스마트 연구에서, 보장된 1,000달러보다 2,000달러를 받을 수 있는 50퍼센트의 확률을 선호한 모험추구형은 위험관리형보다 무려 3배 이상 많았다. 이들이 1,000달러를 받을 기회를 놓치고 싶어한다는 뜻은 아니다. 그보다는 더 큰 수익을 위해 위험한 시도를 마다하지 않는다는 의미다. 어느 쪽이 더 논리적인 선택인가?

사실 여기서 논리적이거나 '올바른' 결정이란 존재하지 않는다. 왜냐하면 확률에 의거해 분석했을 때 결과는 평균적으로 동일하기 때문이다. 확보된 1,000달러(1 곱하기 1,000달러는 1,000달러)는 50퍼센트 확률의 2,000달러(0.5 곱하기 2,000달러는 1,000달러)와 동일하다. 어느 쪽을 택하든 동일한 선택을 10회 반복하면 아마도 1만 달러를 확보하게 될 것이다. 마지막 결론에 도달하기까지 거쳐 가는 경로가 다를 뿐이다. 점진적인 증가를 원하는가, 아니면 몇 번의 절정을 위해 희박한 가능성에 걸겠는가?

이런 실험 결과에 비춰봤을 때 충동적인 사람들의 수입이 고소득에서부터 저소득까지 소득 분포곡선 전체에 흩어져 있는 저간의 이유가 더욱 분명해진다. 모험추구형 가운데 절반은 2,000달러를 낚아채 가고 소득곡선의 상위에 포진할 것이다. 나머지 절반은 빈털터리가 된다. 대상 기간을 장기로 설정하고 모집단을 확대했을 때 모험추구자와 위험관리자는 평균 임금에서 대략 비슷한 수치를 보인다. 통계학적으로 봐도 집단 전체의 임금 총액을 계산했을 때 모험추구형과 위험관리형 양 집단 간 소득 총액에는 차이가 없다. 다만 모험추구자 한 사람의 임금은 위험관리자의 평균 임금보다 월등히 앞서거나 훨씬 뒤처질 것이다. 전체적으로 모험을 즐기는 도박꾼들은 크게 따거나 크게 잃고 결국 평균으로 마감한다. 반면 위험관리자들은 대부분의 상황에서 크게 따지도 엄청나게 잃지도 않으며 평균 수익을 올린다.

8장에서 살펴보겠지만 위험관리형에 속하는 사람들도 종종 기회를 잡기 위해 미지의 영역으로 전진한다. 그러나 이들이 불확실성에 접근하는 방식은 모험추구형과 확연하게 다르다.

성공적인 위험관리자들은 한결 더 조심스러운 방식을 택한다. 외부인에게는 도박으로 비치는 선택을 하지만 사실 분산투자를 통해 예상되는 손실을 완충할 방책을 항상 강구해놓는다. 이들의 사고는 대략 이런 경로를 달린다. '지금 당장 이걸 하지 않아서 기회를 영원히 잃어버린다면, 그 기회는 아마 진짜가 아니겠지.'

이런 사고방식은 위험관리형에게는 훌륭한 경험칙이다. 하지만 이런 원칙이 언제나 통하는 것은 아니다. 즉각적이고 헌신적인 행동을 하지 않으면 일생일대 절호의 기회를 놓칠 수도 있다. 그런 현실을 피해 갈 방법도, 혹은 절호의 기회처럼 보이는 것이 빈털터리로 만들 위험을 피해 갈 길도 없다. 심각하게 빈털터리가 되는 상황은 위기관리자들이 성공을 위해 필요한 것이라고 여기지 않는 결과다. 모험추구자는 기회를 피하는 게 마치 숨 쉴 공기를 차단하는 것과 마찬가지라고 여긴다. 그들은 안정망 같은 게 없어도 그저 달려들어 저지르고 본다. 때로 이런 무모한 도전은 보상을 받기도 하고 보상 받지 못하기도 한다.

미국의 부동산 재벌 도널드 트럼프의 성공 뒤에는 1990년 무렵 9억 달러의 빚을 지고 파산 직전에 몰렸던 도널드 트럼프가 있다. 한편에 마텔의 성공신화 루스 핸들러가 있다면 다른 편에는 기회가 주는 영광에 눈이 멀어 결과에는 눈을 감아버린 엔론 스캔들의 장본인 케네스 레이 전 엔론 회장도 있다.

회사 대표로서 성공적으로 마텔을 운영하던 루스 핸들러는 결국 사임했다. 미국 증권거래소^{SEC} 보고 과정에서 드러난 불법 행위가 원인으로 회자됐다. 그녀는 어떤 혐의로도 기소된 적이 없고 따라서 우리가 그녀를 부정직한 기업인이라고 의심할 이유는 없다. 다만 회계장부로 장난을 치다가 잘못된 도박을 했을 가능성은 상당히 높아 보인다(회계는 모험추구자의 충동적 성향에는 맞지 않는 방향으로, 단호히 거절해야 하는 분야다). 2002년 작고한 핸들러는 마텔 역사에서 그 스캔들을 지워버리고 싶었을 것이다. 하지만 회계 부정 뒤에 숨겨진 충동은 또한 미키 마우스 클럽을 후원하기로 했던 그 결정의 배후에도 틀림없이 자리하고 있었다. 핸들러가 마텔을 키운 충동적인 도박은 이후 그녀를 몰락하게 할 만큼 가치 있는 것이었을까? 그 질문을 핸들러의 성공에 매료된 모험추구자에게 던지느냐, 그녀의 종말에 관심을 더 많이 기울이는 위험관리자에게 던지느냐에 따라 답은 달라질지 모른다.

의사결정자가 도박을 하는 한 "앞!"이라고 외쳤으나 동전의 뒷면이 나오는 일을 경험하게 될 것이다. 어떤 전략도 그런 가능성을 완전히 제거할 수는 없다. 그렇다고 도박을 하고픈 천성을 억누를 필요는 없다. 그게 가능하지 않기 때문이기도 하려니와 삶을 즐기는 방식이기 때문이다. 따라서 그런 성향이 갖는 잠재력을 극대화하는 데 방점을 찍어야 한다. 그 목표를 위해 모험추구자들은 두 가지 해법을 활용할 수 있다. 첫 번째는 빌 게이츠가 자신의 충동이 잘못된 방향으로 흐르지 않도록 통제하기 위해 활용했던 이원적 사고와 관련이 있다.

빌 게이츠처럼 이원적 사고를 한다는 것은 항상 자신의 판단에 의문을 제기한다는 뜻이다. 시간을 들여 점검하고 지금 하는 행동이 가고자 하는 방향과 일치하는지를 지속적으로 반문한다. 빠르게 행동했을 때 얻을 수 있는 자극 앞에서 회의하고 자제하기는 쉽지 않다. 그러나 일단 충동이 어디로 향하고 있는지 질문을 던지는 습관을 갖게 되면 돌이키기 어려운 재앙 중 상당 부분을 피할 수 있다. 질문은 긍정적인 방식으로 던져야 한다. 기회비용을 말하는 게 위험을 상기하는 것보다 더 공감을 불러일으킬 수 있다. 그러니 "무엇이 위험하지?"라고 묻지 말고 "이 결정으로 미래의 가능성이 사라질까? 다른 사람들과의 관계가 훼손될까?" 혹은 "유익한 관계를 맺도록 도와줄 결정인가?"라고 묻자. 인간관계가 자신의 행복에 도움이 된다는 점을 지속적으로 환기시킨다면 충동은 말을 듣고 따라올 것이다.

인터뷰를 했던 한 의료기기 영업사원은 충동적으로 주위 사람들과 소통하는 타입이었다. 팀 S.는 어릴 적에 주의력결핍과잉행동장애ADHD라는 진단을 받았다. 성인이 된 뒤에도 ADHD는 지속적으로 그의 행동에 영향을 미쳤다. 어른이 돼서도 끝까지 본 영화가 30편이 넘지 않을 정도였다. 그는 하루 몇 시간씩 친구나 가족, 고객들과 전화를 하는 것으로 자신의 주의력 결핍 증상을 완화하고자 했다. 집중력이 떨어질 때마다 그는 전화기를 집어 들었다. 그는 주위 사람들을 관심사의 중심에 배치하고 끊임없이 소통했다. 자신의 충동적 성향을 인간관계를 돈독히 하는 방향으로 이끌었다. 타인과의 교제는 그가 잘못된 길로 빠지지 않도록 돕는 가이드였다. 또 지인들과 맺은 신뢰 관계는 그가 미끄러져 넘어졌을 때 충격을 완화시켜 주었다. 파괴적 충동 때문에 사고를 친 순간에도 사람들은 그에게 더 관대하고 협조적인 태도를 유지했다. 친구나 동료와 유대를 유지하는 것은 일탈 방지 이상의 의미가 있다. 이제 곧 유대의 또 다른 측면을 살펴볼 것이다.

두 번째 해법은 성공적인 도박으로 얻은 보상금으로 위험에 대비하는 것이다. 돈 R.은 살면서 충동적 성향 때문에 무수히 많은 실수를 저질렀다고 주저하지 않고 털어놓았다. 나는 그에게 "과거로 돌아가서 25년 전의 자신에게 말을 걸 수 있다면 어떤 조언을 해주겠느냐?"고 물었다.

그는 내 말이 떨어지자마자 대답했다. "잘하는 일을 하고 잘하지 못하는 일에는 사람을 고용하라. 나 자신의 약점이 뭔지 파악하라."

외부의 도움이 없을 때 모험추구형은 여러 차례 대단한 승리를 거두고도 결국 수중에 남은 게 아무것도 없을 수 있다. 가장 능란한 도박꾼의 운명은 결국에는 빈털터리가 되는 것이다. 행운이 따라주지 않는 불가피한 상황에 대비해 수익의 일부를 따로 떼어 챙겨놓지 않는 한 그렇게 될 수밖에 없다. 판돈을 보관해둘 자제심이 없다면 그럴 수 있는 사람을 고용하라. 에드워드 할로웰과 존 레이티는 일종의 '마무리 투수'를 고용하라고 충고한다. 야구에서 승리를 다지기 위해 경기 후반부에 투입되는 선수가 마무리 투수다. 충동적인 사람이 처리하기에는 힘든 일을 대신 처리할 사람을 고용하는 것은 이원적 사고와 긴밀하게 연계돼 있다. 양쪽 모두 자신의 판단에 한계가 있다는 걸 인정하는 것이다. 마무리 투수와 함께 일하는 것은 누군가의 도움이 필요하다고 인정함으로써 한 걸음을 내딛는 것이다. 이는 자신의 약점을 받아들인다는 뜻이다. 그렇게 함으로써 재난으로부터 스스로를 보호하는 데 필요한 회의주의를 갖게 된다.

남의 의견도 경청하라

성 프란체스코는 살면서 어느 순간 자신의 잠재력이 무엇인지를 깨달았다. 그리고는 모든 결정을 그 목표를 향해 재조정했다. 그렇다고 그가 더 이상 충동적이지 않은 인간이 된 것은 결코 아니었다. 당신이 만약 충동 때문에 실수를 저지르는 유형이라면 틀림없이 교사와 부모, 상담자, 친구들로부터 "스스로를 통제하는 법을 배워야 한다."는 걱정어린 충고를 들어봤을 것이다. 다른 말로 하자면 충동적 기질을 억눌러야 한다는 뜻이다.

자제력을 발휘하라는 말은 좋은 조언처럼 들린다. 하지만 이런 조언은 실패하게 돼 있다. 이유는 단순하다. 당신은 충동적인 사람이고 자제력은 당신의 본성과 정반대로 작용하기 때문이다. 심리학자이자 위험감수risk-taking 전문가인 마빈 주커먼Marvin Zuckerman[4]은 이렇게 썼다.

단순한 정보와 추론, 부정적 결과에 대한 공포에 호소하는 것만
으로는 고강도 흥분을 추구하는 이들에게 강렬한 보상이 보장
되는 위험한 행동을 하지 못하도록 말리기 어렵다. 보상이 뒤따
르는 습관은 한번 생기면 없애기가 어렵다. 그 보상이 사라질 때
생기는 감정과 신체의 부정적 반응 때문이다.

자제하려면 스스로에게 "그거 하지 마"라고 말해야 한다. 하지만 그
런 말은 레인 맥글린에게 "언덕을 오르지 말라"고 말하거나 닉 워니먼
트에게 "이종격투기를 하면 다칠 수 있다"고 말리는 것만큼이나 효과
가 없다. 그런 충고는 눈앞에 어떤 잠재적 기회가 기다리고 있는지를
말해주지 않는다. 단지 어떤 기회를 잡을 수 없는지에 대해서만 말한
다. 무엇이 안 된다는 말은 모험추구자에게 맞지 않는다. 만약 어떤 행
동이 지나쳐서 못하게 만들고 싶다면 그 행동을 보상이 주어지는 다른
행동으로 대체시켜야 한다. 모험을 추구하는 기질을 없애기 위해 스스
로를 혹독하게 채찍질하지 말자. 적극적 기질을 왜 건전한 방향으로
이끌어 가지 못하는가?

어쩌면 당신의 목표는 개인적으로 뿌리 깊은 의미를 지닌 것일지 모
른다. 당신이 원하는 건 가족의 안전을 추구하는 것일 수도 있다. 아니
면 직업적으로 새로운 경지를 개척하는 것이 지향하는 방향일 수도 있
다. 목표가 무엇이 돼야 하는지를 결정할 수 있는 사람은 오직 당신뿐
이다. 그러나 방향을 설정할 때는 유대관계를 고려해야 한다. 연구 결
과를 토대로 에드워드 할로웰은 유대관계를 갖는 것이 중요하다고 결

론 내렸다. 가족이든 친구든 직장 동료든 아니면 자연이나 전통이든 상관없다. 자신을 넘어 거대한 어떤 것의 일부분이라는 느낌은 삶을 충만하게 사는 데 필수불가결하다. 앞서 언급했듯이 유대관계는 당신이 갖고 있는 이원적 캐릭터가 강점으로 기능할 수 있도록 도와준다.

성 프란체스코는 인간, 자연, 전통과 유대를 맺은 최고의 모범 사례다. 극빈자와 부자, 이교도와 위선적일 만큼 경건한 신자, 크리스천과 무슬림까지 세상 모든 이들을 향한 흔치 않은 연민은 그가 사람들과 얼마나 끈끈하게 유대를 맺었는지를 보여준다. 자연과의 유대 역시 깊었다. 그는 하이브리드카를 모는 게 유행의 첨단으로 여겨지기 훨씬 전부터 이미 친환경적인 삶을 살았다. 야생 동물과의 우정도 전설적이다. 그는 평생 동안 조국 프랑스의 전통에 탐닉했다. 또 한편으로는 선조 및 고대 교회와도 강렬한 연대 의식을 느꼈다.

개인적이고 직업적인 유대관계는 때로 모험추구자에게 도전이 되기도 한다. 탤런트스마트 연구 도중, 각기 다른 의사결정 스타일을 가진 이들을 상대로 360도 다면평가 설문조사를 수행했다. 통상적인 360도 다면평가와 마찬가지로 우리는 상사와 직속부하, 동료, 기타 지인에게 동료의 업무 능력에 대해 평가해달라고 부탁했다. 답변자들은 다양한 카테고리에서 동료를 평가했다. 이어 동료가 잘하는 분야와 그의 발전을 가로막는 단점이 무엇인지에 대한 일반적인 질문에도 답했다. 탤런트스마트 연구팀은, 특정 직원이 무엇을 잘하고 어떤 지점에서 부족하다는 평가를 받는지 제3자의 눈을 통해 확인하고 싶었다. 업무 능력에 대해 여러 가지 질문을 던졌는데, 해당 직원이 충동성 스케일에서 어디쯤에 위치하는지는 탤런트스마트 연구원들만 알고 있었다. 충동 성향이 결과를 명백하게 좌우하지는 않았지만, 모험추구형에 대한 평가에서 분명한 경향이 확인됐다. 우리는 유대가 개인적 행복에 영향을 미칠 뿐만 아니라 직업적 성공에도 커다란 역할을 한다는 결론에 이르렀다.

설문조사 결과를 종합해보니 모험추구형은 일반적으로 열정적인 몽상가라는 평가를 받았다. 평가자들은 이들이 "사람을 움직이는 리더십이 뛰어나다."고 말했다. 또 그들은 "크게 생각하도록 자극한다."거나 "큰 그림을 본다."는 평을 받았다. 반대로 모험추구자가 유대관계를 맺는 데는 뒤떨어진다는 사실도 발견됐다. 그들은 종종 차갑다는 인상을 주었고, 고립되어 있으며, 감정이입에 서툴렀다.

직장 내에서 동료들과 인간적 유대를 형성하지 못하는 경우에 여러 가지 부정적 문제가 노출될 수 있다. 두 가지 문제가 불거졌는데, 업무 위임에 대한 반감과 동료에 대한 불신이었다. 평가자들은 이렇게 답했다. "만약 혼자 할 수 있다면 그 사람은 틀림없이 혼자 일을 할 것이다." "이 일이 자신의 일이라는 책임감과 노동 윤리가 너무 투철해서 일을 남에게 맡기지 못한다."

독립적이라는 것은 대단한 장점일 수 있다. 하지만 너무 독립적이면 동료애를 깰 뿐만 아니라 어떤 측면에서는 처음부터 동료애가 형성되는 것 자체를 방해한다. 유대의식이 없다면 도움이 절실한 상황이 닥쳐도 동료들은 헌신하고픈 마음이 내키지 않을 것이고 따라서 실제 도와줄 가능성도 낮다.

활달한 홍보 전문가 이사벨 A.의 경우만 봐도 그렇다. 그녀는 매사에 최대의 성과를 쥐어 짜내려고 의욕을 불태웠지만, 부작용도 만만치 않았다. 물론 이사벨은 조직에 '신선한 한줄기 바람'을 불러일으키는 데 전혀 부족하지 않았다. "그녀의 영감은 아주 날카롭고 정확했다." "어떤 대의를 품고 있든지 간에 사람들에게 지지를 이끌어낼 수 있는 대단한 자신감을 뿜어낸다." 이 두 가지 평가는 이사벨과 같은 지위에 있는 사람이 필수적으로 갖고 있는 열의를 나타낸다. 하지만 역설적이게도 그녀의 진지한 열정은 고객과 거래처 사람들의 지지와 공감은 끌어낸 반면 동료와의 신뢰 형성은 방해한다. 한 동료는 이사벨이 "자기 일이라는 소유 의식과 노동 윤리가 너무 강해서 다른 이들에게 일을 맡기거나 업무를 나누지 않는다."고 말했다. 이사벨은 모험추구형이 잠재적 가능성을 추구하는 과정에서 주위 사람들을 어떻게 무의식중에 배제시키는지, 가장 필요한 순간에 자신을 도울 수 없도록 만드는지를 보여주는 전형적인 사례이다.

어떻게 하면 모험추구형이 업무 능력을 향상시킬 수 있을지를 묻자 답변자들은 "업무에만 매진하지 말고 힘을 빼고 함께 일하는 동료를 조금 더 편안하게 친구로서 이해해야 한다."고 답변했다. 또 "가끔씩 여유를 가질 것", "동료들의 협조를 얻고 동등하게 대우할 것" 혹은 직설적으로 "타인을 신뢰하는 방법을 배울 것"을 조언했다.

연구팀은 모험추구형이 동기 부여에 굉장한 재능을 갖고 있는 반면 업무 위임 기술을 더 개발할 필요가 있다는 사실을 몇 번이나 반복해서 확인했다. 업무를 위임하기 싫어하는 태도는 친구들과 가족 구성원, 동료들에게 신뢰 부족으로 비춰졌다. 하지만 이는 인내심 부족과 좀더 밀접한 관련이 있다. 이들은 언제나 바쁘다. 그리고 동료의 충고든 지인의 조언이든 무엇 때문이든지 간에 방해받고 속도가 느려지는 걸 싫어한다.

제라드 C.는 대형 리조트 호텔의 고객 서비스 매니저다. 그가 취임했을 당시 부서 직원들의 사기는 극도로 떨어져 있었다. 이 때문에 고객 서비스의 질이 낮아지고 있다는 걸 직원들은 느끼고 있었다. 제라드는 조금도 지체하지 않고 지지 병력을 소집한 뒤 모든 걸 뒤흔들며 쇄신을 시도했다. 동료들은 제라드가 시대를 몇 백 광년이나 앞서 있고, 직원들에게 동기를 부여하는 데 굉장한 재능을 보유하고 있다고 믿었다. 하지만 "때때로 잘 따라오지 못하는 사람들 때문에 짜증을 냈다."고 말했다. 업무를 타인에게 위임하는 게 되레 힘들 수 있다. 특히 일일이 지시를 내려야 하는 상황이라면 더욱 그렇다.

하지만 일을 나누지 못하면 동료의 조력도 받을 수 없다. 또한 직속 부하와 하급자가 업무를 배우고 직무 능력을 향상시킬 수 있는 기회를 박탈하게 된다. 모험추구자의 동료들은 한 사람이 모든 이의 문제를 대신 풀어줄 수 없으며 동료들이 실패를 통해 교훈을 얻도록 내버려두는 것 VS 참견하기 사이에서 더 나은 결정을 내릴 수 있다고 조언했다. 모험추구자 자신이 실패를 통해 배우는 것처럼 타인에게도 역시 실패할 기회를 주는 것은 중요하다.

주위 사람들과 긴밀한 인간관계를 맺기 위해서는 인내가 필요한데, 이는 모험추구형에게는 부족한 자질이다. 경영관리 경험이 많은 영리한 리더의 경우에도 그렇다. 대형 음료회사의 경영자인 스티븐 W.는 부하 직원들의 의견을 경청하려고 노력한다. 하지만 그의 노력은 속셈이 너무 뻔히 들여다보였다. "사장님은 결정을 내리기 전에 타인의 의견을 열심히 청취합니다. 하지만 실제로는 이미 마음을 결정했고 직원들에게 '존중받고 있다'는 인상을 심어주기 위해 의견을 묻는 듯한 느낌을 받습니다." 이런, 들켰군. 사람들은 우리가 생각하는 것보다 훨씬 통찰력이 뛰어나다. 배우자와 자녀, 동료들은 진심이 없이 어떤 모습으로 보이려고만 하는 얄팍한 속임수를 바로 꿰뚫어 본다. 진심을 다해 노력해야 한다.

모험추구형에게 진심을 다할 인내심이 애초에 없다면 어떻게 진실해질 수 있을까?

결정을 내리기 전에 타인의 조언을 들으면 신속하게 행동하기 힘들다. 모험추구자는 타인의 의견을 듣는 건 차치하고 스스로에게조차 결정을 내리기 전에 숙고할 시간을 허락하는 일이 드물다. 광범위한 자료조사와 충동성 테스트, 그리고 모험추구자의 동료 수백 명의 인터뷰를 바탕으로 탤런트스마트는 이런 결론에 도달했다. 모험추구형은 즉각 행동에 착수하고 싶을 때 주위 의견을 듣는 것처럼 꾸미는 가짜 노력을 중단해야 한다. 그러나 행동한 직후에는 주위에 손을 뻗어야 한다. 동료나 지인과 함께 자신의 결정을 분석해보는 반성의 시간이 필수적이다. 동료나 가족 구성원들에게 최근 자신이 내린 결정에 대해 의견을 구해보자. 이런 반성의 시간은 시간 제한을 덜 받는다. 이미 결정을 내렸으므로 계속해서 움직여야 한다거나 주위 사람들과 더 단절

될 거라는 심리적 압박감이 사라졌기 때문이다.

자신의 결정을 점검하면서 주위 사람들의 도움을 받는 것은 단순한 제스처가 아니다. 신중한 관찰자에게 조언을 구하면 동료들과 진심 어린 인간관계를 맺을 수 있으며 이를 통해 더 많은 걸 배울 수 있다. 최근 자신이 내린 결정에 대해 타인의 객관적 평가를 듣고 나면, 다음번에 결정을 내려야 하는 유사한 상황에서 더 나은 판단을 할 수 있다.

마무리 투수에게 업무를 위임하라

역사학자 케네스 스콧 라토렛[Kenneth Scott Latourette 5]은 고전 《기독교의 역사[A History of Christianity]》에서 "프란체스코는 조직가도 관리자도 아니었다. 그는 위대한 조직을 운영하기에는 지나치게 충동적이고, 감정 기복도 심했으며, 종잡을 수가 없었다."라고 썼다. 아이러니하게도 프란체스코회 수도사들의 '위대한 조직'은 리더의 충동 성향에도 불구하고 건재했다기보다 그것 때문에 건재할 수 있었다. 반면 성 프란체스코의 형편없는 조직관리 기술에 대한 라토렛의 평가는 모험추구형의 공통적인 약점을 지적한 것이다. 탤런트스마트 연구에서 우리는 계획과 조직이 모험추구형에게는 몰락의 원인이 될 수 있다는 사실을 반복해서 확인했다. 스티븐 W.는 이런 지적을 받았다. "전략에 대한 소통의 필요성과 구체적이고 명시적 지시에 대한 (피고용인의) 요구 사이에서 균형을 찾아야 한다." 또 "원대한 아이디어가 지나치게 많아서 조직이 그걸 뒤쫓아 가기 바쁘다. 다음 일로 넘어가기 전에 좀더 집중해서 일을 마무리 지을 필요가 있다"는 평가도 받았다. 중간관리자인 레베카 A.는 '시간 관리' 때문에 다음 단계로 전진하지 못한다는 진단을 받았다. 나머지 모험추구자들도 주어진 일을 끝마쳐야 전진할 수 있다거나 부서의 생산성을 높이기 위한 계획을 내놓아야 한다는 조언을 들었다. 조직하고 계획을 세우는 일은 모험추구형이 잘하는 분야가 아니다. 그러나 희망은 있다.

선의를 가진 동료라면 모험추구자가 계획 분야에서 갖고 있는 약점을 보완할 수 있는 해법을 제공할 수 있다. 그는 모험추구자 상사에게 이렇게 말할 수 있다. "우리가 도울 수 있어요." 계획을 잘 세우지 못한다고 해서 모험추구형에게 훌륭한 아이디어가 없다거나 기막히게 영리한 전략을 짜낼 수 없다는 뜻은 아니다. 공을 끝까지 따라가 친다든지 섬세하게 계획을 실행에 옮기는 일은 좀더 주도면밀한 사람들에게 맡기는 게 나을 수 있다는 뜻이다. 모험추구형은 긴 안목 없이 가능성에 즉각 몸을 던지는 경향이 있다. 충동적인 성향으로 유명했던 건축가 프랭크 로이드 라이트는 이런 약점을 한마디로 드러내기도 했다. "지금 이 순간보다 더 중요한 것은 아무것도 없다." 이 같은 자유주의적 모토는 부엌 냉장고 문에 붙은 자석에 쓰인 문구로는 아름다울지 모른다. 그러나 미래가 현재보다 더 중요하지는 않을지라도, 대다수 인간과 조직에 미래는 적어도 현재만큼 중요하다.

자크 드 비트리가 프란체스코회 수도사들을 찬양하는 편지를 쓴 다음해에 아시시의 프란체스코는 후에 교황 그레고리우스 9세가 된 추기경 우골리노 데이 콘티 디 세그니에게 마지못해 도움을 청했다. 소수 추종자 그룹에서 거대한 종교단체로 변하면서 프란체스코는 조직을 관리하는 게 점점 더 힘들어졌다. 프란체스코에게 닥친 많은 문제는 오늘날 급격히 성장하는 조직의 리더들이 겪는 어려움과 놀라울 만큼 유사했다. 무엇보다 다수의 새 멤버들이 조직에 합류할 때 조직의 가치와 문화를 어떻게 보존하고 유지할 것인가가 급선무이다. 프란체스코는 복잡한 계율과 완고한 조직 구조를 혐오했다. 그는 질서를 잡기 위해서는 조직 내에 계급을 만들어야 한다는 동료 수도사들의 아래로부터의 요청과 교회 성직자들의 위로부터의 요구에 모두 저항했다. 프란체스코는 이런 요청에 특유의 단순명쾌한 답변으로 대꾸했다. "위계를 요구하는 사람들에게 '나는 섬김을 받기 위해 온 것이 아니라 섬기기 위해 왔다.'라고 한 주님의 말씀을 기억하게 합시다." 프란체스코회는 가능한 한 평등한 구조로 남을 것이라는 뜻이었다.

기이한 행동에도 불구하고 프란체스코는 냉철한 현실 감각을 갖췄을 뿐만 아니라 자신이 살고 있는 세계를 분명하게 이해하고 있었다. 그는 세상의 모든 이상적 혁명가들이 궁극에 가서 맞닥뜨리게 되는 결정적인 깨달음에 도달했다. 변혁운동의 장기적 성패는 추종자들이 운동의 본질적 당위성을 얼마나 잘 이해하는가에 좌우된다는 것이다. 또한 그는 자기 혼자 모든 곳을 다 돌아다니며 책임질 수 없다는 것도 깨달았다. 필연적으로 자신의 메시지가 해석 과정에서 실종되거나 입에서 입으로 전달되면서 변질되는 것도 목격했다. 조직이 생존하기 위해서는 관리자와 정책이 필요했다. 그런 결정을 내리기가 고통스러웠던 만큼 그는 기꺼이 조직에서 자신의 영향력을 희생했다.

우골리노는 그 일을 하기에 최적의 인물이었다. 교회 내에서 그는 대단히 유능한 인물로 평가받았다. 프란체스코회 수도사들과 교회 당국 사이에서 중재역을 해야 하는 우골리노에게 유능함은 필수적인 자질이었다. 동시에 추기경은 프란체스코의 개혁 노력에 진심을 다해 열정적으로 지지했다. 우골리노는 실제로 조직을 구성하고, 수도사를 위한 여러 정책을 일관되게 수립해나갔다. 하지만 이런 정책에 대한 '창의적 주도권'은 온전히 프란체스코에게 남겨졌다. 우골리노는 본질적으로 버스를 도로 위에서 계속 달리게 하는 운전기사 역할을 담당했다. 길을 찾아나가는 일은 프란체스코의 몫이었다. 우골리노는 버스가 길 밖으로 이탈하기 시작할 때에만 관여했다. 우골리노의 냉철한 지도와 외교적인 분별력 덕분에 프란체스코는 명상과 기도, 청빈의 교회 갱신운동을 장기간 성공적으로 유지할 수 있었다. 프란체스코회는 오늘날에도 존재한다. 우골리노는 프란체스코에게는 일종의 마무리 투수였다.

마무리 투수에게 업무를 위임한다는 것은 타인을 신뢰한다는 신호이다. 이는 거꾸로 모험추구자가 주위 사람들과 유대를 강화할 수 있도록 돕는다. 또 좀더 본질적인 본연의 임무로 돌아갈 수 있도록 해준다. 마무리 투수가 될 수 있는 가장 유력한 후보는 주변에서 해결사로 불리는 사람이 될 것이다. 모험추구자가 확실하게 신뢰할 수 있고, 정교한 업무 실행능력이 실적으로 입증된 사람이어야 한다. 또 모험추구형과 원만하게 어울릴 수 있는 인물일 필요가 있다. 프란체스코는 자신이 프란체스코회 운동을 일으킨 본래의 의도와 관련해서는 어떤 타협도 원치 않았다. 하지만 그가 우골리노와 맺은 상호 존중과 우정의 관계는 불편한 타협을 한결 받아들이기 쉽게 만들어주었다. 프란체스코회 운동의 힘을 경험한 사람들이 대부분 그렇듯, 우골리노는 이 운동의 방향에 깊이 매료됐다. 조직 및 구조와 관련해서 그는 선견지명을 갖고 있어서 프란체스코회 운동의 잠재력을 보존하는 결정을 내릴 수 있었다. 대부분 프란체스코가 방치해 두었던 문제들이었다. 결과적으로 프란체스코회는 다른 어떤 수도원보다 더 빠르고 크게 성장했다.

모험추구형이 직면한 이슈 중에 동원 가능한 구원투수층이 얼마나 두터운지 살펴보는 문제가 있다. 이 때 주위 사람들을 참여시키고 책임을 나누어 갖는 기회를 가질 수 있다. 더구나 이런 경우에는 모든 사람을 진창으로 끌어들이는 위험을 감수하지 않아도 된다. 우골리노가 나타나기 전에 프란체스코는 관례적으로 멤버들에게 일일 단체여행을 이끌어보도록 권했다.

모험추구자가 아직 의사결정을 하는 자리에 오르지 못한 경우에도 다른 이들을 의사결정 과정에 포함시킬 수 있다. 모험추구자가 뽐내면서 잘하는 일을 하는 동안 동료들은 적절하게 도움을 제공할 수 있다. 이는 직장 동료만이 아니라 배우자와 친구 사이에도 적용된다. 아직 동료들을 이런 방식으로 참여시킬 만큼 권위가 없거나 연장자가 아니라면 스스로 무엇을 할 것인지 자문해볼 수도 있다. 업무와 관련된 문제라는 이유로 마무리 투수를 회사 울타리 안에서만 찾을 필요는 없다. 직장 동료와 친구, 가족은 모두 마무리 투수가 제공하는 전략의 풍부한 원천이 될 수 있다. 할로웰과 레이티가 제안한 대로 주의력결핍장애를 앓는 성인을 위한 최고 비법 중 제1법칙은 좋은 배우자와 결혼하는 것이다.

방향을 정하고 시작하라

모험추구자에게 충동 성향은 날카로운 양날의 칼이다. 조심스럽게 다루면 이 검은 어떤 전투에 나서더라도 승리할 수 있는 무기가 된다. 그러나 칼집에 넣어둘 수 없는 칼이다. 만약 이 사실을 무시하면 아주 공교로운 순간에 칼날 위에 떨어지게 될지도 모른다. 어쩌면 그 순간은 큰 계약을 마무리 짓는 도중에 닥칠 수 있다. 혹은 중요한 관계를 회복 불가능하게 만들 수도 있는 상황일 수도 있고, 전력투구가 요구되는 상황에서 모든 걸 던져 몰두하고 있는 순간일 수도 있다. 어느 날 새벽 "나는 모두에게 위험인물이야. 누구보다 나 자신에게 가장."이라고 했던 닐 캐서디의 깨달음은, 당신에게도 섬뜩한 현실이 될 수 있다. 적절한 방향을 찾지 못하면 벼랑 끝으로 몰릴 수 있다.

다시 한 번 말하지만 위험을 피해 다니는 건 모험추구형에게 어울리는 행동이 아니다. 이들에게는 추구하는 방향이 올바른지 확인하지 않으면 기회를 최대한 살리지 못할 것이라는 말이 더 강력한 충고가 된다. 이렇게 설득하면 모험을 추구할 때 쉽게 얻을 수 있던 전율은 점점 희미해지고, 모험은 차츰 덜 흥미진진해질 것이다.

전략의 성공 여부는 자신의 충동 성향을 얼마나 효과적으로 목표에 맞춰 사용하는가에 달려 있다. 방향을 올바르게 유지하기 위해서는 방금한 행동 혹은 이제 막 내리려고 하는 결정이 목표 방향과 일치하는지 끊임없이 따지고 점검해야 한다. 지금쯤이면 한 가지 올바른 방향이란 존재하지 않는다는 게 명백해졌을 것이다. 목표를 설정하는 것은 순전히 당신의 선택이다. 그러나 일단 목표를 정하고 나면 그때부터는 도로 표지판을 눈여겨봐야 한다.

직업적으로 성공하겠다고 결심하고서도 여전히 가진 능력 중 일부만 발휘하거나 자신의 한계를 인정하거나 상관의 권위를 인정하지 않는다면, 혹은 업무상 의지하고 있는 사람들을 깎아내린다면 단기적으로는 이득이 될지 모르지만 애초 설정한 방향에서 벗어나게 된다. 비슷한 말이지만, 만약 목표가 개인적 자유라면 운전 면허증을 빼앗기거나 감옥에 갇힐 수 있는 일에 휘말려서는 안 된다. 그런 행위는 목표로 가는 길이 아니다. 목표를 설정하는 기회는 평생에 걸쳐 단 몇 차례에 불과한 반면, 한번 목표가 설정되면 모든 결정은 이 목표에 맞춰 내려져야 한다. 결정을 내릴 때는 일련의 검증 과정을 거쳐야 한다. 검증은 이런 질문으로 시작하고 끝나야 한다. '이 결정이 목표와 일치하는가?(혹은 일치했는가)' '만약 일치하지 않는다면 경로를 수정해야 하는가?'

반갑게도 이 과정을 혼자서 해야 하는 것도 아니고 그럴 필요도 없다. 동료와 부하직원, 때로는 상사도 당신을 도울 것이다. 앞서 했던 말을 반복하자면, 일상적인 결정을 큰 목표와 일치시키기 위한 최선의 방법은 주위 사람들과 긴밀하게 유대를 유지하는 것이다. 결심하기 전에 혹은 결심한 직후에 신뢰하는 사람에게 적극적으로 조언을 구하자. 네트워크를 만들어 체크포인트로 삼아보자. 그러면 점검하는 걸 잊어버린 순간에도 너무 먼 곳까지 길을 잃고 헤매지는 않을 것이다. 아첨꾼 무리를 주위에 두어야 한다거나 험담할 기회만 노리는 사람들의 평가를 들어야 한다는 뜻은 아니다. 솔직한 대화를 나눌 수 있는 사람, 약점을 인정했다고 당신을 무시하지 않을 그런 사람을 찾아야 한다.

당신 주위에는 생각보다 훨씬 많은 조력자들이 있을 것이다. 반항했다거나 허락 없이 행동했다는 이유로 당신을 공격했던 바로 그 상사가 당신이 내린 결정을 되돌아보고 평가하고자 할 때 기꺼이 파트너가 되어 줄 수 있다. 상사가 당신을 공격했을 때는 당신이 행동하는 방식을 이해하지 못했기 때문이다. 따라서 상사는 당신의 행동에 좌절감을 느꼈을 것이다. 물론 당신에게는 그런 행동을 한 이성적인 이유가 있었겠지만, 상사의 지적을 받고 되짚어볼 때는 당신의 설명이 별로 설득력 있게 들리지 않을 것이다. 이때 설명explanation은 놀라울 만큼 변명excuse과 비슷해진다.

만약 상사에게 당신의 성향에 대해 미리 알려줬다면 상사는 당신의 행동을 해석할 수 있는 좀더 긍정적인 틀을 가질 수 있었을 것이다. 물론 상사는 여전히 당신의 접근법이나 결과에 만족하지 않을 수 있다. 하지만 사건이 벌어지기 전에 대화를 나누면 상사가 혼자서 상상하는 것만은 막을 수 있다. 복잡한 일이 아니다. 그저 상사의 기대와 인식을 관리하면 되는 것이다.

상사가 먼저 토론을 제안할 거라고 기대하지는 말자. 먼저 다가와 정기적으로 의견을 개진하는 상사는 극히 드물다. 아마도 그런 대화를 시도할 책임은 관리자에게 있을 것이다. 그럼에도 불구하고 현실에서 대다수 관리자들(훌륭한 관리자들조차)은 업무에 시달려 그럴 여가가 없다. 상사에게 손을 내밀고 유대를 유지하는 것은 부하 직원인 당신의 책임이다. 당신이 먼저 나서서 상사, 동료, 임원, 배우자와 친밀한 관계를 쌓아가라. 그리고 당신이 결정을 내리는 방식과 그런 결정이 어떤 결과를 낳을 것이라고 기대했는지 허심탄회하게 대화를 나눠보라. 놀랍게도 그들은 조언을 구하는 당신의 태도를 정말로 고마워할 것이다. 주위 사람들은 귀중한 의견을 구할 수 있는 원천이다. 뿐만 아니라 당신이 실수를 저질렀을 때 훨씬 관대한 태도를 보일 것이다. 그들은 이제 당신의 실수를 반항이나 무능력의 증거로 보지 않고, 유능하고 잠재력 있고 자각할 줄 아는 리더에게 피드백을 개진할 기회로 바라볼 가능성이 높다.

이런 식의 대화는 다소 불편할 수 있다. 인정한다. 혹시 자신의 충동적인 성향이 갖는 몇 가지 약점(강점을 포함해서)을 떠들어대는 게 전략상 안 좋지 않을까 걱정이라면, 이제 현실을 직시하자. 만약 자신이 가끔 실수를 저지른다는 사실을 아무도 눈치채지 못하게 비밀로 유지할 수 있다고 믿는다면, 당신은 경력을 잘못 관리하고 있는 것이다. 사람들은 이미 당신의 약점을 알고 있다. 게다가 당신이 약점을 해결하지 않기로 마음먹었기 때문에 사람들은 약점의 원인을 마음대로 상상하고 있다. 무지, 오만, 혹은 무능력 같은 것들 말이다.

마무리 투수의 네트워크를 볼링 레인의 범퍼 같은 것이라고 생각하자. 볼링장 레인에는 양쪽 도랑에 이동식 레일 시스템이 설치돼 있다. 예전에는 초보자가 처음 볼링을 배울 때 공이 도랑에 빠져 있는 시간이 많았다. 지금은 범퍼 레일 같은 재치 있는 발명품 덕에 신참자도 볼을 똑바로 굴리는 연습을 하면서 볼링 핀이 넘어지는 모습을 지켜보는 만족감을 얻을 수 있다. 주위 사람들과 유대를 가지면서 네트워크를 형성하는 것은 범퍼 레일을 활용하는 것과 비슷하다. 상사나 마무리 투수는 대신 볼을 굴려주지 않고도 당신이 스트라이크를 얻어내도록 도와줄 수 있다. 또 볼이 도랑에 빠지지 않도록 막아주기도 한다.

올바른 방향을 찾는 일은 모험추구자 주위에 있는 모든 이들의 목표지만, 기본적으로는 모험추구자 자신의 책임이다. 충동을 점검하고 과거 결정을 숙고하는 것, 또 도움 받을 만한 사람을 찾는 것은 검의 날이 제 방향을 향해 날카롭게 벼려질 수 있도록 하는 최선의 방법이다.

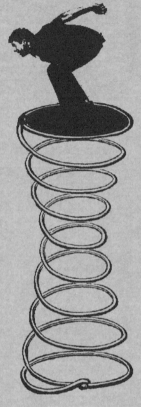

CHAPTER 8

위험관리자:
돌다리도
두드리는 사람들

위험관리자를 위한 충동 사용 설명서

The Impulse Factor

골프 천재 타이거 우즈는 2006년 미국 캘리포니아 라호야에서 열린 미국프로골프^{PGA} 투어 '뷰익 인비테이셔널'에서 승리하면서 우승 행진에 또 한 차례의 승리를 보탰다. 이날 경기에서 우즈는 다른 경기와 달리 마지막 홀까지 뒤지고 있었다. 나흘 일정의 토너먼트 마지막 날 승리에 가장 가까이 다가선 선수는 호주의 네이선 그린이었다. 그는 우승컵을 거의 확보한 듯 보였다. 그린에게 뷰익 인비테이셔널 우승은 대단한 성과를 의미했다. 우승하게 된다면 프로 무대 데뷔 8년 만에 메이저 대회에서 첫 우승을 거머쥐게 되는 셈이었다. 그것도 살아 있는 전설 타이거 우즈를 거꾸러뜨리고 얻은 승리가 될 터였다.

우즈는 지난 6년간 이 토너먼트에서 무려 세 차례나 우승컵을 거머쥐었다. 그는 대회의 공식 대변인이기도 했다. 따라서 뷰익 인비테이셔널에서 우즈를 이기는 것은 홈그라운드에서 우즈에게 패배를 안기는 것과 같았다. 그린이 마지막 2개 홀에서 파를 기록하면 승리를 확정지을 수 있는 상황이었다. 하지만 그린은 칩샷을 망쳤고, 덕분에 우즈는 다시 추격에 나설 수 있었다. 물론 우즈는 명성에 걸맞은 플레이를 선

보이며 완벽하게 경기를 마무리 지었다. 라운드가 끝날 무렵, 세 명이 공동선두에 나섰다. 경기 규칙상 선두주자 세 명은 최종 승자를 가리기 위해 2홀을 더 뛰어야 했다. 그러나 그때 이미 결론은 난 것이나 진배 없었다. 결국 우즈는 선두로 나섰고, 통산 네 번째 뷰익 우승컵을 획득 했다. 골프 월간지 〈골프 투데이〉는 우즈의 환상적인 성과를 염두에 두고 타이거 우즈가 2010년까지 억만장자가 될 것이라고 예측했다.

타이거 우즈의 성공은 새로운 이야기가 아니다. 그는 두 살 때 골프 채를 잡기 시작했다. 이듬해 방송에서 코미디언이자 골퍼인 밥 호프와 퍼팅 대결을 펼쳤다. 이후 우즈는 참가한 대회마다 우승을 휩쓸었다.

우즈의 경이적인 골프 능력에 대한 산더미 같은 찬사 밑에는 다른 이야기가 숨겨져 있다. 이 이야기는 우즈의 천부적 재능에 관한 이야기보다 훨씬 중요한 교훈을 담고 있다. 다른 골퍼들이 타이거 우즈를 어떻게 상대하는가에 관한 이야기다. 골프 전문가 팀 맥도날드[Tim Mcdonald1]는 "누구도 필드에 서면 우즈와 대결해 이길 권리가 없다고 느끼는 것 같다. 많은 경우 우즈는 탁월한 능력이 아니라 긴장한 경쟁자들의 실패 덕에 승리하는 듯 보인다."고 지적했다. 골프는 테니스처럼 혼자 하는 스포츠다. 솔로 스포츠는 육체적 기량만큼 정신적 기량을 요구한다. 뇌를 제대로 다루지 못했을 때 육체의 속도와 힘이 무용지물이 된다는 것은 잔디만 파는 운동 과다의 근육맨들이 증명한다. 우즈 같은 살아 있는 전설과 맞붙는다는 것은 잘 치고자 하는 욕구가 엉망으로 칠지도 모른다는 살 떨리는 공포로 전이된다는 것을 의미한다. 포식자가 발뒤꿈치를 물어뜯을 때 대부분이 그렇듯 네이선 그린도 무너져내렸다.

네이선 그린이 패배하고 1년 뒤, 조지아 주 오거스타에서 열린 마스터스 골프대회에 참가한 타이거 우즈는 늘 그렇듯 우승을 향해 달려가고 있었다. 2007년 마스터스 대회 전 우즈는 모든 메이저 골프대회에서 우승했다. 일단 선두로 나서면 누구도 우즈를 막지 못했다. 역전은 결코 허용되지 않았다.

화창한 부활절 일요일, 오거스타에서 역사는 새 장을 시작했다. 재크 존슨Zach Johnson2)이라는 무명 골퍼는 치밀한 계산이 실행 능력을 만나면 어떤 일이 벌어질 수 있는지를 세계 골프계에 확인시켜 주었다. 마지막 라운드 초반, 존슨은 우즈와 공동선두에 나섰다. 정오 무렵, 존슨은 무리에서 벗어나 확실하게 선두로 치고 나갔다. 5개 홀을 남겨놓고 있는 상태에서 존슨이 해야 하는 일은 침착함을 유지하는 것뿐이었다. 존슨의 캐디는 이 사실을 깨달았다. 전국 방송을 통해 경기에 몰두하고 있는 시청자들도 이를 알고 있었다. 우즈 역시 알고 있었다. 그날 리더보드(골프시합에서 선두그룹 선수들의 이름과 점수를 적은 스코어 집계표-옮긴이)에 이름을 올린 나머지 골퍼들도 분명 이 사실을 잘 알고 있었다. 그러나 존슨만은 이 같은 사실을 의식하지 못하는 듯했다. "나는 정말 무슨 일이 벌어지고 있는지 모르고 있었습니다. 하던 걸 계속했을 뿐입니다. 그냥 지금 여기에 존재하는 거죠." 존슨은 나중에 이렇게 말했다. "내 캐디는 점수를 주의 깊게 관찰하고 있더군요. 나는 점수에 전혀 신경 쓰지 않았죠. 모르는 게 때로는 약이 되기도 하는 모양입니다."

마침내 존슨은 우즈를 상대로 역사적인 승리를 거두었다. 아이오와 주에서 자란 31세의 존슨은 승리 후 이렇게 주장했다. "나는 더없이 평범합니다." 이 말은 꾸며낸 겸손이 아니었다. 충동성 테스트에서 위험 관리형 범주에 속하는 이들에게 존슨의 신데렐라 스토리가 의미심장한 이유는, 마법이나 영웅적 행동이 아니라 그저 지금 눈앞에 주어진 일에 집중하는 것이 마법 같은 결과를 낳았다는 데 있다. 존슨의 승리는 타이거(타이거 우즈 혹은 호랑이)가 접근할 때 생기는 두려움을 전략으로 이겨낸 평범한 사람의 이야기를 대표한다. 시각화 혹은 극도의 몰입 상태에 대해 들어봤을 것이다. 하지만 존슨의 성취는 그런 문구가 갖는 의미 이상을 포함한다.

비밀은 무엇일까? 네이선 그린을 비롯해 수많은 위대한 골퍼를 사로잡은 마수에서 재크 존슨은 어떻게 빠져나올 수 있었을까?

겁부터 먹지 마라

설문조사 결과 탤런트스마트 연구팀은 신중한 의사결정자가 "문제를 예견하는 데 능하다"는 평가를 받는다는 사실을 알게 됐다. 그들은 변화에 대해 잘 알고 있고 특히 장기 계획 분야에서 탁월한 능력을 발휘했다. 조심스런 사고의 소유자들은 지평선에 희미하게 나타나는 혹은 백미러를 통해 멀리서 다가오는 문제를 명료하게 인식하고 있었다. 미리 계획하고 대비하기 위해서는 다가오는 위협을 탐지하는 능력이 결정적이다. 그러나 때로 이런 능력은 위험관리자에게 최고의 이익을 선사하지 못하기도 한다. 위험에 대한 감지가 단순한 공포로 돌변할 때 사람들은 원치 않는 정치인에게 표를 던지게 된다. 위협의 성격을 냉철하게 분석하지 못했기 때문이다. 공포 본능 때문에 원래 의도보다 더 많은 돈을 입장권이나 주택담보대출에 쓰기도 한다. 무엇보다 이런 성향의 사람들은 공포 때문에 골프 경기를 엉망으로 망칠 수 있다.

치명적인 결과를 낳기도 하는 공포의 근원을 이해하기 위해서는 골프 대신 짝짓기 현장에서 사람이 어떻게 사랑에 빠지는지 탐색해볼 필요가 있다. 인디 록밴드 '데스 캡 포 큐티Death Cab for Cutie'의 서정적 노래 속에서 가톨릭 학교 수녀는 "공포야말로 사랑의 심장"이라고 설파한다. 노래 속 주인공은 이 말에 너무 혐오감을 느껴 학교에 다시는 돌아가지 않기로 결정한다. 공포는 사랑의 심장이 아닐지 모른다. 그러나 공포와 사랑은 분명 신경학적으로 공통의 조상을 갖고 있다.《연애 본능Why We Love》의 저자인 인류학자 헬렌 피셔Helen Fisher[3]에 따르면 인간이 낭만적 사랑을 경험할 때 뇌에는 도파민이 홍수처럼 흘러넘친다. 피셔는 낭만적 사랑이 후손을 재생산하고자 하는 충동 또는 풋사랑을 해보려는 욕구를 넘어서는 것이라고 말한다. 낭만적 사랑은 헤아릴 수 없이 다양하다. 사랑을 느낄 때 분비되는 물질은 애정의 대상이 시야에 들어올 때마다 흥분을 불러일으킨다. 이 모든 것은 도파민이 분비되면서 시작된다.

탤런트스마트의 충동성 연구를 고객과 공유하기 시작할 무렵, 나는 사랑과 공포의 관계에 대해 생각하기 시작했다. 신중한 사람들 중 일부는 자신이 사랑을 위해 내린 무모한 결정이 그간 연구팀이 위험관리 본능에 대해 해온 모든 말과 정면으로 배치된다고 느꼈다. 예를 들어 신중하다고 알려진 사람이 어떻게 예측 불가능한 로맨스를 쫓아 안정적인 생활을 뿌리째 흔드는 위험을 감내하는지 사람들은 알고 싶어했다. 충동적이지도 않은 사람이 사랑에 빠져 단기간에 인생을 뒤흔드는 중대한 변화를 결정하는 경우를 많이들 보아왔다. 나는 연구를 통해 투자 버블, 마녀사냥 같은 역사 속 집단 광기에서 볼 수 있듯이 적당한 조건이 조성되면 사람들은 완전히 다른 사람처럼 행동한다는 사실을 잘 알고 있었다. 하지만 해답은 헬렌 피셔의 연구에서 찾았다. 연인들을 취하게 만드는 화학 칵테일에 대한 피셔의 발견을 알고 나서야 비로소 위험관리형의 자발성에 대한 신경학적 해답을 찾게 됐다.

한 실험에서 피셔와 동료 연구원들은 피실험자의 두뇌를 스캔해 한창 사랑에 빠졌을 때 두뇌에 어떤 변화가 생기는지 확인했다. 기능성 자기공명영상(fMRI)을 사용해 피셔 박사는 실험 참가자의 뇌에서 도파민이 증가하고 세로토닌이 줄어드는 것을 목격했다. 도파민은 인간을 흥분시키는 화학물질, 세로토닌은 기분을 차분하게 가라앉히는 화학물질이다. 구체적으로 미상핵(이 중 일부는 6500만 년 전에 진화가 이뤄져 '파충류의 뇌'라고 불린다)에는 도파민이 흘러넘친다. 만약 도파민 수치가 올라가고 세로토닌은 떨어진 두뇌 스캔 사진이 있다고 하자. 주인공이 어떤 상황에 처해 있는지 알지 못하면 이 사람이 깊이 사랑에 빠졌는지 아니면 평생 모은 돈을 충동적으로 스포츠카를 사는 데 털어 넣으려고

하는지 알 수 없다.

도파민은 두뇌에서 가장 변덕스러운 화학물질이다. 앞 장에서 살펴봤듯이, 흥분을 유발하는 도파민에 대한 욕구는 모험추구형을 과격한 전율을 찾아 헤매도록 충동질한다. 그것도 그저 평범한 기분을 회복하기 위해서 말이다. 도파민 부족은 집중력을 떨어뜨리고, 도파민 과잉은 과격하고 정신 나간 짓을 저지르도록 만든다. 이를테면 그저 '괜찮다'는 기분을 느끼려고 평생을 좌우하는 결혼을 결정하는 것이다. 기분을 고양시키는 화학물질은 들뜬 기분을 불러일으키는 일 말고도 더 많은 일을 할 수 있다. 코카인과 헤로인 같은 마약류와 유사하게 보상이 이뤄지지 않을 때 도파민 과잉은 재미를 즉시 공포와 불안으로 변질시킨다. 어떤 이들은 이런 경험을 "불쾌한 환각 체험"이라고 부른다. 욕망의 대상은 사랑도, 튤립 구근도 될 수 있다. 마음이 열정적으로 원하는 것은 무엇이든 될 수 있다. 보상이 빨리 이뤄지지 않으면 도파민은 계속 분비돼야 한다는 신호로 받아들인다. 오래지 않아 도파민은 넘치게 된다. 도파민 과잉은 기질에 상관없이 모든 사람을 지극히 강박적으로 만든다.

일반적으로 도파민을 충분히 공급받으면 심리학자들이 말하는 '목표지향적인 행동'에 몰두하게 된다. 사랑의 영역에서 목표지향적 행동이 조금만 지나치면 '스토킹'이라는 것이 된다. 도파민은 원하는 것을 쟁취하기 위해 싸운다. 불행하게도 도파민을 분출시킨 촉매가 사랑일 때조차 도파민은 쉽게 포기하지 않는다. 《연애 본능》에서 피셔 박사는 연인이 떠나고 몇 개월이나 지난 뒤 실험실에 다시 돌아온 피실험자들의 두뇌가 연애의 최고 절정기에 분비됐던 도파민 수준 혹은 그 이상의 도파민을 분비하고 있었다고 지적했다. 피셔에 따르면 "무엇인가를 원할 때 두뇌는 보상 시스템을 작동시킨다. 만약 그 보상이 지연되면 보상 시스템은 충동을 계속 발산해서 아직 도달하지 못한 것을 얻기 위해 더 열심히 일하도록 만든다." 연애 중에 도파민이 연인의 희열을 유발했다면 이제는 극심한 공포와 더욱 목표지향적인 행동 같은 사랑의 후유증을 일으킨다.

그러나 피셔 박사는 도파민 분비를 조정하는 게 바로 사랑을 영원히 잃어버릴지 모른다는 공포라고 믿는다. 호랑이가 다가올 때 달아나게 만들었던 바로 그 도파민 과잉 상태가 사랑이 끝난 뒤에도 연인을 포기하지 못하게 만든다. 사랑과 생존이란 두 가지 경우에서 원시의 두뇌 기능은 목표를 달성하는 데 아주 효과적일 수 있다는 것을 증명해준다. 공포가 사랑의 심장은 아닐지 모른다. 그러나 때때로 공포는 위기상황에서 사랑에 우회도로를 제공한다. 아마도 이것이 공포가 사랑의 욕구만큼 보편적인 이유일 것이다.

골프팬과 분석가를 똑같이 당황하게 만드는 질문이 있다. 골프 선수가 타이거 우즈를 누르고 선두에 나섰을 때 어떤 변화가 생기는가 하는 문제이다. 우즈는 진정 무적인 듯이 보인다. 피셔 박사의 연구를 염두에 두고 분석해보면, 가장 의미심장한 변화는 도전자의 마음속에서 벌어지는 심리상 변화인 듯하다. 우승이 주는 보상은 경기 시작부터 바로 그 자리에 존재했다. 하지만 재크 존슨과 네이선 그린같이 상대적으로 덜 알려진 골퍼에게 그 보상이 현실화될 가능성은 그들이 실제 선두에 나서기 전까지는 희박했다. 매우 자신감 넘치고 노련한 골퍼조차 경기 막바지에 타이거 우즈보다 앞서고 있으면 비슷한 어려움에 빠졌다. 진짜 중요한 시간은 도전자가 승리할 수 있다고 믿거나 진심으로 기대할 때 시작된다. 이때야말로 골퍼가 마음속에서 다가온 승리를 두고 '내 것' 게임을 벌이는 순간이다. 선수가 욕망하고 기대하는 것이 무엇이든지 간에 승리는 18홀이 끝난 뒤에 결정된다. 도전자가 승리를 기대하기 시작한 순간과 실제 우승을 거머쥐는 순간 사이에는 아주 짧은 공백이 존재한다. 그때 그의 두뇌 속 화학물질 칵테일에는 한 방의 도파민 자극이 제공된다. 갑자기 승리는 약자의 꿈이 아니라 자신이 이미 거머쥔 것처럼 느껴진다. 도전자가 승리를 못할 수도 있다고 인정할 때, 바로 그때 도전자는 패배하게 된다.

승리를 잃어버릴 수도 있다는 불안은 매우 신중한 사람들조차 극단적으로 목표지향적인 행동을 하도록 만든다. 좀더 치열한 난투극이 벌어지는 스포츠에서라면 도파민은 긍정적인 역할을 할 수 있다. 운동선수가 마지막 세트를 버티기 위해, 혹은 열세인 경기에서 마지막 몇 야드를 따내기 위해 자신 속으로 깊이 침잠할 때 필요한 힘을 얻을 수 있다. 그러나 골프는 다르다. 비즈니스도 마찬가지다. 골프 라운드 종반부에 접어들었을 때, 중요한 계약을 성사시킬 때, 혹은 새로운 벤처 사업을 출범시킬 때 도파민 과잉은 역효과를 낳는다. 미식축구 같은 스포츠에서라면 도파민 분출이 막판 스퍼트를 내는 데 도움을 줄지도 모른다. 하지만 골프에서 이런 흥분은 스윙을 혼란시키고 잘못된 판단을 내리도록 만든다. 비즈니스라는 정신적 게임에서도 도파민 분출은 충동적 결정이라는 형태로 표출된다. 많은 경우 당신을 현재 상황에 이르게 한 초창기의 냉철한 결정이야말로 그 일을 제대로 마무리 짓는 데 필요한 것이다.

긴박한 상황일수록 한곳에 집중하라

몇 년 전 애리조나주립대학 스포츠 심리학자 데비 크루즈Debbie Crews[4]는 아마추어 골프선수들을 상대로 간단한 실험을 실시했다. 크루즈는 각 참가자에게 평균 거리의 퍼트 20개를 치도록 부탁했다. 이어 20개 퍼트를 추가로 쳐달라고 말한 뒤 두 번째 퍼트에서 NBC 뉴스쇼 '데이트라인'이 퍼팅을 촬영하게 될 것이라고 알려줬다. 그리고는 마지막으로 20개 퍼트를 더 쳐달라고 요청했다. 세 번째 라운드에 가서 크루즈는 참가자들에게 만약 앞서 두 번의 라운드보다 더 잘 치거나 같은 수준으로 치면 300달러를 지급하겠다고 알려줬다. 만약 실패하면 거꾸로 참가자들이 100달러를 지불하게 되어 있었다. 선두에 선 골퍼가 승리하기 위해서 현재 수준의 경기력만 유지하면 되는 상황을 가상으로 설정하고 일종의 시뮬레이션을 한 것이다.

연구 내내 크루즈는 참가자의 스트레스 수위를 점검했다. 두 번째에 이어 세 번째 라운드에서 판돈이 커지자 참가자의 심장 박동수와 두뇌 활동, 자가 진단 불안 수위가 모두 눈에 띄게 높아졌다. 그래도 참가자 중 절반은 이전보다 더 낮거나 적어도 비슷한 수준의 경기력을 유지했다. 하지만 나머지 절반은 퍼팅을 망쳐버렸다. 크루즈는 이렇게 설명했다. "경기력을 좌우하는 것은 불안 수준이 아니라 뇌 활동이 불안 수치의 상승을 어떻게 처리하는가에 달려 있습니다. 성공적인 골퍼는 두뇌 활동 역시 비슷한 수준으로 증가했고, 활동 영역도 두뇌 양측으로 골고루 퍼져 있었습니다." 승자가 된 사람들은 정신적 근육 전체를 골고루 활용할 수 있는 사람들이었다. 그들은 명중시키고자 하는 목표(여기서는 골프 홀)에 주의력을 집중했다. 나머지는 기술력과 그간의 준비에 모든 것을 맡겼다.

불안하지 않았기 때문에 재크 존슨이 두려움에 잘 대처할 수 있었던 것은 아닌 듯하다. 그보다는 당장의 샷 말고는 어떤 것에도 주의를 빼앗기지 않은 완벽한 집중력 덕이었다. 타이거 우즈보다 앞설 때 심리적 압박감을 어떻게 극복했느냐는 질문에 그는 이렇게 대답했다. "한 주가 가고 또 새로운 한 주가 오는 동안 바뀌는 것은 아무것도 없습니다. 목요일에 경기가 열릴 수도 있고, 일요일에 열릴 수도 있는 겁니다. 경기에 임할 때마다 나 자신에게 매번 똑같은 말을 했습니다. 이번 샷을 어떻게 칠까, 이번 홀은 어떻게 접근할까." 경기 내내 존슨은 우즈에게도, 경기 결과에도 관심을 쏟지 않았다. 좋은 결과를 위해 골프장 풍경과 주변 여건의 변화를 인지하는 것은 물론 중요하다. 그러나 타이거 우즈나 혹은 그날 대회에 참가한 다른 선수가 어떻게 경기를 펼치고 있는지는 그라운드의 상태나 풍속 혹은 존슨의 기술과는 어떤 관련도 없었다. 우즈가 하는 일에 신경을 쓰다 보면 충동적인 행동을 하게 될 뿐, 어떤 효과도 내지 못했을 것이다. 존슨이 차용한 목표지향적 행동은 스포츠 심리학자들이 '극도의 몰입 상태'라고 부르는 것 이상이다. 이런 몰입이 가져오는 경쟁적인 열반 상태에 빠지면 눈앞의 임무 외에 다른 어떤 것에도 무관심해진다. 그러나 존슨의 목표지향적 행동은 이것과는 다소 달랐다. 그의 행동은 한참 전에 일어난, 그리고 한참 뒤에 일어날지도 모르는 사건과 긴밀하게 연관이 있다는 점에서 그렇다.

몰입 상태를 구성하는 여러 요소는 존슨의 경기에 틀림없이 영향을 끼쳤을 것이다. 그러나 목표를 향해 지칠 줄 모르고 집중하는 것은 몰입이라는 다소 마법 같은 개념에 비해 훨씬 더 본질적인 것이다(우리 모두에게 적용 가능한 것이기도 하다). 이러한 집중력은 적절한 준비와 순간의 절제와 좀더 관련이 있다. 몰입은 환상적인 것임에 틀림없다. 그러나 동시에 짧은 휴가에 불과하다. 마이클 조던 같은 농구스타는 대단한 몰입으로 유명하다. 하지만 팀에 대한 그의 영향력과 업적은 변함없이 뛰어난 실력 덕이지, 결정적인 순간에 보여준 기막힌 플레이 몇 번 때문은 아니었다. 2004년 미국 여성 축구팀 혹은 2007년 뉴잉글랜드 패트리어츠(미국 프로 미식축구팀) 같은 팀은 몰입 상태에 빠지는 방법을 찾아냈기 때문에 위대해진 게 아니다. 그들의 성공은 재능과 규율의 조합이 낳은 것이다. 성적이 부진한 시기에도 그들은 확고한 듯 보인다.

어떻게 몰입하고 어떻게 그 상태를 유지하는지는 풀리지 않는 수수께끼이다. 가장 성공한 운동선수들조차 몰입 상태에 우연히 흘러들어갔다가 우연히 빠져나온다. 따라서 이 상태에 진입하는 방법을 찾기 위해 노력하는 것은 의사결정 전략으로는 지나치게 불확실하다. 여기서 말하고자 하는 것은 훨씬 더 기본적인 것이다. 의식을 최고조로 고양시키기 위해 애쓰자는 게 아니다. 그보다는 장기적·단기적으로 주의를 집중할 수 있도록 두뇌를 훈련하는 방법과 관련이 있다.

　오거스타의 최장 홀에서 재크 존슨이 보여준 것은 바로 이런 집중력이었다. 파5홀을 만난 골퍼는 결정을 내려야 한다. 선수는 공을 홀 가까이 안착시키기 위해 두 번 혹은 세 번의 샷을 칠 수 있다. 골프계에서 타이거 우즈는 강력한 드라이브를 구사하는 것으로 유명하다. 이말은 어떤 홀을 만나든 우즈가 대다수 선수들보다 더 적은 타수 만에 홀 주위 그린에 도달할 가능성이 높다는 뜻이다. 세 번의 샷 대신 두 번 만에 그린에 닿고자 할 때는 거리에 신경 쓰느라 정밀함을 놓칠 위험이 있다. 2007년 존슨의 비거리는 PGA 골퍼들 중 150위권 수준이었다. 그러나 샷의 정확도에서는 10위 안에 들어갔다. 따라서 존슨에게는 보통 세 번의 샷을 치는 방식이 더 유리했다. 그러나 심리적 압박감이 커지고 뒤떨어질지 모른다는 불안감이 엄습하는 순간에 현명한 선택을 하는 게 쉬운 일은 아니다. 때로 사람들은 나머지 선수들과 비슷한 수준을 유지하려고, 불가능한 목표를 이루기 위해 재앙을 향해 나아가는 줄도 모른 채 골프채를 휘두른다. 긴박한 상황에서 다른 선수들은 놓쳤지만 존슨이 깨달은 진실이 있다. 바로 다른 선수들과 같은 속도를 유지하기 위해서는(이번 게임의 경우 남들보다 더 잘하려면) 자신의 게임에 충실해야 한다는 사실이었다.

　존슨은 마치 투자가 데이비드 드레먼이 투자 결정을 내리는 것과 같은 방식으로 마스터스 대회에서 골프 경기에 임했다. 두 사람은 정확하게 계산된 수익을 올리는 자신의 입증된 전략하에 행동했다. 세상의 과장된 소동은 무시했다. 라운드 후반부에 이르러 갤러리가 몇 홀 뒤에서 환호성을 질렀다. 그때 존슨은 우즈가 뭔가 근사한 플레이를 했다는 걸 알았다. 존슨의 캐디가 점수를 귀띔했다. 하지만 존슨은 자신의 타깃에 몰두하느라 우즈에게는 신경을 쓸 겨를이 없었다. 물론 다수가 항상 틀린 게 아니라는 점도 염두에 둬야 한다.

때로 당신의 목표는 나머지 모든 사람의 목표와 동일하다. 튤립 마니아와 투자 버블, 저녁식사 비용을 나누는 문제 등에 관해 읽은 뒤에는 상황에 순응하지 않으면 조건적 충동을 피할 수 있다는 결론에 귀가 솔깃해질 수 있다. 그러나 정당한 이유 없이 관행에 저항하는 행동은 되려 신중한 만 못하다. 때로 모두가 똑같은 방식을 선택한 이유는 그게 최선이기 때문이다. 단지 남들과 다르게 가려고 관행을 따르지 않는 것은 핵심을 비껴가는 행동이다. 내가 내린 결정을 타인도 동일하게 내렸는지 여부는 중요하지 않다. 그들은 나와 같은 결정을 내렸을 수도, 아닐 수도 있다. 위험관리형은 최선의 타깃을 찾는 것을 목표로 삼아야 한다. 다른 사람들이 같은 타깃을 겨냥하고 있는지는 중요하지 않다. 타깃을 찾았으면 그 목표에 매달려야 한다.

목표에 집중하는 게 힘든 이유는 위험관리형이 위협을 지나치게 의식했을 때 본능적으로 도망가려고 하기 때문이다. 유권자의 투표 성향과 인간의 사촌격인 흰목꼬리감기원숭이 사례에서 배웠듯이, 보통 사람은 불쾌한 결과로부터 자신을 지키려고 애쓴다. 하지만 나쁜 것을 피하는 것은 좋은 것을 추구하는 것과 같지 않다. 왜냐하면 회피라는 행동에는 구체성이 결여돼 있기 때문이다. 예를 들어, 잠재적 포식자가 당신의 발자국을 가깝게 뒤쫓고 있을 때 당신은 지금 이곳을 벗어나 어딘가 다른 곳으로 달아나는 데만 집중한다. '다른 어딘가'는 목적지로는 지독하게 모호하다. 만약 누구에게 투표하고 싶지 않은지, 어떤 샷을 치고 싶지 않은지, 사업을 하면서 어떤 일만은 일어나지 않았으면 좋겠는지에 몰두하면 진짜 원하는 목표를 찾지 못하게 된다. '여기 말고 어디든' 전략은 정글에서라면 효과적일지 모르지만 골프 코스나 투표소에서는 목표 달성을 이루지 못한다.

데비 크루즈는 아마추어 골프 선수를 대상으로 한 실험을 토대로 이렇게 지적했다. 장타를 쳐야 하는 상황에서 골퍼는 '공을 호수에 빠뜨리고 싶지 않다'고 다짐할 게 아니라 '왼쪽 러프에서 시작하는 페이드 샷을 쳐서 페어웨이 중간의 갈색 지점까지 바로 공을 보내야겠다'라는 생각을 해야 한다. 다시 말해 원하지 않는 목표에 대해 지나치게 걱정하지 말고, 원하는 것을 구체적으로 생각하라는 뜻이다. 골프가 아닌 다른 영역에서도 같은 방식이 적용된다. 진정으로 가고 싶은 곳에 도달하기 위해서는 목적지가 구체적이어야 한다. '어디가 아니어야 한다'가 아니라 '어디여야 한다'가 돼야 한다. 원하는 것을 얻기 위해 시각화의 힘이나 우주의 비밀스러운 에너지를 활용하라는 충고가 숱하게 회자되고 있다. 그런 방식보다는 이게 훨씬 본질적인 접근법이다. 목표에 집중하기 위해 명상을 하거나 의식을 고양시킬 필요도 없다. 충동을 조절하는 의식적 노력이라는 해묵은 방식이면 족하다.

모든 충고가 모험추구자에게 적용되는 '올바른 목표 설정'이란 원칙과 지나치게 비슷하다고 느끼기 시작했다면, 독자의 짐작이 맞다. 왜냐하면 충동적 행동은 충동적 행동일 뿐이기 때문이다. 모험추구형이든 위험관리형이든 관계없다. 모험추구형이 위험관리형보다 훨씬 빈번하게 충동적으로 행동하는 경향이 있는 것은 사실이지만 특정 조건하에서는 신중한 사람 역시 충동적으로 변한다는 사실을 우리는 알고 있다. 위험관리형을 충동적으로 변화시키는 상황에서는 목표 설정이 올바른지 점검해야 한다는 동일한 규칙이 적용된다. 뇌가 도파민의 홍수에 빠졌을 때 정해진 방향과 사전에 조정된 목표에 집중하려고 노력하는 것이야말로 실용적 충동이 역기능적 충동을 압도하게 만드는 최선의 방법이다.

적절한 보상 없이 모험추구자가 충동적 행동 자체를 원천 제거하기 어려운 것과 마찬가지로, 위험관리자도 잠재적 위협을 무시하기가 극도로 힘이 든다. 사실 완벽하게 머리를 비우는 것은 고도로 수련한 일부 선승을 제외하면 사실상 불가능하다. 인간의 마음은 언제나 무엇인가를 생각하느라 분주하다. 위험관리형은 이 무엇인가를 잠재적 위협으로 채운다. 공포의 감정이 스며들 때는 먼저 그 사실을 인지하고, 적절한 목표를 향해 주의력을 재조정하여 공포를 관리해야 한다. 그렇지 않으면 서서히 다가오는 포식자에 대한 두려움이 이성을 마비시킬 것이다. 위험을 느낄 때일수록 생각을 생산적인 것, 이를테면 본래의 경기 전략에 묶어두어야 한다.

자신감이 결정력을 높여준다

한 동료는 짐 P.라는 자사 임원에 대해 존경 어린 목소리로 이렇게 평했다. "짐은 지식의 양이 방대하며, 이를 활용해 결정을 빠르고 효과적으로 내린다." 이 발언은 위험관리형에 속하는 의사결정자가 획득하기 위해 애써야 하는 기술이 무엇인지를 압축적으로 보여준다. 신속하게 결단하고 재빠르게 행동하는 능력은 효과적 위험관리와 우유부단을 구분해준다. 짐에 대한 코멘트 중에는 세 가지 기억할 만한 주요 요소가 있다. 첫 번째이자 가장 결정적인 것은 그의 결정이 효과적이라는 사실이다. 두 번째로 신중한 의사결정자는 효율성이 타이밍에 크게 좌우된다는 사실을 무시할 수 있다. 하지만 너무 늦게 내려진 환상적인 결정은 제때 부정확한 결정을 내린 것만큼이나 비효율적일 수 있다.

마지막으로 자신의 분야에 대한 방대한 지식은 결정을 실행에 옮기는 데 막대한 역할을 한다. 경험은 중요하다. 정보를 판단할 확실한 기준과 자신감을 제공하기 때문이다. 경험은 업무를 하며 보낸 시간으로 측정될 수 있다. 하지만 구체적 상황에 대한 경험은 더욱 중요하다. 마스터스 골프대회가 열리기 며칠 전, 재크 존슨과 그의 심리상담사는 골프장 주위에서 몇 시간 동안 상황별로 샷을 연습했다. 실제 토너먼트에서 유사한 샷에 직면했을 때 존슨은 자신이 원하는 결과가 무엇인지 쉽게 기억해냈고, 따라서 더 잘 집중할 수 있었다. 그는 특정 상황에서 참고로 활용할 수 있는 경험을 갖고 있었다. 이 경험은 집중하고 자신감을 갖도록 도왔을 것이다. 경험에서 우러나오는 이런 자신감은 경쟁자가 추격해 올 때 관중들의 환호성을 막아주는 귀마개 역할을 했다.

탤런트스마트 연구에서는 위험관리자들이 힘든 결정을 내릴 능력을 갖추지 못해서, 혹은 좀더 정확히 표현하자면 결정을 내리는 데 무능력해서 주춤대는 게 아니라는 사실이 일관되게 확인됐다. 연구자들은 "위험관리형은 좀더 자신감을 가져야 한다."는 말을 반복해서 들었다. "그 사람은 항상 주장하길 주저합니다. 다른 이들에게 질문을 넘기고 최종 결과에 대해 책임지려 하지 않는 경우가 많습니다." 이 인상적인 코멘트는 우유부단의 핵심을 폭로한다. 다른 무엇보다 우유부단은 잘못된 결정을 내릴지도 모른다는 공포와 유사하다. 이것이야말로 올바른 선택을 추구하는 대신에 잘못된 선택에 도달하지 않는 데 초점을 맞추는 비효율적인 전략이다. 만약 당신이 위험관리형이라는 진단이 나왔다면 아마도 우유부단에 사로잡힌 적이 있을 것이다.

의사결정에서 숨어버리는 방법 중에 타인의 의견을 불필요하게 수집하고 상황을 과잉 분석하는 경우가 있다. 모험추구형이 주위 사람들을 충분히 활용하지 못하는 문제가 있다면, 정반대로 위험관리형은 불필요한 의견을 지나치게 많이 구하는 경향이 있다. 정보를 수집하거나 의견을 구하는 게 나쁘다는 말은 아니다. 하지만 스스로에게 물어봐야한다. 의견을 묻는 게 자료를 수집하기 위해서인지 아니면 책임을 회피하거나 불가피한 결정에서 달아나기 위해서인지 확인해보자.

결단력은 연습과 훈련의 문제이다. 올바른 의사결정을 보장해주는 비밀 공식이나 묘책은 없다. 다만 도움이 될 만한 경험을 빠르게 쌓을 수 있는 몇 가지 방법은 있다.

1990년대 후반 나는 통신판매 영화클럽에 가입했다. 오디오 분야에서 카세트테이프가 그랬듯이 VHS 비디오테이프가 생산 중단의 길을 걷게 될 것이라는 친구들의 경고를 무시했다. 나는 VCR을 이미 보유하고 있었고 새롭게 유행하던 DVD 플레이어를 사용해볼 마음은 조금도 없었다. 변화에 저항한 데 대한 보답으로 지하실 구석에 유물이 된 비디오테이프가 먼지를 뒤집어쓴 채 쌓여 있다. 그걸 볼 때마다 '무어의 법칙'을 무시해서는 안 된다는 사실을 상기하곤 한다.

1965년 고든 무어는 컴퓨터 하드웨어 분야에서 하나의 트렌드를 발견했다. 그는 통합 전기회로 위에 놓일 수 있는 트랜지스터(컴퓨터에 전기를 공급하는 소형기기)의 숫자가 대략 2년에 한 번씩 두 배가 된다는 걸 알아챘다. 지난 몇 십 년간 무어의 법칙은 반도체와 기술 분야를 넘어 폭넓게 인기를 끌었다. 무어의 법칙은 정보화 시대의 구호가 됐다. 현대를 살아가는 이들에게 변화를 받아들이는 것은 번영이 아니라 생존에 필수적이라는 사실을 이 법칙은 경고했다.

첨단기술 기업가이자 마케팅 전문가인 세스 고딘[5]보다 변화를 더 잘 이해하는 사람은 없다. 경제주간지 〈비즈니스위크〉가 '정보화 시대 최고의 기업가'라고 지칭했던 고딘은 빠르게 변화하는 환경에서 무엇이 성공의 조건인지 잘 알고 있었다. 고딘은 매우 영리하고 뛰어난 사람들이 모두 새 길을 개척할 수 있는 재능을 타고난 것은 아니라고 설명했다. 미지의 영역에 과감하게 뛰어들어야 할 때 신중한 사람들이 시동을 걸기까지는 약간의 도움이 필요하다. 고딘은 실패를 받아들이는 문화를 조성하고 이를 사실상 명문화함으로써 사내에서 과감한 행동을 장려했다. 고딘이 막 창업한 신생 기업에서 감행한 조치는 매우 이례적이다. 고딘은 직원들을 자신의 집무실로 불러 "주말까지 세 가지 실패 사례를 가져오지 않으면 해고하겠다."고 말했다. 이런 조치는 신중한 성향의 직원들을 위한 고딘 식의 엄격한 애정표현이었다. "오늘날 안전한 것은 위험한 것이다." 고딘은 블로그에서 이렇게 표현하고 있다. 공포를 피하려는 사람들이 택할 수 있는 가장 안전한 길은 결과적으로는 모험을 추구하는 사람이 되는 것이라는 게 고딘의 지론이다.

세상사람 전부가 천성을 뒤집을 수 있을 것 같지는 않다. 될 수 없는 것이 되기 위해서 너무 많은 에너지를 허비해서도 안 된다. 고딘에게 실패하지 않은 직원을 정말 해고했는지 묻지는 않았다.

그러나 핵심은 남았다. 실패는 피할 수 없으니 실패의 가능성에 익숙해져라. 그리고 실패의 가능성이 결정을 방해하도록 허락하지 말라. 위험관리자들은 세상에 나가 용감하게 실패와 대면하라는 고딘의 주문에서 교훈을 얻을 수 있을 것이다. 고딘이 직원들에게 찾아내라고 주문한 세 번의 실패에서 성과를 낸 게 있는지는 알 수가 없다. 목적은 실패한 결정 뒤에도 삶은 계속된다는 걸 신중한 직원들에게 증명하는 것이다. 실패했다고 세상이 멈추는 것은 아니다. 그러므로 공포에 마비되지 말라.

조건적 충동성은 투자해서는 안 될 때 투자하거나 예상보다 더 많은 돈을 저녁식사 비용으로 지불하게 만든다. 이런 점에서 위험을 감수하는 결단력 있는 자아가 모든 사람의 내면에 존재한다는 사실을 알 수 있다. 목표가 보이지 않는 절박한 상황에서만 사람들이 결단력을 사용한다면 조건적 충동은 당연히 위험하다.

고딘의 최후통첩 덕에 직원들은 결단력이 진짜 중요해지는 순간이 오기 전에 결단력을 써볼 기회를 가졌다. 직원들은 결단력을 발휘하는 경험을 쌓았다. 이 경험은 진짜 재빠르게 결정을 내려야 하는 순간에 다시 꺼내 참고할 수 있다. 사실 모든 실패는 자신감을 조금씩 불어넣어 준다.

결정하는 방식은 습관이다. 쇼핑을 할 때 무엇을 살지 주저한다면 일할 때도 마찬가지다. 결단력을 키울 때는 작은 일부터 시작해보자. 시간을 정해놓고 크게 중요하지 않은 결정을 내려보자. 시간제한은 결단력을 강제할 수 있는 가장 효과적인 수단이다. 시간에 천착해보자. 예를 들어 외식을 할 때 메뉴판을 펼치는 순간부터 주문할 때까지 걸리는 시간을 정해놓자. 슈퍼마켓에서도 같은 실험을 해볼 수 있다. 다음에 같은 레스토랑이나 마트에 갈 때 지난번 기록을 깨는 노력을 해보자. TV 게임쇼 '슈퍼마켓 습격하기Supermarket Sweep'를 촬영하는 것처럼 가게 안을 달리자는 게 아니다. 그것보다는 마트 선반 위에 놓인 물건마다 혹은 메뉴판의 메뉴마다 일일이 멈칫거리고 망설이지 않도록 하는 게 연습의 목적이다.

시간제한은 신속한 결정을 위해 좋은 방법이긴 하지만 효율적 결정의 충분조건은 아니다. 효율적인 결정을 위해서는 목표가 필요하다. 데비 크루즈의 골프 조언을 받아들여 목표를 구체화해보자.

이런 접근법은 직관에 반하는 듯 보일지도 모른다. 그러나 무엇을 원하는지 모호한 아이디어만 가진 채 선택의 가능성을 열어놓으면 시간을 절약하기보다는 낭비할 가능성이 높다. 슈퍼마켓이나 레스토랑(혹은 협상이나 자동차 거래)에 가기 전에 원하는 목표가 무엇인지를 마음속에 새겨두자. 경로 이탈을 조장하는 도파민의 미세한 진동에 피해자로 전락하지 말자.

이 전략은 충동이 배제된 결단력을 키워준다. 목표와 시간제한은 타고난 위험관리형 결정 스타일을 최대한 활용하도록 고안됐다. 마침내 크건 작건 결정의 순간이 다가왔을 때, 당신은 과잉 분석이란 늪에 빠지지 않고 자신감을 가질 수 있을 것이다.

계획에서 실행 단계로 넘어가라

이 전략이 가진 또 다른 이점이 있다. 목록에 있는 특정 품목을 향해 직행함으로써 다른 걸 놓치고 있다는 사실을 눈치채지 못한다는 점이다. 재크 존슨이 말했듯이 '무지가 때로는 축복'인 셈이다. 그렇다고 모래에 머리를 처박으라고 주장하는 것은 아니다. 당장 결정을 내려야 할 때 모든 가능성을 염두에 두면 도움이 되기보다 되레 주의가 산만

해질 수 있다. 자료 조사를 얼마나 많이 했는가는 상관없다. 결국 모든 결정은 결정자의 지식 범위를 넘어서고, 통제할 수도 없는 요소들을 포함하게 될 것이다. 핵심은 계획의 목적이 계획을 세우는 게 아니라 스스로 대비하는 것이라는 점을 기억하는 것이다. 계획 수립과 자료 수집은 실제 결정이 내려지고 결정이 효율적으로 또 시기적절하게 실행될 때만 유용하다.

성공적인 위험관리자들이 계획을 잘 세운다는 사실은 여러 차례에 걸쳐 반복해서 확인됐다. 짐 P.는 비교 자료를 위해 자원과 정보를 찾는 데 능하다는 평가를 받았다. 한발 앞서 생각하고 만일의 사태에 대비할 수 있어야 효과적인 계획이다. 주도면밀한 의사결정자에게는 계획을 세우는 일이 자연스러울지 모른다. 성공의 열쇠는 계획 수립에서 실행으로 도약하는 것이다. 이를 위해서는 미지의 미래를 맞을 대비가 끝났다는 자신감이 필요하다.

미래에 맞닥뜨리게 될지도 모르는 상황에 대해 사전 경험을 갖는 것은 의사결정 과정에서 자신감을 갖는 훌륭한 방법이다. 그러나 전례가 없는 상황이라면 어떻게 하겠는가? 현재 어떤 산업도 무어의 법칙을 넘어서지는 못한 듯 보인다. 이 말은 오늘날 거의 모든 기업이 아직 탄생하지도 않은, 게다가 대단히 빠르게 성숙하는 혁신적 공간에서 뛰어야 한다는 뜻이다. 아직 존재하지도 않는 것에 대해 결정하는 경험을 어떻게 미리 해볼 수 있겠는가?

새로운 아이디어를 받아들여라

잠깐 눈을 감고 가장 가까운 대도시로 차를 몰고 가는 상상을 한다면, 어디에 살든 상관없이 한 가지 이미지를 공통적으로 떠올릴 것이다. 거대한 상자 같은 건물 윤곽이 지평선 일부를 완전히 가리고 있는 풍경이다. 월마트, 타겟, 베스트바이, 홈디포 할 것 없이 상자 모양^{big box} 쇼핑몰은 미국 대도시 어디에나 자리 잡고 있다. 미국식 대형 쇼핑몰이 탄생하기까지는 한 사람의 공이 크다. 당신이 예상하고 있는 그 사람, 월마트 창업자 샘 월튼은 아니다. 물론 숫자에 강박적으로 집착했던 월튼은 대형 쇼핑몰이 상품을 공급하고 유통하는 방식을 혁신했다. 그보다 먼저 팩트^{fact}에 미친 또 한 사람이 있었으니, 그야말로 미국 전역에 빅박스 쇼핑몰이라는 새 지평을 연 주인공이다.

미 육군사관학교 졸업생이자 퇴역 장교인 로버트 E. 우드는 1921년 통신판매업체 몽고메리워드^{Montgomery Ward} 의 영업부문 부사장이었다. 군 장교로 파나마 운하 건설에 참여하기도 했던 우드는《미국통계초록 ^{Statistical Abstract of the United States}》의 열렬한 애호가이기도 했다. 제2차 세계대전 후 우드는 초록에 나오는 숫자에서 중요한 변화를 감지했다. 농업은 하향 곡선을 긋는 반면, 자동차 등록대수는 급격하게 상승했다. 동시에 제임스 C. 페니가 소유한 백화점과 유사한 체인 백화점이 전국에 우후죽순으로 생겨나고 있었다. 이런 트렌드를 본 우드는 통신판매업이 사양길에 접어들었다고 결론 내렸다.

로버트 우드가 몽고메리워드에서 빅박스 쇼핑몰이라는 아이디어를 제안했을 때(우드가 빅박스라는 단어를 사용한 것은 아니다), 상사들은 가치 없는 생각이라며 거들떠보지도 않았다. 회사의 신임 대표였던 테오도어 머셀스는 1921년 당시 경제 위기를 헤쳐 나가느라 고전하고 있었다. 그해 몽고메리워드는 100만 달러의 영업 손실을 기록했다. 게다가 머셀스는 '내셔널 클로크 앤 수트National Cloak and Suit'를 8년 만에 100만 달러에서 5000만 달러 기업으로 성장시킨 성공을 막 맛본 참이었다. 머셀스는 우드의 분석을 통계 강박증의 타로카드 읽기 정도로 치부했다. 몽고메리워드는 통신판매업계의 거물이었다. 머셀스는 영업담당 부사장의 추측에 기대 가능성 있는 회사를 날릴 이유가 없다고 굳게 믿었다. 몽고메리워드는 과거에 성공적으로 해온 일을 앞으로도 계속하면서 개선하는 데 집중하면 될 터였다. 머셀스는 이후 3년간이나 단호하게 입장을 고수하다가 결국 우드를 쫓아냈다.

숫자에 대한 신념을 버리지 않은 우드는 자신의 아이디어를 몽고메리워드의 라이벌이었던 시어스 로벅Sears Robuck에 가져갔다. 시어스 대표 줄리어스 로젠월드Julius Rosenwald는 처음에는 우드의 과격한 제안을 완벽하게 받아들이지 않았지만, 우드의 아이디어에 시도해볼 만한 내용이 있다고 생각했다. 로젠월드는 우드에게 자리를 마련해줬다. 우드는 즉각 자신의 전략을 실현하기 위해 작업에 착수했다. 첫해에 우드는 시어스 소매점 8곳을 개점했다. 4년 안에 우드는 시어스 사장으로 승진했고 1933년에는 시카고 사우스사이드에 최초로 창문 없는 백화점을 오픈했다. 거대한 상자(빅박스)를 닮은 쇼핑몰이 탄생하는 순간이었다.

통신판매업 회사에서 빅박스 쇼핑몰 체인으로 변신한 시어스의 성공 스토리에는 위험관리 스타일이 갖는 장점과 함정이 분명하게 드러나 있다. 시어스 역시 1920년대 초반 경기 하강으로 어려움을 겪고 있었다. 그러므로 시어스와 몽고메리워드 모두 경영 목표는 손실을 최소화하는 것이었다. 우드의 아이디어는 혁신을 경험하지 못한 이들에게는 과격한 것으로 비춰졌다. 시어스가 처음 소매점을 개설했을 때는 절박함에서 나온 충동적인 발작처럼 보였을지도 모른다. 그러나 엄격하고 체계적인 전직 군 장교 우드는 충동이나 본능에 기대 행동하는 스타일이 아니었다. GE의 전 최고경영자 잭 웰치 같은 재계 거물과 달리, 로버트 우드의 전략은 숫자에서 나왔다. 잭 웰치는 자서전《끝없는 도전과 용기 Jack, Straight from the Gut》에서 뛰어난 아이디어 중 상당수가 샤워를 하다가 떠오른 것이라고 말했다.

불행하게도 우드의 전 상사인 테오도어 머셀스는 통계상의 증거를 무시했다. 그는 몽고메리워드가 해오던 방식 그대로 영업을 계속했다. 1927년 그 역시 시들어가는 통신판매업 회사를 떠나버렸다. 시어스 역시 우드가 들어오기 전까지는 회사가 직면한 불운의 근본적 원인이 무엇인지 이해하지 못했다. 전직 시어스 부사장이자 켈로그 비즈니스 스쿨 교수인 제임스 워디 James Worthy[6]에 따르면 두 회사 모두 "이미 하고 있던 일을 좀더 잘하려고 노력함으로써 (위기에) 대처하려 했다. 소비자와 가까운 곳에 새 사무소를 열고, 작업 공정을 더 엄격하게 관리하고, 광고를 늘리고……" 테오도어 머셀스와 줄리어스 로젠월드 사이의 차이는 딱 한 가지다. 우드가 설득력 있는 증거를 들고 시어스 문앞에 나타났을 때 로젠월드는 우드를 쫓아버리지 않았다는 사실이다. 그는 우드를 위해 자리를 마련해줬고 결국 시어스는 소매점 실험을 할 기회를 잡았다. 비록 시험을 거치진 않았지만 우드의 아이디어는 우주에서 가져온 것도, 충동적인 반항아가 꾸는 이상적인 꿈의 산물도 아니었다. 공정한 관찰자가 수집한 인구조사 데이터를 토대로 한 아이디어였다. 로젠월드가 우드에게 회사의 방향을 전환할 무제한의 권한을 준 것은 아니다. 하지만 그는 새 항로를 조심스럽게 타진하는 우드의 노력을 지지했다.

로버트 우드의 혁명적 전략은 세심한 성향의 위험관리형이 혁신을 이뤄낼 능력이 충분하다는 사실을 증명한다. 우드는 이런 사실을 깨달았다. 중앙집권화된 대도시를 중심으로 미국이 재편되면 이미 견고하게 확립된 통신판매 기업은 위협을 받겠지만 적극적으로 대처한 기업은 기회를 얻게 된다. 우드의 깨달음은 위험관리형이 상황에 적응할 수 있다는 증거가 된다. 반대로 우드의 전략과 통계 자료를 모두 거부한 채 현 상태를 유지하려고 했던 테오도어 머셀스의 사례는 조절되지 않은 위험관리 성향이 어떻게 혁신을 방해하는지 보여준다. 머셀스는 과거 성공에만 매달렸다. 하지만 그가 한 가장 결정적인 실수는 현재 경로에 머물기로 한 결정이 아니다. 진짜 실수는 다른 경로, 그것도 데이터가 견고하게 지지하는 경로를 테스트해 보기를 거부한 것이다.

정보화 시대에 대안의 길을 시험해보기를 거부하는 것은 죽음에 입맞추는 행위이다. 물론 새로운 경로를 테스트하는 것과 육감에 의지해 도박을 하는 것은 확실하게 구분해야 한다. 새로운 방식으로 일하는 실험이 위험관리 성향과 무조건 배치되는 것은 아니다. 새로운 아이디어는 대부분 "루비콘 강을 건너자"는 식으로 대담하게 뛰어들기 전에 충분히 검증하고 공유할 수 있다. 통제된 상황에 여러 변수를 대입한 뒤 관찰하고 측정해봄으로써 위험을 관리할 수 있다.

가능성이 보이면 시도하라

2006년 〈하버드 비즈니스 리뷰Harvard Business Review〉에 실린 '증거 기반 경영evidence-based management' 이란 글에서 스탠퍼드 대학의 제프리 페퍼 Jeffrey Pfeffer와 로버트 서튼Robert Sutton[7] 교수는 이렇게 지적했다. "기업이 실험을 통해 경영 지식을 습득하기 어려운 이유는 기업이 전부 아니면 제로의 양자택일을 하는 경향이 있기 때문이다. 최고경영자가 해당 정책을 지지해서 모두가 수용하거나 혹은 적어도 수용했다고 주장하거나 아니면 아예 아무도 시도조차 하지 않거나 하는 경향이 있다." 테오도어 머셀스는 후자를 선택했다. 우드의 아이디어를 지지하지 않기로 결정했고, 몽고메리워드는 기회를 얻지 못했다. 페퍼와 서튼은 오늘날 수많은 경영자가 동일한 덫에 걸린다는 걸 발견했다. 경영자들은 구체적인 증거가 있는데도 도그마나 잘못된 신념에 의거해서 결정을 내린다. 만약 경영자가 시간을 들여 약간의 실험을 감행하면 적절한 정보를 알아낼 수 있을 것이다.

시어스 대표 줄리어스 로젠월드가 우드에게 보낸 열정을 고려하면, 시어스는 전부 혹은 제로의 양자택일 중에서 '전부' 쪽에 속한다. 로젠월드는 확실한 경주마에, 그것도 절제된 태도로 베팅했다.

전부 혹은 제로의 접근법은 효율적 위험관리의 최대 적이다. 전부를 거는 '올인' 결정은 조건적 충동으로 이끈다. 사람들은 위험에 과잉 반응해서 불타는 마차에 뛰어들거나 투기 거품에 돈을 쏟아붓는다. 반면 제로의 접근법은 아무것도 하지 않는다. 언덕 기슭에 앉아서 눈사태가 다가오는 걸 바라보면서 눈을 감았다가 뜨면 눈이 모두 사라질 것이라고 바라는 것과 같다. 효과적인 위기관리자는 위협(도시화, 자동차)을 확인하고 핵심 솔루션을 찾으려고 노력한다. 이들은 꽁무니를 빼거나 여기서만 도망가면 된다는 식으로 대응하지 않는다. 위협에 꼼짝 않거나 위협 자체를 무시하지도 않는다.

로버트 우드 입장에서 보면, 자신의 전략을 실험해볼 기회를 너무나 오래 기다렸기 때문에 일단 기회가 주어졌을 때 무모해지기 쉬웠다. 그의 아이디어는 벌써 3년 동안이나 유보된 상태였다. 그동안 그는 인구통계가 통신판매업에 불리한 방향으로 점점 변해가는 걸 지켜보았다. 일단 시어스 최고경영자의 지지를 업은 우드가 마트 계산대를 설치하는 일만큼이나 신속하게 시어스 사무소마다 소매점포를 세웠으리라고 상상할지도 모르겠다. 하지만 그건 데이터를 신봉하는 전직 장군이 일하는 방식이 아니었다. 대신 우드는 자신의 가설을 검증하기 위해 정밀하게 조정된 확실한 실험을 감행했다. 시어스가 소매 비즈니스의 성공 가능성을 각기 다른 측면에서 평가해볼 수 있도록 우드는 각기 다른 유형의 세 점포를 개설했다.

우드의 계획은 정밀하게 설계되고 조심스럽게 실행됐지만, 시간을 조금도 낭비하지 않았다. 시어스에서 일하기 시작한 지 2개월 만에 우드는 시카고 시내 사무소 1층에 첫 번째 소매점포를 열었다. 이후 10개월에 걸쳐 시어스는 당시 보유하고 있던 사무소에 네 곳의 점포를 추가로 오픈했다. 그곳에는 이미 직원과 물리적 공간, 필요한 물품이 있었다. 다시 우드는 시카고 외곽에 점포 두 곳을, 이어 인디애나 주 남부 에번즈빌에 세 번째 점포를 개설했다. 새 점포가 빠르게 문을 열었지만 우드는 처음 여덟 개 점포의 입지를 아주 신중하게 선정했다. 처음 다섯 곳을 고르기는 쉬웠다. 이미 사무소가 있었기 때문이다. 하지만 외곽에 위치한 세 곳의 입지는 위험했다. 이들 세 곳의 점포는 공간과 직원을 보유한 곳에 개설된 것이 아니었기 때문에 동원되는 자원 측면에서 더 많은 투자가 필요했다. 게다가 이들 점포는 운영 과정에서 결함이 발생할 가능성도 컸다. 기존 사무소의 정교한 시스템에서 한참이나 떨어져 있어 시스템이 취약했기 때문이다.

에번즈빌 점은 다른 문제도 제기했다. 제임스 워디 James Worthy 는 저서 《쉐이핑 언 어메리칸 인스티튜션:로버트 E. 우드 앤 시어스, 로벅 Shaping an American Institution:Robert E. Wood and Sears, Roebuck》에서 우드가 에번즈빌을 선택한 이유를 이렇게 설명했다. "에번즈빌 점은 중앙의 구매 조직과 가까운 통신판매 사무소의 보호에서 벗어나 점포를 어떻게 운영할 수 있는지에 대한 경험을 제공했다."

우드는 가능한 한 많은 점포를 빠르게 열고 싶은 유혹에 저항했다.

페퍼와 서튼에 따르면 속도전은 실험 단계에서는 경영 노하우 습득 과정을 교란시킬 수 있다. 편의점이나 소매점, 레스토랑, 공장처럼 여러 장소에 한꺼번에 존재하는 조직에서는 새로운 전략을 적용할 때 페퍼와 서튼이 '통제 입지 control locations' 라고 부르는 것과 비교함으로써 귀중한 경영상 지혜를 얻을 수 있다. 통제 그룹을 설정하는 것은 실험연구의 기본이다. 통제 그룹 없이는 정확한 비교가 어렵다. 만약 우드가 이곳저곳에 마구 점포를 열었다면 분석 과정은 혼란에 빠졌을 것이다. 각 점포가 이미 존재하는 통신판매 부문과 해당 지역 경제, 경쟁회사와 어떤 관계가 있는지는 우드가 이해해야 하는 요인들 중 일부에 불과했다. 시어스 입장에서 고전적 의미의 통제 입지를 설정하는 것은 불가능에 가까웠다. 시어스에는 소매점포가 아예 존재하지 않았기 때문이다. 우드는 차선책을 선택했다. 기존에 존재하는 통신판매업 판매 거점에 다섯 개 점포를 개설해 위험을 낮추었다. 만약 이들 점포가 실패의 조짐을 보인다 해도 시어스 입장에서는 잃을 게 별로 없었다. 그곳의 시설과 직원은 통신판매업이라는 일로 돌아가기만 하면 된다. 이런 방식으로 완전히 새로운 시도에도 통제 그룹을 설정하는 게 가능하다. 그러나 만약 이들 점포가 성공한다고 해도 우드의 전략이 효과적이라는 게 증명되는 것은 아니다. 진짜 결과를 확인할 수 있는 곳은 기존 사무소 밖에 위치한 점포들이다. 우드의 빅박스 전략이 인정받으려면 시카고 외곽의 점포가 성공해야 했다. 시카고 내에서 나온 결과와 시카고 밖에서 나온 결과를 비교 측정했을 때 시어스는 비로소 우드 전략의 잠재력을 제대로 평가할 수 있다. 결과적으로 우드의 빅박스 쇼핑몰은 시어스를 살렸다.

제임스 워디는 이렇게 평가했다. "내적 진화의 단계에서 시어스 조직의 두드러진 특징은 경험에 비추어 배우려는 열린 자세였다. 일이 어떻게 처리돼야 한다는 선입견에 방해받지 않았다. 우드 자신이 이런 학습 모드를 확립하기 위해 많은 일을 했다." 우드는 페퍼와 서튼이 '지혜로운 태도'라고 부른 자세를 갖고 있었다(어쩌면 타고난 것일지도 모른다). 그는 더 배울 게 있다는 걸 항상 잊지 않았다. 다음 세대 샘 월튼의 예고편이었던 우드는 신규 점포를 오가거나 점포 안에서 대부분의 시간을 보냈다. 그는 직원들과 대화하고, 메모하고, 자신이 배운 내용을 시카고의 본사 수뇌부에 전달했다. 본사에서 정보는 회사 전체로 퍼져나갔다. 우드가 이런 학습 과정을 확립했음에도 불구하고 그가 회장으로 재직한 1939년부터 1954년까지 시어스의 자기 분석은 결코 끝나지 않았다. 시어스가 소매업을 어떻게 효율적으로 운영할 것인가를 배우는 데는 10년이란 세월이 걸렸다. 우드는 "우리는 실수에 대한 기록을 100퍼센트 갖고 있다."고 회고했다.

우드는 특정 주제에 대해 지식이 부족하다는 사실을 날카롭게 인식하고 있었지만 그렇다고 해서 우유부단하게 대처하지 않았다. 정보가 없다고 해서 충동적으로 행동하지도 않았다. 그는 자신이 회사를, 심지어 산업 전체를 미답의 영역으로 끌고 가고 있다는 사실을 잘 알고 있었다. 체인 스토어는 이미 존재했지만 시어스나 몽고메리워드와 비교해서 취급하는 품목이 다양하지 않았다. 시어스는 소비자에게 부엌 싱크대를 포함해서 모든 것을 제공했다. 우드와 임원들은 자사 고객의

사회경제적 지위를 알고 있었다. 우드가 시어스에서 하고 있는 일을 시도해본 회사는 없었지만 그는 과감하게 행동했다. 시어스가 상황을 통제하고 궁극적으로는 위기에서 살아남을 수 있었던 것은 결단력 있는 실행과 정보 및 경험을 지속적으로 추구한 덕이었다.

위험관리에서 위험이란 무엇인가? 위험이라는 개념 그리고 위험이 일과 삶에서 차지하는 지위에 대해 오해가 많다. 몇 사람이 충동성 테스트를 치르면 일부는 위험관리 성향을 갖고 있다는 결과가 나온다. 그런 결과가 나올 때마다 사람들은 좌절한다. 그 사람들은 방어적으로 반응한다. "있잖아요, 내가 언제나 조심스러운 건 아니에요." 혹은 "나도 가끔 진짜 위험한 일을 벌여요." 사람들은 '위험관리자'라는 평가가 모욕이라도 되는 듯이 받아들인다. 마치 하늘이 무너져내릴까 봐 문밖에 나서기도 꺼리는 사람으로 비치지 않을까 걱정하는 모양이다. 그런 반응이야말로 진짜로 부끄러운 짓이다. 위험에 노출되는 걸 혐오하는 성향으로 인해 적절한 조치를 취하지 못하거나 조건적 충동이 촉발될 때는 해로울 수 있다. 그러나 위험을 인정하고 효과적으로 위험을 관리하는 성향이 성격적 결함은 아니다. 어느 순간, 위험을 감수하려는 자세는 지도자와 기업가 모두를 평가하는 황금잣대가 돼버렸다.

위험 감수의 장점을 말할 때 우리는 기꺼이 실험하겠다는 자발적 의지를 염두에 둔다. 모두가 당연하게 여기는 것을 뒤집어보고, 결과에 대한 확신 없이도 새로운 시도를 두려워하지 않는 사람을 세상은 원한다. 그러나 위험이 그런 실험에 불가결한 요소는 아니다. 심각한 위험에 노출되지 않고도 혁신적인 사고를 할 수 있다. 세스 고딘의 제안을 따라해보자면, 진짜 위험은 변화를 혐오해서 혹은 실패가 두려워서 새로운 방식이나 전략을 추구하지 않는 게 아니다. 빠르게 변화하는 세계에서 위험관리자는 스스로를 안전이라는 덫에 가둔 채 가만히 앉아 있을 여유가 없다.

　요약하자면 적절한 위험관리란 안주나 침체와 같은 말이 아니다. 정반대로 변혁가 혹은 혁신가가 항상 위험을 감수해야 하는 것도 아니다. 로버트 우드는 위험 '감수자taker'라기보다는 위험 '관리자manager'에 훨씬 가깝다. 분명히 그는 소매 왕국이라는 새로운 세계로 돌진했다. 그러나 그 여정에서 위험을 면밀하게 관리했다. 가장 큰 위험은 곤경에 빠진 통신판매업을 그 상태 그대로 유지했을 때 맞게 될 위기였다. 페퍼와 서튼이 묘사했듯이, 로버트 우드 같은 사람은 "무지 때문에 아무것도 못한 채 몸이 얼어버리지는 않는다. 그보다는 무엇을 알고 있는지 끊임없이 점검하면서 자신이 알고 있는 최선의 지식을 토대로 행동한다."

　우유부단하게 혹은 비이성적으로 위험을 회피하지 않고 어떻게 효과적으로 위험을 관리할 수 있을까?

완벽보다 최선을 추구하라

중간 규모의 로펌에 근무하는 칼 D.는 자신의 의사결정 기술이 중요한 것에 집중하는 데서 출발한다고 알려줬다. 그는 위험관리 유형에 속하는 사람으로, 고도로 효율적인 의사결정자에 속한다. 그는 제2의 본성이 된 자신의 의사결정 전략을 법률적 훈련 덕이라고 말한다. "로스쿨에서는 (제한된 시간 내에) 생각하고 분석하고 반응하도록 훈련을 받습니다." 계속된 연습 덕에 그는 이 전략을 대부분의 상황에서 효율적으로 활용할 수 있게 됐다. 이 경우에 생각하기thinking와 분석하기analyzing는 동일한 게 아니다. 첫 번째 단계인 '생각하기'는 가장 결정적인 요인 찾기, 즉 중요한 것에 집중하기와 관련이 있다. 탤런트스마트 연구에서 우리는 상황적 변수들을 '주요 요인'과 '방해자'로 분류했다. '분석하기'는 어떤 것에 주의를 기울여야 하고(주요 요인) 어떤 것에 주의를 기울이지 말아야 하는지(방해자)를 결정한 뒤에 시작된다. 만약 바로 분석하기로 파고들어가 특정 상황에 가능한 모든 요인을 조사하면, 기능이 마비될지도 모른다. 분석을 시작하기 전에 시간을 들여 주요 요인을 걸러내면 분석 과정에서 '효과적이고 빠른 결정'에 도달할 가능성이 더 커질 것이다.

이런 전략은 실력 있는 골퍼들도 사용한다. 어떤 골프채를 사용할 것인지 결정할 때 재크 존슨 같은 친구는 풍속과 거리 같은 주요 요인에 집중한다. 다른 코스에서 몸을 잔뜩 웅크린 타이거 우즈가 무엇을 하고 있는지 같은 '방해자'는 무시한다. 일단 신경을 주요 요인에만 집중한 뒤에는 분석에 착수할 수 있다. "바람은 얼마나 세게 부는가? 나는 얼마나 멀리 와 있는가? 홀은 언덕 아래에 있는가, 정상 부근에 있는가?" 가격 책정 같은 사업상 결정을 내리는 경우라면 이런 질문이 될 것이다. "시장이 우리 제품에 얼마를 지불했는가? 비교해볼 만한 제품은 무엇인가? 소비자 구매 행동의 트렌트는 무엇인가?" 이 경우 방해자는 "잘나가는 회사는 무얼 하고 있는가?" 같은 질문이 될 것이다.

페퍼와 서튼은 중요한 전략적 방해자로 '무심한 벤치마킹'을 꼽았다. 그들은 GE의 악명 높은 직원 평가 시스템을 모방했다가 실패한 기업들을 사례로 들었다. GE 관리자들은 직원을 의무적으로 A, B, C 등급으로 나눠 평가했다. 이 시스템에 따라 같은 직위에 있는 직원들 사이에서도 등급에 따라 급료 차이가 꽤 크게 생겼다. C 그룹에 속하는 직원들은 열심히 일하지 않을 거면 나가라는 통보를 받았다. GE의 시스템은 성공을 거뒀다. 다른 기업들은 과거 네덜란드 튤립 투자자들처럼 크로톤빌(미국 뉴욕 주에 있는 GE 연수원-옮긴이)의 성공을 알아차렸다. 이들은 GE와 동일한 혹은 다소 변형된 시스템을 조직에 도입했다. 불행하게도 대다수 모방자들은 이 프로그램을 충분히 조사하지 않았다. GE 시스템에서 A 등급을 받을 수 있는 핵심 기준이 '피평가자가 자신만이 아니라 동료의 실적을 높이기 위해 무엇을 했는가'라는 사실을 발견하지 못했다. 당연하게도 GE 시스템을 무성의하게 벤치마킹하면서 생긴 살인적 경쟁 문화는 기껏해야 중간 정도의 성과를 거뒀을 뿐이다. 페퍼와 서튼은 시스템 뒤에 숨은 논리를 신중하게 살펴보지 않으면 GE의 귤은 다른 회사로 건너가 탱자가 된다고 믿었다. 모방자들은 GE를 따라 하기 전에 이 시스템이 GE 성공의 원인이라는 증거를 먼저 찾았어야 했다. 모두들 하고 있는 관행이더라도 눈에 보이는 걸 모양만 받아들였을 때는 종종 방해자가 된다.

미지의 분야에서 선택을 해야 할 경우에는 주요 요인과 방해자 간의 차이가 확실하게 드러나지 않을지 모른다. 이런 상황에서는 '미검증' 요인이라는 제3의 분류를 사용할 수 있다. 정보가 없다고 행동하지 않을 수는 없다. 결정을 내릴 때 미검증 요인이 주요하게 등장하면 우드가 그랬듯이, 수정 불가능한 결정을 내릴 게 아니라 일종의 실험으로 조직하는 방법을 찾는 게 좋다. 만약 미검증 요인이 최후 목표를 방해하기 시작한다면 무엇이 '출구'가 될 수 있는지 생각하자.

불행하게도 미검증 요인이 핵심 역할을 하는 미지의 상황에서 훈련받지 않은 위험관리자는 최대의 위기에 처할 수 있다는 사실을 연구를 통해 확인했다. 탤런트스마트에서 우리는 위험관리형에 속하는 600명 이상을 대상으로 좋은 결정과 나쁜 결정을 가르는 조건이 무엇인지 설문조사했다. '시간'과 '지식'이 가장 많은 답을 얻었다. 사람들은 공통적으로 충분한 정보와 시간, 경험이 있을 때 좋은 결정을 내린다고 답변했다. 역으로 생각하거나 옵션을 살펴볼 시간이 없을 때 결정을 내리기가 어렵다고 느꼈다. 충분한 시간과 지식은 늘 누릴 수 있는 호사가 아니다. 시간과 지식의 제약에 효과적으로 대처하기 위해서는 먼저 현실을 인정하고, 다음에는 상황이 어찌 됐든 결정을 내려야 한다는 사실을 편안하게 받아들여야 한다. 맞다. 그렇게 내린 결정은 결국에 잘못된 것으로 드러날 수 있다. 하지만 몇 가지 예외적인 경우를 제외하면, 잘못된 결정을 내린다고 당장 큰일이 벌어지는 건 아니다. 만약 주요 요인에 적절한 주의를 기울이면, 설사 잘못된 결정을 내린다고 해도 삶이 당장 끝나지 않는다. 이 사실을 스스로에게 자주 환기시킬 필요가 있다.

아마도 이런 측면에서 로버트 우드의 군대 경험은 시어스 근무 시절에 영향을 미쳤을 것이다. 예를 들어 해병대는 '70퍼센트 해법'이라 불리는 지침을 갖고 있다. 해병대는 70퍼센트 분석을 마치고, 올바른 선택이라는 확신이 70퍼센트 정도 되면 바로 행동해야 한다고 배운다. 물론 이런 전략이 정확한 것은 아니다. 누구도 언제 70퍼센트의 분석이 이뤄졌는지 확실히 알 수는 없기 때문이다. 그러나 완벽해지는 게 의사결정의 목표가 아니다. 이 사실을 자주 환기하기 바란다. 완벽을 목표로 삼으면 불필요하게 시간을 소모하게 된다. 게다가 완벽은 목표가 아니다. 결정에서 변수를 완벽하게 제거할 수는 없다. 변수가 미래의 불확실성을 포함하고 있기 때문이다. 의사결정의 목표는 추구하는 결과를 얻을 확률을 높이는 것이다.

위험관리자가 불확실성과 실패 가능성에 마음을 열기 위해서는 경험보다 좋은 게 없다. 여기서 "주말까지 세 가지 실패 사례를 가져오지 않으면 해고하겠다."는 세스 고딘의 주문이 적용된다. 물론 고딘이 원한 게 실패는 아니다. 그러나 실패해도 삶이 조금도 충격을 받지 않는다는 걸 깨달음으로써 직원들은 불확실성에 익숙해질 수 있다. 이런 경험을 통해 직원들은 가장 위대한 혁신은 '실수에 대한 100퍼센트 기록'에서 시작해야 한다는 진실을 (그저 말로만 그치는 게 아니라) 실제 경험한다. 로버트 우드는 모든 실수를 통제된 실험적 상황에서 저질렀다는 점에서 탁월했다. 회사를 파산시키지 않고도 우드와 동료 임원들은 잘못된 결정에서 비롯된 실수 하나하나에서 교훈을 얻을 수 있었다. 경험과 교훈을 얻고자 하는 목표로 실패를 감행해보라고 요구하는 것은 페퍼와 서튼이 말한 '지혜로운 태도'를 주입시킬 수 있는 훌륭한 방법이다. 사람들은 그 과정을 통해 불완전한 지식과 실패는 언제나 존재했고 행동만이 이를 해결할 유일한 길이라는 사실을 깨닫는다. 결정을 내릴 때 가장 큰 죄는 잘못된 선택을 하는 게 아니다. 잘못된 선택을 할지도 모른다는 두려움 때문에 안전이라는 덫에 빠지는 것이다.

"생각하고 분석하고 반응하라"는 전략은 단기와 장기 결정 모두에 효과적인 공식이 될 수 있다. 가까운 미래냐 먼 미래냐에 따라 달라지는 것은 어떤 단계에 더 주의력을 집중할 것인가이다. 예를 들어 칼 D.는 같은 의사결정 절차를 거쳐 차를 사고, 휴가를 계획하고, 직원을 고용하거나 승진시키고, 회사의 마케팅 예산을 책정한다. 익숙한 단기 결정의 경우 첫 번째 단계는 덜 중요하다. 만약 당신이 과거 경험에 철두철미한 실험을 적용했다면 집중해야 할 주요 요인이 무엇인지를 이미 알고 있을 것이다(주의사항 한 가지. 당신이 "항상 그런 방식으로 했다"는 이유만으로 '그 방식'이 올바르다는 게 입증됐다는 뜻은 아니다. 가끔 사람들은 습관적으로 방해자에 정신을 파는 실수를 저지른다).

예를 들어 칼에게는 이미 몇 년에 걸쳐 실험해 온 고용 절차가 있다. 이를 통해 그는 집중해야 할 주요 요인이 무엇인지를 알고 있다. 채용 결정을 내려야 할 때면 분석하고 반응하는 단계로 즉각 건너뛸 수 있다. 새 고객을 확보하는 마케팅 결정을 내려야 할 경우라면, 칼의 회사는 새로운 방식을 실험하는 동시에 한편으로는 이미 입증된 테크닉을 계속 활용한다. 칼은 이미 입증된 방식에 확신을 갖고 있다. 하지만 지난해에 통했던 방식이 오늘 혹은 내일은 유효하지 않을 수도 있다는 걸 이해한다. 그래서 그의 회사는 전부 아니면 제로의 양자택일 방식이 아니라 실험적 태도로 새 마케팅 전략에 접근한다. 칼은 고급 활자 매체와 온라인 광고 형식으로 "2년마다 한 번씩 새로운 마케팅 기법을 시도한다."고 설명했다. 그들은 새 방식에 더 많이 투자할 가치가 있다는 사실이 증명될 때까지 옛 테크닉을 버리지 않는다. 실험 결과 대부분의 경우에 새 방식은 과거 방식에 밀려 중단된다. 그렇다고 잠재적 고객에게 다가갈 방식을 찾으려는 실험을 멈추지는 않는다. 실험을 통해 이미 존재하는 마케팅 기법에서 여전히 통하는 게 무엇인지를 배운다. 그런 정보는 회사가 다음번 실험을 위해 새 마케팅 기법을 발굴하려고 할 때 어떤 요인에 집중해야 하는지를 알려준다. 결국 어떤 실험도 실패는 아니다. 만약 실험을 적절하게 고안하면 위험을 감수하지 않으면서도 가치있는 학습을 할 수 있다.

위험, 감수하지 말고 관리하라

개선과 혁신은 우리의 우선순위 목록에서 상위에 랭크된 긍정적 힘이다. 어떤 순간에는 기회와 잠재력이 신중한 사람에게 최우선 관심사가 될 것이다. 그러나 신중한 다수의 우선순위 목록에서 가장 높은 자리는 항상 한 가지를 위해 비워져 있다. 바로 안전이다. 안전이 적절하게 보장됐다고 느낄 때에만 위험관리자는 시야를 재조정해 이익을 바라본다. 생존을 위험에 빠뜨릴 수 있는 번영은 추구할 가치가 없다. 자연계에서 생존 본능은 가장 기본적인 추진력이다. 중요성 면에서 다른 것은 모두 생존 욕구에 뒤처진다. 대다수 사람들은 아주 사소한 결정을 내릴 때도 위험에 촉각을 곤두세운다. 이러한 경향은 생존하고자 하는 인간의 아주 본질적 욕구에서 출발했을 가능성이 높다.

이런 성향이 의미가 없는 것은 아니다. 위험에 민감해야 한다는 증거로 인텔의 혁신적 리더이자 공동 창립자인 앤디 그로브Andy Grove는 자서전 제목을 《오직 편집증 환자만이 살아남는다Only the Paranoid Survive》라고 지었다(한국어판 제목은 《승자의 법칙》이다). 제목을 통해 짐작할 수 있듯이 그로브의 모토는 위협에 대해서는 병적 집착이 필요하다는 것이다. 이 말은 핵심을 보여준다. 신중함이 과감하고 목표가 분명한 행동의 촉매가 되는 한 약간의 편집증은 건강할 수 있다.

그러나 오늘날 경영자들은 피해망상을 원하지는 않는다. 억제되지 않은 편집증은 명료한 두뇌가 요구되는 상황에서 숨통을 막는 역할만 할 뿐이다. 공포가 된 편집증은 사람을 뒷걸음질시켜 안전이라는 덫에 빠지게 만든다. 그로브의 이론을 설명하는 좀더 적당한(관심은 덜 끌겠지만) 표현은, '위기에 적절하게 반응하는 사람만 살아남는다'는 정도가 될 것이다.

위험관리 성향을 가진 의사결정자는 신중함을 선천적으로 타고났다. 신중함은 유익할 수 있다. 그러나 신중한 사람이 진정으로 효율적인 의사결정자가 되고 싶다면 위험관리에 능동적으로 접근해야 한다. 덜 충동적인 기질을 '위기에 초점을 맞춘risk focused' 이라거나 '위기를 혐오하는risk averse' 이라고 명명하지 않고 '위기를 관리하는risk managing' 이라고 부르는 것은 우연이 아니다. '위기에 초점을 맞춘' 이나 '위기를 혐오하는' 이라는 말은 신중한 사람의 가치관을 적절하게 묘사한 말일 수는 있다. 하지만 위험관리야말로 묘사인 동시에 행동하라는 요구이다. 이는 신중한 의사결정자들에게 이미 하고 있는 일 이외에 무엇을 추가로 더 해야 하는지를 상기시켜 준다. 안전하게 번영하기 위해서는 위험을 인지하는 것만으로는 충분하지 않다. 적극적으로 위험을 관리해야 한다.

위험관리 요령은 위험관리 테크닉을 효과적으로 적용하는 것이다. 이때 통제받지 않은 공포가 의사결정 과정을 마비시키지 않도록 조심해야 한다. 만약 당신이 위험관리형이라면 정당한 위협을 무시하도록 훈련하는 게 목표가 아니라 의미 없는 위협에서 주의를 돌리는 법을 배우는 것이다. 예를 들어 골프나 비즈니스에서 경쟁자가 한두 번 좋은 샷을 날렸다고 해서 전략을 전면 폐기해서는 안 되는 것처럼 이웃이 일확천금을 벌었다고 해서 장기 투자를 결정해서는 안 된다. 모래에 머리를 처박고 위험이 존재하지 않는다고 부인해서도 안 된다. 위험에 주의를 기울이되 그 위험이 관심을 기울일 만한 것인지 확인하고 관리해야 한다. 신중한 의사결정자에게 닥친 진짜 위험은 공포가 이성 대신 결정을 내리는 것이다.

공포 같은 감정을 조절하는 최선의 방법은 공포를 예상하고 대비하는 것이다. 마스터스 골프대회에서 재크 존슨은 그 순간의 목표에 집중하면 공포 때문에 정신이 혼란스러워지는 걸 막을 수 있음을 보여줬다. 또한 목표는 장기적이고 전략적인 결정을 내리는 데 유익하다. 왜냐하면 목표에 집중하기 위해서는 일단 목표를 설정해야 하기 때문이다. 목표를 설정하기 위해서는 미래에 어떤 변화가 나타날지를 예상해야 한다. 미래를 예상하려면 현재 조건과 미래 트렌드를 점검해야 한다. 두 가지를 다 살펴보면 예측이 가능하다. 존슨의 경우 미래 예측은 오거스타에 미리 가서 코스를 살펴보고 어떤 홀과 어떤 시나리오의 도전을 받게 될지 확인하는 작업이었다. 로버트 우드의 경우 통신판매업에 닥칠 도전이 무엇인지 알아내기 위해서 《미국통계초록》을 검토하고 인구구성 변화를 연구하는 것이었다. 데이비드 드레먼 같은 투자자의 경우 일반 투자자들의 심리적 반응이 대중적인 주식투자 패러다임의 가설과 어떻게 배치되는지를 분석하는 걸 의미했다. 그러나 존슨과 우드, 드레먼은 위험을 감지(신중한 의사결정자들이 하는 일이다)한 뒤에 그냥 멈추지 않았다. 절제된 행동으로 위협에 대응하는 것이 위험관리형 의사결정자가 한 일이다.

적절한 목표를 효과적으로 세우기 위해서는 '사고실험thought experiment' 그 이상이 필요하다. 미지의 미래에서 목표를 찾아내는 과정에는 가설을 세울 수 있는 틀에 박히지 않은outside-the-box 사고와 함께 통제된inside-the-box 실험 과정이 필요하다. 특히 거대하고 장기적인 결정의 경우 시간이라는 완충 장치가 있어서 이점을 얻을 수 있다. 확보된 시간을 활용하는 방법에 있어서 능동적인 위험관리는 신중한 접근법과는 크게 다르다. 위험관리자는 시간이 바닥나서 결국 전부 아니면 제로의 양자택일을 해야 하는 상황이 올 때까지 조바심치며 마음을 졸이지 않는다. 이들은 신속하게 잠정적 가설을 세우고 로버트 우드가 시어스 입사 두 달 이내에 소매 점포 가설을 시험했듯 가설을 테스트한다. 아마도 당신의 가설은 똑떨어지게 정확한 것일 수도 있고, 표적을 벗어난 것일 수도 있다. 누가 알겠는가? 앉아서 걱정이나 한다고 찾고 있는 답이 나오지 않는다는 사실만 확실할 뿐이다.

과감하게 실험을 한다는 게 가진 달걀을 전부 검증되지도 않은 바구니에 넣어야 한다는 뜻은 아니다(루스 핸들러 같은 모험추구자라면 그렇게 했을지 모르겠다). 대신 실험 도중 달걀이 깨질 수도 있다는 걸 완벽하게 이해한 상황에서 가지고 있는 달걀 중 몇 개를 가지고 기꺼이 실험을 하는 것이다.

만약 두세 개의 달걀을 각기 다른 바구니에 넣고 바구니 안의 상황을 잘 통제하면 각 달걀이 얼마나 잘 부화하는지 면밀하게 관찰할 수 있고, 왜 어떤 달걀은 다른 것보다 더 잘 부화하는지도 깨닫게 될 것이다. 진짜 학습은 실험하고 실패하면서 이뤄진다.

정보화 시대라고 해서 트렌드의 최첨단에 서기 위해 엄청나게 큰 위험을 감수해야 하는 건 아니다. 특히 아무것도 하지 않는 게 가장 큰 위험이라고 판단될 때는 더욱 그렇다. 그런데 만약 실험이 몇 달 혹은 몇 년간 계속된다면 신중함과 확실성을 추구하는 당신은 오랫동안 힘겹게 불확실성을 헤쳐 나가고 있을 가능성이 농후하다. 정신적 육체적 건강도 타격을 받고 있을 것이다. 자연의 질서를 거스르는 일은 심각하게 스트레스를 받는 일이다. 그러나 두려워하지 말자. 자연은 이미 기적처럼 해법을 제공했다. 그 해결책은 바로 이 순간, 바로 당신 옆에 있을지도 모른다.

모험추구자가 위험관리형 마무리 투수의 도움을 활용하듯이, 위험관리자 역시 미지의 장소를 탐험할 때 모험추구 성향의 개척자에게 최전선을 맡기는 방식으로 도움을 받을 수 있다. 마지막 장에서는 대자연이 인간 종의 성공적인 생존과 확장을 위해 모험추구자와 위험관리자라는 핵심 재료를 마련했으며, 성공적인 조직이 두 재료를 활용해 어떻게 혁신을 이뤄내는지를 보여줄 것이다.

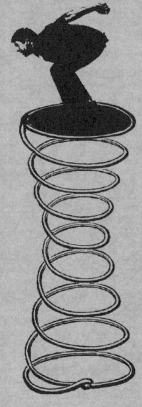

CHAPTER 9

충동을 활용할 줄
아는 자가 성공한다

21세기 개인과 조직 생존의 화두, 균형

The Impulse Factor

1859년 여름 스위스 기업가 앙리 뒤낭은 프랑스 황제 나폴레옹 3세를 만나기 위해 이탈리아 북부를 지나고 있었다. 34세의 나이에 뒤낭은 부동산 개발이라는, 유행을 타지 않는 게임에 뛰어들어 큰돈을 모으기로 결심했다. 북아프리카의 메마른 땅을 도시 외곽의 오아시스로 개발하는 것이 그의 계획이었다. 이를 위해서는 먼저 수리권을 획득해야 했는데 그 권리가 황제에게 있었다. 뒤낭은 가능한 한 빨리 문제를 해결한 뒤 개발에 착수하려는 열정에 들떠 황제를 직접 만나기로 했다. 그러나 불행하게도 황제는 이탈리아 동맹자들과 함께 국경에서 오스트리아 침입자를 격퇴하는 일에 온통 정신이 팔려 있었다. 야망에 불타는 뒤낭은 나폴레옹과 직접 담판하기로 결심하고 지휘본부를 찾아 알프스 산맥 남쪽의 작은 언덕을 넘어 동쪽으로 여행했다.[1]

뒤낭이 목적지에 도착한 때는 오스트리아 군대와 프랑스-이탈리아 연합군이 우연히 조우한 날 저녁이었다. 어느 쪽도 상대의 전투력을 시험할 의도는 없었다. 그러나 6월 하순 운명의 날 아침이 밝자, 20만 명이 훨씬 넘는 병사들은 아침 햇살 아래 갑작스럽게 서로 대치하게 됐다. 뒤낭이 그 후 몇날 며칠에 걸쳐 목격한 광경은 그 자신의 미래만 극적으로 변화시킨 것이 아니라 인류가 대규모 살상과 부상을 다루는 방식에 심대한 영향을 끼쳤다. 뒤낭의 눈앞에서 무수한 주검이 풀로 뒤덮인 평원 위에 긴 그림자를 드리웠다. 아홉 시간의 전투 끝에 2만 명이 넘는 부상자가 피로 물든 초원 곳곳에 널브러졌다. 제2차 이탈리아 독립전쟁the Austro-Sardinian War의 피비린내 나는 전투 후 남은 것은 총검과 머스킷 총에 갈가리 찢긴 채 누더기가 된 병사들의 시체더미뿐이었다.

뒤낭은 전투가 끝나고 한참 후에도 수많은 부상자가 시골마을에 쓰레기처럼 버려져 있는 것을 보고 경악했다. 병사들은 쓰러진 자리에 그대로 누워 죽음을 기다리고 있었다. 의료진이 부족해 제대로 치료하고 후송할 여력이 없었다. 부상한 병사들은 대부분 과거 세대의 전사들이 그랬듯이 마지막 호흡이 멈출 때까지 몇 시간이고 며칠이고 가만히 누워 고통스러운 비명소리를 듣게 될 터였다. 뒤낭은 그때 본 모습을 결코 잊지 못했다. 그는 즉시 과감하게 행동했다. 그는 카스틸리오네 인근 교회에 신속하게 여인들을 모아 부상자들에게 음식과 물을 제공했다.

제네바로 돌아오자마자 뒤낭은 자신이 목격한 사건에 대해 보고서를 쓰는 데 모든 에너지를 집중했다. 《솔페리노의 회상Un Souvenir de Solferino》[2]에서 뒤낭은 그날의 공포와 전투 후 병사들이 보여준 모습을 묘사했다. 그는 전쟁의 끔찍한 여파가 인간의 악한 본성 때문이 아니라 양측 군대의 준비 부족 때문이라고 결론 내렸다. 그는 소름돋을 정

제1회 노벨평화상 수상자인 앙리 뒤낭

도로 생생한 묘사 끝에 이런 질문을 던졌다. "끊임없이 진보와 문명을 논하는 시대에 전쟁의 참상을 막거나 적어도 경감시키려는 시도는 인간적이고 고상한 영혼에게 시급한 일이 아니겠는가? 불행하게도 우리가 항상 전쟁을 피할 수는 없기 때문이다."

유럽의 국가원수들은 뒤낭의 질문에 긍정적으로 호응했다.《솔페리노의 회상》이 출간된 지 1년 뒤 뒤낭은 국제 콘퍼런스를 조직했다. 이 콘퍼런스를 통해 지금은 '제네바 협약'으로 더 널리 알려진 '전지 군대에서 부상자의 상태 개선에 관한 제네바 협약'이 체결됐다. 직후 국제적십자가, 얼마 뒤에는 유엔이 같은 콘퍼런스에서 파생됐다. 국제적십자와 유엔 모두 효율성 측면에서 결점 없는 역사를 보유하고 있지는 않다. 그러나 두 단체만큼 인류애에 긍정적인 영향을 끼친 기관을 꼽기는 힘들다.

부상자를 돌보겠다는 비전을 갖고 있었음에도 불구하고 앙리 뒤낭은 훌륭한 조직가가 아니었다. 뒤낭과 함께 활동한 사람들도 이런 단점을 쉽사리 발견했다. 훗날 국제적십자위원회가 된 위원회의 초기 멤버 5명 중에서 뒤낭의 음(陰)에 명확한 양(陽)을 보완해준 사람은 뒤낭 또래(적어도 나이로는)였던 구스타브 므와니에였다. 영국 작가이자《뒤낭의 꿈Dunant's Dream》의 저자인 캐롤라인 무어헤드는 므와니에를 '성급하고 경솔한' 뒤낭과 극명하게 대조되는 '신중하고 상황 판단이 빠른 탁월한 조직가'라고 묘사했다. 두 사람의 기질은 즉각 충돌했다. 므와니에는 1863년 10월 하순 제네바에서 콘퍼런스를 열자고 위원회에 제안했다. 콘퍼런스에서 유럽 군주들은 제네바에 대표를 파견해 의사와 간호사로 구성된 전시 국제 자원봉사단을 꾸리는 아이디어를 논의하게 된다. 뒤낭은 이 이벤트에 대한 지지를 호소하기 위해 갑작스런 유럽 투어를 계획했고, 여행을 떠나기 직전에 느닷없이 자원봉사단이 중립을 지켜야 한다고 밝혔다. 무어헤드의 설명을 빌리자면, 바로 다음날 특유의 충동에 끌린 뒤낭은 위원회의 원안에 중립성에 대한 부록을 덧붙였다. 그리고 10월 제네바 모임에 초청받은 이들에게 그걸 보냈다. 뒤낭은 먼저 저지르고 나중에 사과하는 식의 전형적 태도를 유지한 채 수정안에 대해 위원회의 다른 멤버들에게 미리 의견을 구하지 않았다. 나중에 자신의 충동적인 행동에 약간의 죄책감을 느낀 뒤낭은 므와니에와 위원회 의장 앙리 뒤푸르에게 중립성에 대한 의견을 물었다. 므와니에는 뒤낭에게 직설적으로 쏘아붙였다. 뒤낭이 군국주의적인 유럽 지도자들에게 불가능한 것을 주문하고 있다는 것이었다. 뒤낭에 비해 나이가 많고 훨씬 침착했던 뒤푸르는 아예 대응하지 않았다. 신중한 뒤낭의 동료들은 중립성 조항이 위원회의 노력 전체를 위협하고 있다고 느낀 듯했다. 그러나 그들의 생각은 틀렸다. 유럽 군주들은 중립성이라는 뒤낭의 무모한 아이디어를 기꺼이 포용했다.

1901년 앙리 뒤낭은 첫 번째 노벨평화상 수상자로 선정됐다. 그러나 그 무렵 뒤낭은 재정적으로 파산했고, 38년 전에 시작한 국제적십자위원회의 활동과 아무 관련도 맺고 있지 않았다. 뒤낭은 북아프리카에서 부동산 부자가 되겠다는 원대한 계획을 실현하는 데는 실패했다. 이국적인 땅과 알제(알제리의 수도)의 무한해보이는 잠재력에 매혹된 뒤낭은 강변의 비옥한 토지에 전부 임자가 있다는 사실을 눈치채지 못했다. 게다가 그는 부동산을 획득하는 데 얼마나 오래 걸릴지 알지 못했다. 뒤낭이 시장에 진입할 무렵에는 살 만한 가치가 있는 땅을 구매하는 데 매우 긴 시간이 걸렸다. 결국 뒤낭이 갖고 있던 자본은 부동산 조달에 걸리는 시간을 버티지 못했다. 참석한 외국 대표들이 모두 국제적십자위원회의 과감한 제안에 지지 서명을 한 직후 뒤낭은 개인적인 사업으로 관심을 돌렸다.

파산을 면하기 위해 그는 파리 주식시장에서 활동하기 시작했고, 쇠약해져 가던 제네바 크레딧 뱅크의 이사가 됐다. 그가 취임한 지 몇 달 만에 은행은 파산했다. 법원은 이사들에게 채권자들과 개인적으로 합의하도록 명령했다. 뒤낭이 채무를 불이행한 유일한 이사는 아니었다. 하지만 캐롤라인 무어헤드에 따르면 뒤낭은 자신의 사건을 관리하는 데는 최악이었다. 뒤낭은 중요한 재판에 불참했고, 나중에 참석했을 때는 자신을 제대로 방어하지 못했다. 결과적으로 그는 은행 파산에 대한 대중의 공격을 견뎌내야 했다. 법원은 뒤낭이 동료 투자자들을 알면서도 사취했다고 판결 내렸다. 그는 제네바를 영원히 떠났다. 나머지 43년간 뒤낭은 이름 없는 삶을 살다 생을 마쳤다.

충동적이었던 뒤낭은 박애주의 혁명을 일으켰다. 그러나 주도면밀한 다른 위원회 멤버들이 혁명의 대의를 계속 이어 나가지 않았다면 적십자 운동은 꽃을 피우지 못했을 것이다.

균형, 생존 그 이상의 전략

사랑학 전문가 헬렌 피셔는 자신의 광범위한 학문적 연구를 실용적인 분야에 활용하고 있다. 몇 년 전 인기 온라인 데이트 사이트 매치닷컴 Match.com은 피셔에게 지속적인 사랑을 구성하는 요소가 무엇인지 자문을 구했다. 사랑은 '화학적 도취'라는 피셔의 과학적 결론은 케미스트리닷컴Chemistry.com이라는 계열사 창립으로 이어졌다.[3]

피셔에 따르면 중매라는 전통적인 접근법은 비슷한 관심사와 성격을 찾는 데 초점을 맞춘다. 피셔가 그런 접근법의 가치를 부정하는 것은 아니다. 하지만 피셔는 공통점을 찾는 방식이 공존이라는 결정적 요인을 간과한다고 생각했다. 피셔는 성공적인 데이트가 다음과 같은 전제에서 시작한다고 믿었다. "사람은 도파민, 세로토닌, 에스트로겐, 테스토스테론 같은 화학성분 구성이 자신과 다른, 그래서 나를 보완해 줄 수 있는 사람과 사랑에 빠진다." 첫 데이트에서 사교적 대화를 그럭

저력 이어 나가려면 약간의 공통점이 필요하다. 그러나 균형이야말로 진정 오래 지속되는 화학작용을 만들어낸다. 만약 반대되는 사람들이 첫눈에 마음을 끌지 못했다면, 두 사람은 장기적 이익을 위해서 다시 한 번 생각해야 한다.

그렇다면 반대되는 성향이 그처럼 잘 어울리는 이유는 무엇인가?

잠시 인간 세계 밖으로 나가 곤충의 행동에서 열쇠를 찾아보자. 토론토 대학의 생태학자 피터 에이브럼스Peter Abrams[4]는 여섯 살 때부터 곤충에 미쳐 있었다. 그는 수학을 통해 생물학을 이해하려고 애쓰고 있는데, 연구에 도움을 얻기 위해 자주 첫사랑을 들여다본다. 1990년대 초반 에이브럼스는 강력한 독침을 가진 해충인 붉은 개미가 호적수를 만났을지 모른다는 사실을 발견했다. 벼룩파리과에 속하는 스커틀플라이는 침을 쏘는 개미 시체를 둥지로 사용했다. 이런 이유로 스커틀플라이는 '개미 참수 파리'라는 끔찍한 별명을 갖고 있다. 스커틀플라이는 미국 남서부 지역의 주민들에게는 영웅이다. 1930년대 독침 개미가 브라질 화물에 실려 미국 땅에 잠입해 들어온 이래, 이곳에서는 개미가 골칫거리였다. 그때 이후로 독침 개미는 거의 막을 수 없었다. 그러나 스커틀플라이 한 마리만 있으면 개미 군단 전체를 절멸시킬 수도 있다.

집요한 인간 탐험가들이 그렇듯, 독충 개미 역시 싸워보지도 않고 포기하는 일은 없었다. 에이브럼스는 먹고 먹히는 관계에서 균형을 잡으려는 개미를 위해 자연이 찾아낸 장기 해법이 '중도 전략'이라는 사실을 발견했다. 성공적으로 안착한 개미 왕국은 중도 전략을 차용해 지나치게 모험적이지도, 너무 신중하지도 않은 중도 지대를 찾을 수 있었다. 베네수엘라 흰목꼬리감기원숭이가 먹어야 하는 욕구와 먹히지 않아야 하는 긴박한 욕구 사이에서 균형을 찾으려고 분투하는 것과 같은 방식이다. 개미 왕국이 포식자에게 매우 효과적으로 대응하는 상황에서는 개미 수가 늘어나기도 한다는 것을 에이브럼스는 발견했다. 그러나 너무 겁이 많아서 세대를 거듭할수록 포식자를 피하는 데만 점점 더 집중하고 음식을 찾는 데 소홀해진 곤충은 멸종의 길을 걸을 수도 있다.[5] 이에 대해 자연계는 성공적인 종에게는 일련의 중도적인 특성을 제공한다. 그 덕분에 종은 너무 쉽게 다른 생명체의 저녁거리가 되는 일 없이 식량을 찾아 경쟁할 수 있다.

유타대학 생물학자이자 수학자인 프레드 애들러[Fred Adler][6]는 이런 전략이 포식자와 동종(同種) 경쟁자 양쪽 모두에 의존해 발전한다고 믿는다. 예를 들어 독침 개미는 스커틀플라이만이 아니라 자원을 빼앗는 침입자 개미에 대해서도 걱정해야 한다. 비즈니스 세계와 비교하자면, 음반 제작자는 경쟁사와 경쟁해야 할 뿐만 아니라 자신과 경쟁자를 집어삼키려고 위협하는 무료 음악 다운로드 사이트의 침입에도 맞서야 하는 것이다. 보통 토박이와 침입자 곤충은 포식자를 적절하게 피하면서 공존할 수 있는 전략을 공유하게 된다. 그들은 애들러가 '공포의 균형'이라고 부르는 것을 찾아낸다. 수학 공식을 통해 애들러는 공유된 중도 전략 덕에 종들은 '잡아먹힐지 모른다는 공포에 대처하면서 균형을 유지하게' 된다고 결론 내렸다. 포식성 무료 다운로드 사이트의 위협이 덜할수록 라이벌 프로듀서 간의 경쟁은 치열해지고, 위협이 커지면 경쟁은 줄어든다.

2007년 네덜란드 그로닝겐 대학의 이론 생물학자 막스 볼프Max Wolf[7]
는 동물계에서 벌어지는 모험과 신중 사이의 끊임없는 투쟁에 대해 새
로운 시각을 제공하는 흥미로운 발견을 했다. 이 연구에서 볼프 연구
팀은 인간만 개성을 갖고 있는 게 아닐지도 모른다는 사실을 발견했
다. 개미, 유인원, 물고기, 새 등 60여 종의 생명체는 뚜렷하고 안정된
개성을 드러냈다. 이런 특징은 미래 생존을 향한 기대와 관련해서 표
출된다. 예를 들어 식량을 찾는 데 좀더 신중하고 조심스러운 개체는
포식자와의 대결에서 덜 용감하고, 같은 종 내 경쟁자를 만났을 때도
덜 공격적인 경향이 있다. 덜 공격적인 개체는 빈틈없는 접근법 덕에
좀더 질이 좋은 식량의 원천을 획득했다. 안전이 보장되면 모험을 하
려는 의지가 더욱 약해진다. 그러므로 포식자가 다가오면 철두철미한
위험관리자들은 위협을 피한다. 그들에게는 잃을 게 많다. 다른 말로
하자면, 그들의 기질은 다소 내성적이라고 말할 수 있다.

반면 다른 개체들은 식량 수집에서 덜 치밀하게 대응하고 포식자에
게 용감하게 맞선다. 이런 그룹은 더욱 공격적인 자손을 생산하게 된
다. 분명 이런 야심가들은 결국 죽게(혹은 루스 핸들러처럼 '심각하게 빈털터
리가 되거나') 될 수도 있다. 그러나 소심한 이웃들(경쟁자들)이 다가가지
도 못하는 금지된 과일을 얻을 수도 있다. 그보다 더 중요한 사실은,
이들이 자원을 모으는 데 철두철미하지 못했기 때문에 죽어도 잃을 게
많지 않다. 무모함 덕에 죽고 사는 이런 종류의 개체들은 동물계의 빙
판길 트럭운전사, 선물 트레이더, 골목길 마약상, 국방장관(드물기는 하

지만) 정도 되는 셈이다. 부디 자손들이 소심하고 신중해지도록 설득할 수 있기를.

막스 볼프 연구팀은 같은 종의 개체들이 먹이를 놓고 서로 싸우도록 만들었을 때도 같은 결과에 이르렀다. 실험에서는 전쟁 중인 인간에게 부여되는 명칭을 본떠 공격적인 성격의 개체는 '매파', 덜 공격적인 성향은 '비둘기파'라고 불렀다. 공격적인 책략 덕에 매파는 비둘기파와의 싸움에서 보통 더 큰 보상을 따냈다. 그러나 비둘기파는 적은 음식만 얻고 물러났을 때도 항상 생존하는 데 성공했다. 반대로 매파는 공격적 행동을 언제 멈춰야 하는지 알지 못했다. 매파가 또 다른 매파와 충돌하면 싸움은 한편 혹은 양편이 모두 죽을 때까지 계속됐다.

무리에 속하는 각 개체가 적응을 통해 중도적 특징을 진화시킴으로써 한 무리가 공포의 균형을 이루는 방법도 있다. 이런 모델에서 각 개체는 중도에서 만나기 위해 애쓴다. 신중한 개체는 용감해지고 용감한 개체는 더 신중해진다. 그러나 볼프와 동료들은 한 그룹이 조화를 이루는 대안을 제시했다. 미래에 대한 두 가지 기대를 토대로 대립하는 경향이 같은 그룹 내에 존재할 수 있고 또 실제 존재한다는 사실을 밝혀냈다. 따라서 이 두 가지 경향을 합하면 전체 그룹에는 집단적 균형이 창조된다. 그룹의 개별 멤버들은 사실 더 유사한 특징을 갖도록 진화하는 게 아니다. 오히려 그룹 차원에서 균형을 잡는 방식으로 진화한다. 그 결과 그룹은 평균적으로 중도적인 '용감함'을 보유하게 되지만 어떤 개체도 실제 이 전략을 쓰지는 않는다. 비록 중도 전략을 쓰는 개체가 그룹 내에 없더라도 1만 피트 상공에서 바라보면 무리는 중도 전략을 성공적으로 개발한 듯이 보인다.

볼프 팀의 연구는 인간 의사결정자에 대한 묘사로도 적절하다. 앞에서 살펴보았듯이, 개인은 결정하는 방식에서 의미 있는 차이를 보인다. 인간이 한 가지 의사결정 방식에 합의하게 될 가능성은 낮다. 그리고 모든 사람이 한 가지 보편적인 성향을 갖는다면, 실제 인간이라는 종 전체에 해가 될지도 모른다.

오랜 시간에 걸쳐 매파와 비둘기파 모두 생존했지만 생존의 이유는 각기 달랐다. 매파는 덜 치밀한 방식으로 자원을 수집하기 때문에 용감하고 공격적일 필요가 있었다. 정글에서 필요한 자원을 찾을 기회가 생겼을 때 매파가 가지 않을 이유가 없다. 반대로 비둘기파는 적당한 이유 없이 무작정 무모하고 공격적이면 주도면밀한 식량 수집의 장점을 훼손할 위험이 있다. 양쪽 스타일 모두 각자의 자원 수집 방식을 가장 잘 보완하는 방향으로 진화했다.

나와 정반대의 사람과 사랑에 빠지는 주요한 이유는 미래 세대에게 적응력이 높은 중도적 특징을 물려주기 위해서일 수도 있다. 또한 정반대 화학성분을 추구하는 것은 미래가 아니라 현재 자신의 삶 속에서 모험추구 성향과 위험관리 성향 간 균형을 잡기 위해서도 중요하다. 짝짓기 영역 밖에서도 그렇다. 만약 당신의 동반자나 가장 친한 친구, 혹은 비즈니스 파트너의 기질이 당신의 성향을 보완한다면 중도 전략의 득을 보기 위해 다음 세대를 기다릴 필요가 없다. 어떤 조합도 구성원들에게 균형을 제공할 수 있다.

자연은 인구 구성에서 모험추구자와 계산적인 사람을 적절히 섞어

놓음으로써 제 몫을 한 듯이 보인다. 나머지는 우리에게 달려 있다.

충동과 신중의 마법 같은 조화

1장에 등장했던 탐색추구 유전자를 기억하는가? 탐색추구 유전자는 더 오래되고 더 침착한, 4회 반복하는 D4 유전자에 매달려서 인류의 문간에 겨우 도착했다. 7회 반복하는 D4 유전자는 지난 5만 년 동안 씨를 뿌리며 빠르게 전진했다. 그러나 UC어바인의 유전학자와 심리학자들은 탐색추구 유전자(7회 반복 D4 유전자)가 최종적으로는 전입자(4회 반복 D4 유전자)를 따라잡는 유전적 쿠데타의 와중에 있다는 설에 의문을 표한다. 대신 탐색추구 유전자가 몇 세대에 걸쳐 '균형 선택balanced selection'[8]이라고 알려진, 전진과 퇴보를 반복하면서 영토를 넓혀왔다고 믿는다.

균형 선택이란 특정 성향이 특정 상황에서 유익할지라도 너무 많은 사람들이 같은 성향을 보유하고 있으면 해가 될 수 있다는 것을 뜻한다. 예를 들어 매파가 너무 많으면 비둘기파는 조심스럽지만 행복하게 삶을 이어가고, 그 사이 매파는 서로 물어뜯으며 싸우다 멸종하게 된다. 도파민 관련 유전자의 경우, 좀더 신중하고 대중적인 유전자(4회 반복)는 언니에 해당하고, 탐색추구 유전자(7회 반복)는 안달복달하는 코흘리개 여동생과 같다. 보통 큰언니는 책임감이 강해 기본을 확실하게 지킨다. 가끔은 엄마와 아빠, 큰언니도 여동생의 창의적이고 영감 넘치는 아이디어와 에너지 덕에 삶이 흥미진진해진다는 사실이 고마울 때가 있다. 그러나 집안의 모든 아이들이 여동생처럼 충동적이라면 사회 전체가 제 꼬리를 잡으려고 뛰는 꼴이 될 것이다. 활기 넘치는 막내 여동생의 용감한 행동에 모두가 뛰어들면 심각한 혼돈이 야기된다.

UC어바인의 연구자들은 "특정 성격에 대해 진화가 어떤 보상을 할 것인가는 성격 타입의 현재 분포에 달려 있다."고 말한다. 본질적으로 모든 사람이 충동적이었다면 인간은 아프리카에서 걸어 나와 목적지도 없이 영원히 떠돌아다녔을 것이다. 가끔은 좋은 일이 생겼을지도 모른다. 하지만 그 좋은 것을 활용할 만큼 충분히 오래 한 곳에 머물지 않았을 것이다. 비록 농업의 씨앗을 처음 뿌린 사람이 모험추구자였을지라도 주도면밀한 위험관리자가 없었다면 농업은 지금까지 존재하지 못했을 것이다. 푸른 잎이 수확으로 돌아오기까지 너무 오랜 시간이 걸리기 때문이다. 만약 우리 모두가 모험추구자였다면 핀처 크리크의 눈사태로 목숨을 잃은 사람이 두 명이 아니라 여덟 명이었을 것이고, 이종격투기는 전 국민의 취미생활이 됐을 것이며, 국제적십자위원회는 이상주의자의 스쳐 지나가는 아이디어로 남았을 것이다.

세스 고딘 같이 정보화 시대에 신속하게 행동해야 살아남는다고 주창하는 사람조차 정보 균형이 중요하다는 데 동의한다. 고딘은 이렇게 말했다. "최고재무책임자^{CFO}가 자극을 추구하는 사람일 필요는 없습니다. 국세청^{IRS}이 회계감사를 하지 않도록 하는 게 그의 업무입니다." 하버드 비즈니스 스쿨 교수인 데이비드 가빈$^{David\ Garvin}$과 전략 컨설턴트 린 레베스크^{Lynne Levesque[9]}도 시장의 변화 속도에 보조를 맞추기 위해 애쓰고 있는 거대 기업에 유사한 메시지를 설파한다. 대기업은 반응이 느리다는 평을 받는다. 느린 반응은 빠르게 변화하는 정보화 시대에 심각한 장애가 되고 있다. 막스 볼프의 실험에서 치밀하게 식량을 모으는 비둘기파처럼 거대 기업은 수년에 걸쳐 거대한 자원을 확보했고, 이 때문에 덜 용감하고 덜 공격적이 됐다. 간단히 말해 대기업은 막 성공한 작은 기업에 비해 잃을 게 많다. 거대 기업은 비둘기파의 신중하고 방어적인 역할을 맡는다. 결과는 많은 신생 기업이 거대 기업의 배타적 시장에 성공적으로 침입하는 것으로 드러났다. 영리한 기업들은 이런 트렌드를 포착하고 이를 거스르려고 시도해왔다.

가빈과 레베스크는 기업 내에서 이뤄지는 혁신적인 신규 사업은 대부분 실패한다고 말한다. 균형적인 접근을 취하지 않기 때문이다. 기업은 둘 중 하나를 택한다. 모든 경영자에게 혁신의 책임을 지우거나, 아예 혁신을 변방 부서로 한정시켜 핵심 부문에서는 별다른 노력을 할 필요가 없게 만든다(페퍼와 서튼의 전부 혹은 제로 양자택일의 또 다른 변형이다). 가빈과 레베스크는 '사내 창업^{corporate entrepreneurship}' 전략이 성공하기 위해서는 균형이 요구된다고 지적한다. 용감하게 시도하고 실수하는 실험과 철두철미한 계산 사이의 균형이자 동시에 과거 경험과 미래에 대한 혁신적 전망을 조합하는 균형이기도 하다. 둘 중 하나가 결여됐을 때 성공하기는 어렵다.

안타와 홈런을 구별해 배트를 휘둘러라

1999년 가을 IBM 중역들은 긴급 주의를 촉구하는 메시지를 받았다. 최고경영자인 루이스 V. 거스너 주니어는 IBM이 수익성 높은 생명공학 분야에서 기회를 놓쳤다는 낌새를 알아차렸다. 이에 거스너는 불쾌해졌고 그 즉시 이를 임원들에게 알렸다. 거스너는 IBM이 왜 신흥 산업 분야에서 자주 후발주자로 전락하는지 알고 싶었다. 첨단기술 산업에서 성장하려면 새 기술의 초기 후원자가 되는 게 중요했다. 그러나 IBM 같은 거물급 플레이어의 경우 기존 시장에서 오래 버틸 수 있는 확실한 근거지를 확보하는 것과 기회에 느리게 반응하는 것은 깊이 연관된 것처럼 보였다.

하지만 시대가 변화하면서 혁신은 더 이상 실리콘밸리의 작은 벤처기업들에만 요구되는 필수품이 아니다. 믿을 수 없을 만큼 빠른 지구화의 습격과 전례 없는 정보 전송 속도 속에서 혁신은 더 이상 첨단 기업이 앞서 나가기 위한 전략도 아니다. 사실 혁신은 경쟁사와 보조를 맞추려고만 할 때도 반드시 필요한 비즈니스 필수품이 됐다. 포춘은 GE 최고경영자 제프리 이멜트가 한 말을 인용하고 있다. "혁신은 현대 비즈니스의 핵심적인 필수품입니다." 전통적인 유력 기업들은 컴퓨터 자판 몇 번만 두드리면 전 세계의 제품과 정보에 접근할 권한을 갖게 된 소비자의 도전에 직면해 있다.

가빈과 레베스크의 사례 연구에 따르면, 루이스 거스너의 메시지는

IBM 임원단의 리더십에 대한 일종의 충격요법으로 필요한 것이었다. 결과는 IBM의 신사업부문Emerging Business Opportunity 관리 시스템으로 나타 났다. 지금도 IBM에 존재하는 태스크포스는 IBM 혁신을 막는 가장 큰 장애물이 재정적 성장에 보상이 이뤄지도록 조율된 기업문화라고 결론 내렸다. 이런 문화는 상장회사의 목표로는 나쁘지 않았다. 그러나 이런 환경에서는 아무도 홈런을 노리고 방망이를 휘두르지 않는다. IBM 조직의 경영자로서는 스트라이크 아웃을 당하면 잃을 게 너무 많았다. 그래서 감히 아무도 루스 핸들러의 '미키 마우스' 도박 같은 새로운 일에 자신의 경력을 걸지 않았다. 비즈니스 세계에서 대기업은 전형적인 '주도면밀한 채집가형' 이다. 대기업은 시장 점유율과 수익원이란 상당한 자원을 갖고 있다 보니 자원을 잃을 수도 있는 도박을 하고 싶어하지 않는다. 홈런을 치기 위해 배트를 휘두르는 대신 안전한 안타를 칠 수 있는 외야의 좁은 틈새를 노리며 망설인다. 실패와 모험을 격려한다고 시끄럽게 떠들어댔음에도 불구하고, IBM이 시도와 실패에 대한 찬사와는 극명하게 대조되는 문화 위에서 작동되고 있다는 걸 태스크포스는 확인한 것이다. 가스너는 모든 걸 바꾸기로 결심했다.

가빈과 레베스크는 기업이 혁신적 활동을 활성화하기 위해서는 '성숙한 반항아' 라고 불리는 특정 플레이어를 합류시키는 것이 결정적이라고 결론 내렸다. 성숙한 반항아는 필요할 때는 시스템에 저항하길 즐기면서도 기업에서 견고하게 경력을 쌓아온, 특별한 부류의 괴짜 경영자다. '반항아' 는 자신의 한계도 알고 있다. 그들은 그저 족쇄 풀린

카우보이가 아니다. 거대한 조직의 관행에 도전해서 성공한 확실한 경력을 갖고 있는 베테랑 지도자들이다. 이들은 목표를 향한 경로에서 이탈하지 않는 능력을 입증했다. '반항아' 는 불확실한 시장에서 뛰는 것을 편안하게 받아들이는 사람들이다. 위험관리자가 불확실한 시장에서 늘 주요 요인과 방해자들을 명확하게 구분해 판단할 수 있는 것은 아니다. 반항아들은 미지의 세계가 가져올 위험에 불안해하지 않고, 새로운 기회가 주는 자극에 짜릿함을 느낀다. 빌 게이츠처럼 자연스럽게 알게 된 것은 아닐지라도 이들은 시간과 경험을 통해 이원적 사고의 장점을 익혔다. 이들은 이미 온갖 종류의 실수를 경험했기 때문에 충동이 실수를 저지를 수 있다는 걸 알고 있다. 그러나 실패했다고 해서 충동에 본능적으로 움직이는 이들의 본성이 바뀌지는 않는다.

함께 승승장구!

위험관리 유형인 마리 O.는 1990년대 중반 설립된 중간 규모의 온라인 B2B(기업 대 기업간) 물품 공급 회사를 운영하고 있다. 공동창립자이자 사업 파트너인 레온 P.는 스스로도 인정한 모험추구형 인간이다. 마리를 인터뷰하면서 두 사람의 상충되는 성향이 비즈니스에 어떻게 작동했는지 알 수 있었다. 마리와 레온이 회사의 전략과 관련해 벌인 논쟁은 대부분 어떤 신상품(만약 있다면)을 추구할 것인가를 둘러싸고 벌어졌다. 이는 신사업부문이 거대 기업 내부에서 뜨거운 이슈가 되는 것과 흡사하다. 본질상 신제품은 가능성만큼 위험부담도 크다. 따라서 신제품을 둘러싼 결정이 가장 극단적으로 갈린다는 사실은 놀라운 일이 아니다. 마리는 초창기에 이런 의사결정 문제로 인해 동업관계가 위기에 빠지기도 했다고 고백했다. 신규 사업이 흔히 그렇듯 마리는 처음 2년간 번 돈보다 잃은 돈이 더 많았다. 빚이 커지자 레온은 신상품 개발과 마케팅에 투자를 늘렸다. 벤처자금을 쓰지 않기로 결정했기 때문에 두 사람 모두 회사의 대차대조표에 지극히 개인적인 이해관계를 갖고 있었다.

마리가 살짝 눈치를 주고 암시를 해도 레온은 지출을 줄이지 않았다. 레온이 1년 만에 벌인 세 번째 프로젝트에서 동의했던 예산의 세 배가 넘는 돈을 지출한 뒤 문제가 곪아터지기 직전까지 갔다. 고객과의 미팅 후 집으로 가는 장거리 비행 도중, 마리는 레온의 부주의한 지출에 충격을 받았으며 동업자 관계가 지속되려면 무엇인가가 바뀌어야 한다고 말했다. 이 사건은 두 사람에게 전환점이 됐다. 마리는 이렇게 말했다. "만약 레온이 '미안한데, 함께 처리하고 넘어가면 안 될까?'라고 말했다면 우리 동업자 관계는 끝났을 겁니다." 마리는 용인될 수도 없고 쉽게 덮을 수도 없는 당시 상황을 레온도 인식해주기를 바랐다. 레온은 먼저 쏘았고, 이제 마리는 레온이 자신의 방향을 수정할 만큼 충분히 미안해하길 바랐다. 레온은 자신의 충동적인 성향을 깨닫고 있었으며 그런 기질이 다른 데서도 모습을 드러내곤 했다고 고백했다. "레온은 자신도 이미 인지하고 있다는 걸 내가 알아주길 원했

어요. 그리고 자신이 그런 성향을 조절할 수 있다는 것도 증명하려고 했습니다." 레온은 또한 손실을 메우는 데 도움이 되는 단기 비용절감 계획을 세웠다. 레온이 이렇게 반응을 보이자 마리는 레온이 그저 말로만 사과하는 게 아니라고 받아들이게 됐다. 레온은 먼저 쏘고 나중에 사과하는 모험추구형의 원칙에 따라 행동했다. 레온의 사과는 평화를 위해 내놓은 빈말이 아니었다. 마리가 말했듯이 "레온은 실수를 인정했고, 진짜 문제를 해결하려고 노력했다."

마리는 지나고 나서 보니 당시 자신이 불편해하기는 했지만 레온이 집행한 지출의 상당 부분은 장기 투자로 훌륭한 것이었다고 인정했다. 레온이 쓴 마케팅 비용은 즉각적인 효과를 내지는 못했지만 결국에는 시장에서 인정받는 귀중한 기회를 만들었다(나중에 언급하겠지만 새로운 모험적 시도가 잠재력을 실현하기 위해서는 긴 시간과 넓은 정박지가 필요하다는 걸 많은 기업이 이제 와서 깨닫고 있다). 만약 레온이 실행하기 전에 동의를 구했다면 마리의 위험관리 성향은 지출을 막았을 가능성이 상당히 높다. 수익이 쏟아져 들어오기 전에 마리가 '적절한 지출 규모'라고 느끼는 액수는 제로에 가까웠을 것이다. 마리의 우려는 현실에 기반을 둔 것이다. 그러나 여기서 함정은, 쓰지 않으면 아무도 두 사람의 사업에 대해 알지 못했을 것이고 따라서 언제 수익이 들어올지 기약이 없었을 것이라는 점이다. 적절한 지출 규모는 아마도 마리가 편안하게 느낀 액수 이상, 레온이 원한 액수 이하의 어느 지점이었을 것이다. 두 사람은 혼자서는 찾기 어려웠을 중도 전략에 함께 도착했다.

그 순간이 두 사람의 회사에는 분수령이었다. 비록 레온이 모험추구형 스타일을 결코 바꾸지는 못하겠지만, 레온의 자기인식은 레온이 방향을 맞게 설정하는 능력과 의사를 갖고 있다는 걸 마리에게 증명했다. 전형적인 모험추구자인 레온의 입장에서 보자면, 그는 마리를 충동형으로 개종시킬 수 없다는 사실을 깨달았다. 동시에 두 사람 모두 동업자 관계가 여전히 가능성을 내포하고 있다는 사실을 확인했다. 두 사람은 자산을 보호하는 일과 새로운 기회를 공략하는 일 사이의 끊임없는 밀고 당기기를 통해 비즈니스가 전진할 것이라는 사실을 받아들였다. 이런 전략은 타협이라기보다는 균형이었다. 핵심은 두 가지 경향을 희석하는 것이 아니라 둘 사이에서 균형을 잡는 것이다. 예를 들어 충동적인 결정이 붉은색이고 신중한 결정이 파란색이라면 타협은 모든 결정이 보라색이 돼야 한다고 주장한다. 그러나 균형은 어떤 결정은 파란색이 되고 동일한 분량의 결정은 붉은색이 되는 것이다. 만약 일 년 분량의 붉은색과 파란색 결정을 모아 모자이크를 만든 뒤, 거리를 두고 이 걸작을 감상한다면 보라색으로 한 해를 보낸 것처럼 보일 것이다. 사실 당신은 전체적으로는 중도적 전략을 구축하는, 한 더미의 붉은색과 파란색 선택을 했다. 반대로 모든 결정을 보라색으로 하려고 노력한다면, 최선의 경우에도 결국 균형은 깨지게 된다. 한 스타일이 불가피하게 타협에 덜 적극적이 되고 조금씩 영향력을 키울 것이기 때문이다. 최악의 경우 양쪽 모두 옴짝달싹도 못하는 기능 상실의 교착상태에 이를 것이다. 본질적으로 목표는 파란색이 최선의 파란색이 되고 붉은색 역시 최고의 붉은색이 되는 것이다.

마리와 레온의 경우, 완벽한 조화와는 거리가 아주 먼 상황이었다.

그러나 레온이 스스로에게 의문을 던질 능력을 갖추고 있는 한 마리는 약간의 불편을 감수할 수 있었다. 가빈과 레베스크가 말한 '성숙한 반항아'와 규칙을 지키길 거부하며 반항하는 이탈자 간의 결정적인 차이는 바로 자신에게 의문을 제기하는 능력이다. 몇 년이 지난 지금도 마리는 가끔씩 좌절감을 느낄 때가 있다고 말한다. 이 회사의 리더십은 자원을 어떻게 투자할 것인가를 놓고 여전히 충돌을 빚는다. 그러나 리더십은 훨씬 편안한 균형의 단계로 진입했다.

마리는 레온의 신제품 아이디어에 훨씬 더 개방적이 됐다. 결국 새로운 수익원을 창출하는 데는 실패했지만 고객들이 신제품에 긍정적으로 반응하는 모습을 마리는 목격했다. "사람들은 새로운 제품을 보고 싶어하죠." 마리가 말했다. 좀더 중요한 것은 마리가 실패의 가능성에 마음을 열게 됐다는 점일 것이다. 마리는 여전히 성공 가능성이 확인된 모험을 좇는 데 훨씬 더 편안함을 느끼지만, 이제는 미지의 영역으로 뛰어드는 일의 가치를 인정한다. 마리는 레온이 "한 번의 성공을 위해 다섯 번의 실패를 추구한다"는 것을 안다. 실패했다고 고객들이 회사를 반드시 나쁘게 평가하지 않는다는 걸 깨달았을 때가 마리에게는 통찰의 순간이었다. "네 번의 실패가 회사 역사에 벌점으로 기록될 거라고 생각했습니다. 그런데 그게 아니었어요. 나는 실패가 나쁜 결과를 낳기 때문에 실패를 피해야 한다고 믿었습니다." 레온이 한계를 실험하기를 특히 좋아하지 않았다면, 회사가 그처럼 빨리 수익을 냈을지 알 수 없다. 한계를 설정한 마리의 노력이 없었다면, 회사가 지금까지 존재했을지 알 수 없다.

모든 모험추구자가 그렇듯이 레온에게는 지침과 지도가 필요했다. 가빈과 레베스크는 이렇게 지적했다. "새로움을 위한 새로움이 경쟁 우위의 원천이 되는 경우는 드물다." 막무가내인 모험추구자가 지침 없이 시장을 마구 짓밟도록 내버려두면 기업에는 생산적인 혁신 대신 낡은 충동만 남게 될 것이다. 홈디포 전 CEO 로버트 나델리는 가빈과 레베스크에게 "기업가 정신과 반항은 종이 한 장 차이"라고 말했다. 백지의 양쪽에는 명료하게 적힌 두 개의 표지판이 놓여 있다. 어떤 표지판이 기업가 정신과 생산적인 혁신이란 방향을 가리키고, 어떤 표지판이 '반항-다음 3번 출구'라고 쓰여 있는지를 결정하는 것은 기업 고위 간부들(혹은 마리와 레온의 경우에는 파트너)의 몫이다.

기업의 리더십은 어느 방향으로 가야 올바른지를 확인할 필요가 있다. 그러나 그 방향에서 진보를 이뤄내는 일은 모험추구자에게 맡겨둬야 한다. 마리는 레온의 아이디어를 주의 깊게 지켜보면서 비즈니스와 '별 관계가 없는 것'을 찾아낸다. 그런 아이디어를 발견했을 때는 즉각 뛰어들어 레온에게 회사 밖에서 시도해보든지 아니면 아예 접으라고 말한다. 레온은 때때로 양쪽 길을 모두 걸었다. 레온은 되받아치면서 자신을 변호하기도 했다. 다시 한 번 말하지만 만약 레온이 충동을 조절하려 하지 않거나 마리가 영원히 레온의 행동을 무산시키려고만 한다면, 둘의 동업자 관계에 문제가 야기될 수도 있다. 그러나 몇 년에 걸쳐 둘 사이의 밀고 당기는 관계는 일정 수준의 신뢰를 확립했다. 보통 마리는 레온에게 자유롭게 새로운 기회를 탐색하도록 허락해주기 때문에 마리가 어떤 일에 대해 강경한 입장을 취할 때, 레온은 잠재적 위험을 스스로 재점검해보려고 노력한다고 말한다.

대부분의 경우 마리는 레온이 위험을 무릅쓰고 기회를 잡도록 기쁜 마음으로 내버려둔다. 마리가 그렇게 할 수 있는 이유는 사전에 한계를 설정해놓았기 때문이다. 안 된다고 말하는 대신에 마리는 투자의 범위를 설정해놓는다. "재정적으로 얼마나 투자하든지 간에 한계를 넘어서는 안 됩니다." 레온은 예산 맞추기를 생래적으로 혐오한다. 충동을 구속하기 때문이다. 하지만 지금은 레온도 예산의 중요성을 받아들인다.

마리는 또 레온이 결과를 인정하도록 하려면 반복이 최고라는 것을 발견했다. 한 차례의 강력한 논쟁으로 드라마틱한 효과를 기대하는 대신, 마리는 레온에게 끊임없이 위험을 상기시킨다. 외부 신호를 가져오기도 하고, 여러 차례 대면 암시 형태로 반복하기도 한다. 예를 들어 마리는 얼굴을 맞대고 대화를 한 직후에 바로 이메일로 현재 예산 상태를 알려준다. 혹은 다른 직원들이 마리의 주장을 뒷받침하도록 만들기도 한다. 반대 경우도 있다. 마리가 지출을 불편해함에도 불구하고 예산 초과 위험이 실제 높지 않고 다른 직원들도 비슷한 의견이라면, 마리 역시 레온에게 환기시킬 심각한 위험이 있는지 여부를 다시 생각한다. 만약 설득력 있는 설명을 하지 못하면 실제로는 위협이 존재하지 않는데도 마음 한구석에서 '포식자'가 온다고 외치고 있을 뿐이라는 것을 인정해야 한다. 이런 반복을 통해 균형은 유지된다.

"얼간이 같은 모험은 절대 안 된다."는 한 차례 엄한 경고는 기업에 눈사태 같은 재정적 재난을 일으킬 수 있는 충동 성향을 제압하기에는 충분하지 않다. 그러나 여러 차례의 암시는 모험추구자의 의식 속으로 파고들 수 있다. 여러 정보원에게 같은 메시지를 듣거나 혹은 신뢰할 만한 한 명의 정보원에게서 같은 메시지를 반복해서 들을 때 모험추구자는 비로소 주의를 기울이기 시작한다. 이런 증상에는 틀림없이 심리학적 요소가 있다. 대다수 사람들에게 공포 반응을 유발하려면 한 차례 큰 위협이면 충분하다. 그러나 레온 같은 사람에게 위험한 결과는 새로운 기회가 분출시킬 도파민의 가능성만큼 강력한 영향력을 발휘하지 않는다. 갈증에 시달리고 있는 레온의 도파민 수용체는 위기를 피해서 만족을 얻은 기억이 거의 없다. 따라서 위험을 감수하고 보상을 추구하도록 레온을 부추긴다. 보상을 추구하는 메커니즘과 비교했을 때 공포 반응에 대한 레온의 감도가 떨어지기 때문에 위협에 대한 경고의 질도 낮아진다. 감도가 낮아진다는 것은 위협의 양이 위협의 강도보다 더 중요하다는 걸 의미한다. 한 차례 강력한 위험 신호를 기다리는 대신 레온을 위해 일련의 위험 신호를 조직해낼 때 마리는 더 효과적으로 레온이 위기를 인정하도록 만들 수 있었다.

개미와 베짱이, 문제는 목표설정이 달랐다는 것

앞에서 알게 됐듯이 충동적인 모험추구자는 대부분 즉각적인 것에 집중한다. 지금 당장 혹은 아주 가까운 미래에 최선인 방향으로 결정을 내린다. 장기적 전략을 짜는 일은 매 순간의 행동에 영향을 미치기에는 시야가 너무 넓다. 장기적이냐 단기적이냐의 차이는 목표의 방향을 구분한다. 개인이나 조직이 가장 중요하게 여기는 것은 장기적 목표이다. 모험추구형에 속하는 사람들은 길 아래와 골목 너머에 무엇이 기다리고 있는지 크게 관심을 기울이지 않은 채 그저 현재를 살게끔 타고났다. 장기적 결과가 중요하지 않다는 뜻이 아니다. 그저 이들의 의식에 장기 목표가 접속돼 있지 않다는 뜻일 뿐이다. 기업이 5년 혹은 10년 후에는 어느 지점에 도달해야 한다는 목표에 몰두하도록 설득하려면 즉각적인 보상이 있어야 한다. 목표가 스톡옵션을 받아 조기 은퇴하는 개인적 파라다이스이고, 모험추구자가 이 비전을 충분히 신뢰한다고 해도 마찬가지이다. 이 목표는 바로 다음날 내려지는 결정에 거의 영향을 주지 못할 것이다. 그런 종류의 멀지만 강력한 약속은 이들의 충동이 근시안이라는 사실을 바꾸지 못한다. 만약 장기적 전략이 지금 이곳에서의 소득으로 전환될 수 없다면 장기 전략을 수행하기 위해 필요한 작은 결정을 효율적으로 이끌어내기는 힘들 것이다.

레온이 '따기 쉬운 과일'이라고 생각하는 기회를 좇을 때 그의 심리가 바로 이런 것이다. 레온에게는 함정을 제쳐두고 무조건 방아쇠를 당기려는 성향이 있는데다가 지금 빠르게 잡을 수 있는 기회에 정신이 팔려 있다. 쉽고 빠른 수익을 좇는 전략에는 문제가 있다. 낮게 걸린 과일은 보통 한 번에 하나씩밖에 딸 수 없다. 여기에는 시간을 들여 구조를 만들려는 노력이 결여돼 있다. 구조를 세우면 단기적으로는 별다른 성과를 내지 못할지 모르지만 장래에는 막대한 보상을 얻을 수도 있다. 우화 작가 이솝은 마리를 개미로, 레온을 베짱이로 묘사했을 것이다. 마리도 낮게 매달린 열매를 따는 데 반대하지는 않는다. 하지만 마리의 시야는 충분히 넓어서 만약 참고 기다리면 10배의 보상을 얻을 수 있다는 걸 알고 있다. 막스 울프^{Max Wolf}의 동물행동 실험처럼, 그룹의 어떤 멤버들은 주도면밀한 식량 수집가이다. 이들은 인내를 갖고 코를 킁킁대며 가장 풍부한 식량의 원천을 찾아낸다. 반면 '얄팍한' 수집가들은 낮게 걸린 과일을 눈에 보이는 대로 잡아당긴다. 쉬운 과실을 추구하는 것은 전략상의 함의만이 아니라 윤리적 문제를 낳을 수 있다. 장기적으로 더 큰 보상을 얻기 위해 단기적으로 규칙을 살짝 비트는 것이 좋을까? 쉽게 돈을 벌려고 하면 장기적으로 좋은 관계를 손상시킬 위험이 있다.

윤리적 이슈보다 더 큰 위협은 낮게 매달린 과실에 방점을 찍는 것이 모험추구자에게 잘못된 지침이 될 수 있다는 점이다. 모험추구자가 매일매일 결정을 내리면서 방향을 올바르게 유지하려면 반성이 뒤따라야 한다. 7장에서 논의했듯이 반성의 과정은 천성적으로 신중한 타인의 조력을 받았을 때 가장 훌륭하게 수행될 수 있다.

IBM 신사업부문 태스크포스라는 구조를 기업이 충동적인 개인과 신중한 개인들 간에 균형을 유지하기 위해 도입해야 하는 틀이라는 관점에서 살펴보자. 기회를 탐색해 나가면서 IBM 팀은 미리 조정된 단기 목표를 설정했다. 초창기에 목표는 아주 소박하게 제자리에서 맴돌지 않고 전진하는 것이었다. 즉각 수익을 내거나 혹은 수입을 창출하는 것도 아니었다. 이런 목표는 나중에 일이 진행되면서 만들어질 터였다. 따라서 본질적으로 초기 목표는 특정 프로젝트를 실행할지, 실행한다면 언제 할지를 확인하는 일종의 체크포인트였다. 목표를 갖는 건 회사 수뇌부에게 정보를 주기 위해서 중요하다. 단기 목표는 장기적 목표를 추구하는 동시에 모험추구자의 주의력을 잡아둘 수 있는 쉬운 미끼로도 훌륭하다. 월간 목표는 모험추구자의 충동이 경로에서 이탈해 헤매지 않도록 일정한 시간적 압박을 만들어낸다. 이러한 결과는 연간 혹은 분기별 목표로는 이룰 수 없는 것이다.

IBM 목표의 공인된 목적 중에는 실패할 수도 있다는 걸 신사업부문 팀이 미리 인정하도록 하는 것도 있다. 시작하기 전에 실패를 예상하는 것(그리고 이 신규사업에는 프로젝트가 계속되기 위해 충족돼야 하는 이정표가 있었다)은 스펙트럼에서 극단적인 모험추구로 기우는 사람을 위해 이원적 사고 시스템을 제공한다. "몇 달간 시도해보고 어떻게 진행되는지 지켜보자"는 식의 모호한 이정표는 진짜 실패 가능성을 보여주지 못한다. 또 몰두하기 위해 필요한 시간제한도 만들어내지 못한다. 마리와 레온이 배웠듯이, 목표가 없는 접근법은 충동적인 사고의 소유자에게 잘못된 방향으로 향할 많은 가능성과 무제한의 시간을 열어준다.

목표는 재정적인 것이 될 수 있다. 그러나 가빈과 레베스크는 특히 초기 단계에서는 비재정적인 척도를 포함해 목표의 범위를 확대하라고 충고한다. 이들은 대다수 재정적 기준이 신규 사업이라는 미답의 영역에서는 부정확하다고 설명했다. 신규 비즈니스는 아무도 정통한 사람이 없다는 바로 그 이유 때문에 '기회'가 된다. 사업의 초기 재정 전망은 그저 추측에 불과하다. 재정 지표만으로 판단하는 것은 이제 막 동력을 얻기 시작한 사업을 부당하게 중단시킬 위험이 있다.

좋은 목표가 모두 그렇듯이 비재정적 이정표도 다다르는 길은 분명하지 않더라도 명징하고 측정 가능해야 한다. 예를 들어 골퍼의 장기 목표는 변함없이 홀이다. 비즈니스에서 혁신적 벤처의 목표는 일관되게 수익이다. 그러나 티에 공을 올려놓고 치는 티샷에 공을 홀에 넣지 못했다고 해서 벤처가 헛수고라는 뜻은 아니다. 만약 볼이 페어웨이 중간에 있다면 성공으로 가는 유리한 위치에 선 것이다. 벤처도 비슷하다. 당장 수익을 창출하지 못하더라도 비재정적 목표 중 일부가 충족됐다면 전원을 꺼버리지 않는 게 좋다. 가빈과 레베스크는 "향후 두 달 이내에 업계지에서 세 번 이상 긍정적으로 언급된다." 혹은 "앞으로 3개월 이내에 다섯 차례의 고객평가를 실시한다." 등을 비재정적 목표의 예로 들었다.

미래의 어느 순간, 당신은 결국 홀에 공을 명중시킬 것이다. 만약 파3홀에서 8번째 샷이 아직도 페어웨이 중간에 떨어진다면, 그럴 때는 성공 가능성을 재평가해볼 필요가 있다. 조만간 혁신적 벤처 역시 스스로를 유지하고 잠재력을 실현하기 위해 돈을 벌어들여야 한다. 목표가 재정적인 것이 되어야 하는 때는 이 순간이다.

모험추구자와 위험관리자를 짝 지어라

기업이 벤처를 계속할지 아니면 전원을 뽑고 방전될 것인지 결정할 때

재정적인 목표와 비재정적인 목표는 모두 정보의 원천이 된다. IBM의 월간 세션은 태스크포스 멤버로만 제한되지 않았다. 그 덕에 위험관리자와 모험추구자가 실행에서 의견을 공유할 가능성은 확대됐다. 각 부문의 수장들과 재정 및 리서치 부서의 주요 인사들은 미팅에 참석해 전체 방향이 여전히 올바르게 설정돼 있는지 확인했다. 특별 참석자들은 무엇이 제대로 작동하는지 또는 작동하지 않는지를 해부하기 위해 필요한 객관성과 해석을 제공했다. 이 과정을 통해 통제된 실험을 통한 학습이 가능해졌다. 초창기 로버트 우드가 시어스 소매 점포에서 활용했던 방식이다.

가빈과 레베스크는 IBM 신사업부문 시스템의 핵심적 이슈를 이렇게 썼다. "신사업부문 팀은 전략적 의도를 규정하기 위해 도움이 필요했다. 그들은 자신들이 성취하길 원하는 것에 한계를 설정하기가 쉽지 않다는 걸 확인했다." 크든 작든, 기회를 창출하기 위해 IBM과 같은 종류의 벤처를 고려하는 기업에는 시스템을 부수지 않고 적당히 바꿀 수 있는 성숙한 반항아들 혹은 모험추구자가 필요하다. 경계를 무시하고, 장기 계획에는 조바심을 내고, 잠재적인 보상에 집중하는 의사결정자에게 한계를 정하는 일은 항상 도전이다. 가빈과 레베스크는 "시장의 요구와 여기에 부응하는 비즈니스 능력에 대한 추측이 종종 지나치게 낙관적"이라고 지적했다. 이들이 IBM의 신사업부문 같은 팀을 이끌기에 적당하지 않다는 말은 아니다. 더 신중한 동료들의 안내가 필요하다는 뜻이다. 경계를 설정하면 두 가지 장점이 있다. 모험추구형 경영자들이 방향을 올바르게 유지할 수 있고 결과를 평가할 때 기준점이 될 수 있다. 프로젝트가 진행되는 과정에서 경영자들은 위험관리형 임원들에게 증거를 제시하라는 요구를 받는다. 미리 정해둔 한계는 학습의 기회를 주는 동시에 새로운 기회를 위해 창문을 열어둔다.

모험추구자를 제어하기 위해 위험관리자를 활용하는 방식은 새 벤처만이 아니라 기존 사업에도 효과적이다. 당신은 현재 사업이 지구화 및 정보화 시대의 빠른 변화로부터 안전하다고 생각할지도 모른다. 그렇다고 해도 당신은 여전히 미지의 미래에 적응하고 결정을 내릴 임무를 갖고 있다. 당신은 샌드위치 가게에 더 많은 빵을 보관할 것인지, 다가오는 대형 이벤트와 관련해 라디오 광고를 할지 여부를 결정해야 한다. 당신이 관리 감독하는 교대조에서 어떤 직원에게 어떤 임무를 맡길 것인지 결정하거나, 회사가 생명공학 분야에 발을 담글지 아니면 기기 제조라는 기존 경로에 남을지 결정해야 할 수도 있다. 어떤 경우에도 위험관리와 모험추구 사이에서 균형을 찾는 것은 자연계에서 그룹 생존에 가장 성공적인 전략으로 입증됐다.

위험관리자는 일상과 일터에서 모험추구자를 돋보이게 한다. 특히 미지의 영역이 눈앞에 펼쳐졌을 때 더욱 그렇다. 미래는 본성상 항상 미지의 영역을 포함한다. 위험관리자는 윤곽을 설정하고, 그 경계선 안에서 모험추구자는 위험을 감수할 수 있다. 충동성의 두 가지 다른 경향 사이에서 평형을 이루는 것은 앞서 논의한 유대의 본질적 부분이다. 하나가 결핍되면 다른 하나는 배를 엉뚱한 방향으로 이끌어갈 수 있다. 돛에 기회의 바람을 받지 못한 채 표류하거나 아니면 아예 좌초하거나.

독자들은 이런 질문을 스스로에게 던지고 있을지 모르겠다. 위험관리자는 혁신적 사업의 리더가 될 수 있을까? 대답은 긍정적이다. 로버트 우드가 예이다. 위험관리 성향에도 불구하고 마리는 또 다른 사례이다. 마리는 입증되지 않은 비즈니스에 막대한 개인 돈을 투자했다. 충동 성향이 낮은 사람들도 혁신을 이루고 새로운 영역을 개척할 능력을 충분히 갖고 있다. 그들은 적당한 조건이 갖춰지면 탐험에 나설 것이다. 굉장한 새 아이디어가 늘 굉장한 위험을 야기하는 건 아니다. 그리고 누구나 진기한 경험을 즐긴다. 탤런트스마트 테스트의 초기 단계에서 우리는 참가자들에게 두 가지 중 스스로를 더 잘 묘사한다고 생각되는 것을 고르도록 요청했다. "나는 내가 가장 잘 아는 것을 고수하길 좋아한다."와 "나는 새로운 경험을 좋아한다."라는 두 가지 설문이었다. 응답자 중 거의 80퍼센트가 "새로운 경험을 좋아한다."고 답한 것으로 드러났다. 위험관리 성향을 가진 실험 참가자 중 3분의 1만이 새 영역을 테스트하는 것보다 기존에 알고 있는 것을 고수하길 선호했다. 되돌아보니 당시 이런 결과는 연구자들 사이에 '설마' 하는 반응을 불러일으켰다. 물론 대다수 사람들은 새로운 경험을 좋아한다! 탐험은 인간 DNA에 새겨져 있다. 지칠 줄 모르고 호기심이 넘치는 어린아이(거의 모든 어린이가 여기에 포함된다)와 함께 한 시간만 보내보라. 인간이 탄생과 더불어 새로움에 매료됐다는 증거를 보게 될 것이다. 어느 정도까지, 우리 모두는 내부에 탐색추구자를 갖고 있다.

호기심을 갖는 것과 위험에도 불구하고 호기심에 따라 행동하는 것 사이에는 뚜렷한 차이가 있다. 위험이란 요소가 끼어들 때 충동적인 개인과 신중한 개인으로 다시 한 번 확실하게 갈라진다. 설문조사 참가자들에게 '이미 내가 즐기는 일을 하는 것'과 '위험한 줄 알면서도 새로운 일을 시도하는 것' 중 어떤 것을 더 좋아하는지 물었을 때 결과는 연구자들의 예상과 일치했다. 인간은 모두 새로운 경험을 좋아하는 듯 보인다. 그러나 새 경험이 존재의 안녕에 위협이 될 때는 단지 일부만 새로움을 좇는다.

위험관리자들은 새 경험에 수반될지 모르는 위험을 날카롭게 인지하고 있다. 이런 인식 때문에 새로운 기회를 추구할 때 이들은 모험추구자보다 걱정이 많다. 위험관리자에게 위험을 감수하도록 훈련시키거나 심지어 위험 일반을 좀더 편안하게 받아들이도록 훈련시키는 건 가능할지 모른다. 그러나 실용적인 측면에서 '왜?'라는 질문을 던져야 한다.

왜 완벽하게 건전하고 유용한 사람을 다른 사람이 되도록 만들기 위해 엄청난 시간과 자원을 써야 하는가? 특정 상황에서 네 명 중 한 명은 본능적으로 당신이 원하는 방식으로 행동할 텐데 왜 굳이 나머지 사람들의 행동을 조절해서 생물학적 조성을 거스르려고 하는가? 당신이 원하는 모험추구자들은 이미 당신이 탄 배에 합류해 있을 가능성이 높다. 그러므로 모순되는 기질을 부여하려고 애쓰지 말고 재능 있는 위험관리자를 찾아 모험추구자와 짝을 이루도록 하라.

악어와 악어새

내가 이 책을 쓰게 된 것은 다음과 같은 질문에서 출발했다.

"왜 사람들은 자신의 이해와 상충될 게 너무도 뻔해 보이는 선택을 하는 것일까?"

수년 전만 해도 이 질문은 인간의 판단이 낳는 예상치 못한 결과에 매혹된 한 심리학자의 호기심에 지나지 않았다. 나 자신을 포함해 수많은 사람들이 실제 생활에서 그러한 어처구니없는 행동의 제물이 되는 걸 보면서 흥미를 갖게 된 것이다. 하지만 그 질문은 우리 세대에 일어난 가장 중요한 두 사건을 거치며 단순한 흥미 그 이상의 화두가 됐다.

두 사건이란 인터넷이 등장해 경제에 미친 영향 그리고 9·11사태와 그 정치적 여파다. 2000년 IT 주식 거품이 붕괴한 데 이어, 그 이듬해 9·11 테러를 목격하면서 충동적 행동에 대한 나의 오랜 관심은 더 진지한 연구로 발전했다. '왜 우리는 예측 불가능한 행동을 하는 것일까'라는 질문이 '그런 행동을 하거나 하지 않도록 바꿀 수 있을까'라는 더 실용적인 질문으로 이어졌다.

나는 후자의 질문에 대답할 수 없다면 전자와 같은 질문을 제기해선 안 된다고 믿었다. 충동성을 이해한들 그 이해를 바탕으로 우리의 행동을 바꿀 수 없다면 무슨 소용이 있을까?

하지만 시간이 흐르면서 우리 의사결정에 숨은 충동의 힘을 새롭게 밝히고, 그것을 제대로 이해해 활용하는 것이 얼마나 중요한지 깨닫게 됐다.

심리학이 한 가지 분명하게 입증한 사실은, 자신이 왜 특정 행동을 하는지에 대한 주관적인 이해에는 한계가 있다는 것이다. 그 이유는 심리학의 원칙들이 지구상에서 가장 복잡한 생물인 '인간'에 적용되기 때문이다. 어떤 사람이 어떤 상황에서 어떻게 처신하는가 하는 문제에는 무수히 많은 변수가 작용한다. 그 사람이 어떤 행동을 하고 무슨 말을 하며 무엇을 믿느냐는 하는 것뿐 아니라 의사결정을 내리는 과정에서, 또 결정을 내린 뒤에 하는 행동과 말, 믿음 모두가 변수로 작용한다. 상황적 변수가 더해질 때마다 그 공식은 기하급수적으로 복잡해진다. 몇 가지 원칙으로 복잡미묘한 인간을 설명할 수 있다는 것 자체가 어불성설인 것이다.

우리는 그동안 인간은 이성적이고 합리적이라는 굳은 믿음을 가져왔다. 이성의 우월함을 찬양한 나머지 어떤 합리적 결론이 다른 상황에선 비합리적이고 무모하기까지 하다는 사실을 종종 잊는다. 사실 감성과 본능은 이성 못지않게 인간의 생존에 커다란 기여를 했다. 물론 충동은 양면성을 지녔다. 하지만 충동이 때때로 최선의 이익에 반하는 결과를 빚는다고 해서, 충동에 따라 행동하는 사람들이 어리석거나 유약한 마음을 가진 것은 결코 아니다. 충동성이 잠재적으로 가지고 있는 부정적 영향은 충분히 제어하고 보완할 수 있다.

우리 사회가 효율적으로 기능하기 위해서는 충동과 신중함이 균형을 이뤄야 한다. 나는 새 천년을 맞은 직후 세계를 뒤흔든 사건들이 경제와 사회에 어떠한 영향을 미치는지에 대한, 내 질문의 해답이 그 균형점 어딘가에 있음을 알게 됐다. 악어와 악어새처럼 우리가 균형을 이루고 서로 도울 수 있다면 누구나 제 역량을 발휘하며 인생을 풍요롭게 설계해나갈 수 있다. 그리고 더 많은 사람이 이 풍요를 누리려면 균형이 개인 차원에서뿐 아니라 가정, 학교, 조직, 사회로 널리 퍼져야 한다.

나는 이 책이 의사결정 분야에 의미 있는 기여를 하고 우리의 충동적 성향이 야기한, 또한 해결한 문제들을 더욱 깊이 이해할 수 있도록 후속 연구를 촉진할 수 있길 바란다.

프롤로그

충동은 정말 무모하기만 한가

1. 눈사태가 발생하는 조건과 원인에 대한 정보는 이 책을 참고했다. 《캐나다의 눈사태 사고^{Avalanche Accidents in Canada}》(vol.4), ed. Bruce Jamieson and Torsten Geldsetzer (British Columbia: Canadian Avalanche Association, 1996). 핀처 크리크 눈사태에 대해 서술할 때 브라이언 쿠삭이 제공하지 않은 이름과 나이, 기타 세부 사항은 이 사건을 보도한 〈핀처 크리크 에코^{Pincher Creek Echo}〉 1994년 기사에서 찾을 수 있다.

2. 유럽의 휴가 문제에 관한 대니얼 카너먼과 아모스 트버스키의 연구는 다음에서 가장 먼저 소개됐다. "Prospect Theory: An Analysis of Decision under Risk," Econometrica 47, no. 2(1979): 263-92. 전망이론으로부터 파생된 주목할 만한 다양한 연구뿐만 아니라 전망이론에 대한 카너먼과 트버스키의 광범위한 분석은 이 책에 포함돼 있다. 《선택과 가치, 구조들 Choices, Values, and Frames》(New York: Cambridge University Press, 2000).

3. 롤라 롭스는 자신의 이론을 다음에서 밝혔다. "When Time Is of the Essence: Averaging, Aspiration, and the Short Run," Organizational Behavior and

Human Decision Processes 65, no 3 (1996): 179-89.

4. D. L. Murphy et al. "Biogenic Amine-Related Enzymes and Personality Variations in Normals," Psychological Medicine 7 (1977): 149-57.

5. 마빈 주커먼은 다음 책에서 MAO와 다양한 행동 특성, 심리장애 간 연관성을 다룬 연구를 훌륭하게 요약한다. 《자극 추구와 위험한 행동Sensation Seeking and Risky Behavior》 (Washington, DC:American Psychological Association, 2007).

1장

괴짜 유전자가 세상을 뒤흔든다

1. 센터의 위치와 연구가 진행되고 있는 다른 증상 등 전국아동연구National Children's Study에 대해 좀더 알고 싶다면 홈페이지를 방문하면 된다. www.nationalchildrensstudy.gov.

2. 주의력집중장애attention deficit disorder라는 용어는 공식적으로 1980년 DSM Ⅲ (Diagnostic and Statistical Manual of Mental Disorders)에 처음 등장했다. 그보다 앞서 1968년 출판된 DSM-Ⅱ에 "아동기 과잉행동 반응hyperkinetic reaction of childhood"으로 묘사된 신드롬이 기록됐다. 이는 그 후에 ADD로 명명될 증상의 전조였다. ADD가 과잉행동 증상과 독립적으로 존재할 수 있는가는 여전히 논쟁거리다.

3. ADHD에 대한 짐 스완슨과 UC어바인 연구자들의 연구에 대한 정보는 짐 스완슨과 그들의 연구를 요약한 다양한 기사를 참고했다. ADHD를 치료하기 위해 병원을 방문하는 횟수가 증가하고 있다는 통계는 아래를 참고 했다. Swanson et al., "Etiological Subtypes of Attention Deficit/Hyperactivity Disorder: Brain Imaging, Molecular Genetic and Environmental Factors and the Dopamine Hypothesis," Neuropsychology Review 17 (2007):39-59.

4. 탐색추구 유전자와 ADHD의 관계에 대한 UC어바인의 원본 연구는 다음에서

찾을 수 있다. Swanson et al., "Attention Deficit/Hyperactivity Disorder Children with a 7-Repeat Allele of the Dopamine Receptor D4 Gene Have Extreme Behavior but Normal Performance on Critical Neuropsychological Tests of Attention," Proceedings of the National Academy of Sciences 97 (2000): 4754-59.

5. 리처드 엡스타인은 DRD4 유전자와 탐색추구 사이의 연관성에 대한 발견을 다음의 논문에서 공개했다. Ebstein et al., "Dopamine D4 Receptor(DRD4): Exon Ⅲ Polymorphism Associated with the Human Personality Trait of Novelty Seeking," Nature Genetics 12 (1996): 78-80.

6. 데이비드 W. 캐머런과 콜린 P. 그로브스의 공저 《뼈, 돌, 그리고 분자: "아프리카 밖으로"와 인간의 기원 Bones, Stones and Molecules : "Out of Africa" and Human Origins》 (Burlington, MA Elservier, 2004)은 인간 진화와 아프리카 대륙으로부터의 탈출을 둘러싼 연구에 대해 아주 쉽게 설명하고 있다.

7. 탐색추구 유전자 돌연변이의 기원과 자연선택, 초기 인간 이주와의 관계, 기술적 진보는 다음에서 찾을 수 있다. Y.-C. Ding et al., "Evidence of Positive Selection Acting at the Human Dopamine Receptor D4 Gene Locus," Proceedings of the National Academy of Sciences 99 (2002): 309-14.

8. DRD4에 대한 UC 어바인 연구 프로그램은 다음에 요약돼 있다. D. Grady, R. Moyzis, and J. Swanson, "Molecular Genetics and Attention in ADHD," Clinical Neuroscience Research 5 (2005): 265-72.

9. 스티븐 실러의 삶과 9 · 11 테러 당시 그의 영웅적 노력, 그를 추모하기 위한 연례 자선 마라톤에 대한 정보는 www.tunneltotowersrun.org.

10. 톰 브로커, 《붐! 60년대의 목소리 Boom! Voices of the Sixties》(New York: Random House, 2007).

2장

충동이 성공의 기회를 만든다

1. 잭 케루악 글쓰기의 출발과 발전 과정, 《길 위에서^{On the Road}》 원문에 대한 개관은 저명한 케루악 전기 작가 앤 차터스의 소개글이 포함된 펭귄 클래식 판 《On the Road》 (New York: Penguin Putnam, 2000)에서 찾을 수 있다.

2. 닐 캐서디의 삶에 대한 세부적 내용은 다음에서 인용했다. David Sandison and Graham Vickers, 《닐 캐서디: 비트세대 영웅의 무절제한 삶^{Neal Cassady: The Fast Life of a Beat Hero}》(Chicago: Chicago Review Press, 2006).

3. Stephen Manes and Paul Andrews, 《게이츠: 마이크로소프트의 거물은 어떻게 산업을 재창조하고 미국에서 가장 부자가 되었나^{Gates: How Microsoft's Mogul Reinvented an Industry-and Made Himself the Richest Man in America}》(New York: Touchstone, 1993).

4. 솔로몬 애쉬의 고전적 순응성 연구는 1950년대에 이뤄졌다. 이 주제에 대한 첫 번째 출판은 다음 책에 소개됐다. "Effects of Group Pressure upon the Modification and Distortion of Judgments," 《그룹, 리더십, 그리고 인간^{Group, Leadership, and Men}》, ed. H. Guetzkow (Pittsburgh: Carnegie, 1951). 한 명의 배우에게 오답을 내놓도록 지시한 정반대 상황은 애쉬의 책에서 인용했다. 《사회심리학^{Social Psychology}》(New York: Prentice-Hall, 1952).

5. Gary A. Williams and Robert B. Miller, "Change the Way You Persuade," Harvard Business Review (May 2002).

6. Scott J. Dickman, "Functional and Dysfunctional Impulsivity: Personality and Cognitive Correlates," Journal of Personality and Social Psychology 58 (1990): 95-102.

7. Marika Paaver, Diva Eensoo, Aleksander Pulver, and Jaanus Harro, "Adaptive and Maladaptive Impulsivity, Platelet Monamine Oxidase(MAO) Activity and

Risk-Admitting in Different Types of Risky Drivers," 《Psychopharmacology》 186 (2006): 32-40.

8. 음주운전 통계에 대한 정보는 다음에서 찾을 수 있다. Traffic Safety Facts 2004, issued by the National Highway Traffic Safety Administration. Retrieved from www-nrd.nhtsa.dot.gov/Pubs/TSF2004.pdf

9. M.A. Luengo, M.T. Carillo-de-la-Pena, J.M. Otero, and E. Romero, "A Short-Term Longitudinal Study of Impusivity and Antisocial Behavior," Journal of Personality and Social Psychology 66 (1994): 542-48.

10. 포브스Forbes의 세상에서 가장 부유한 사람 목록은 www.forbes.com/lists에서 찾을 수 있다.

3장

왜 우리는 나쁜 뉴스에 더 솔깃할까

1. 흰목꼬리감기원숭이가 포식자 재규어에 어떻게 대처하는지에 관한 정보는 린 밀러가 짐 메츠거와 한 인터뷰에서 인용했다(www.pulseplanet.com /archive/Feb99/1814.html).

2. 포식자를 만났을 때 영장류가 하는 '얼어붙기'와 기타 반응에 대한 더 많은 정 보는 다음에서 찾을 수 있다. Lynne E. Miller (ed.), 《먹거나 먹히거나Eat or Be Eaten》(New York: Cambridge University Press, 2002).

3. 벤저민 러셀의 '우호의 시대'라는 말은 Columbian Centinel (June 1817)에서 인용했다.

4. 제임스 먼로의 간략한 일대기는 www.whitehouse.gov/history/presidents/ jm5/html에서 볼 수 있다.

5. 1828년 선거 상황을 둘러싼 정보는 H.W.브랜즈의 다음 전기에서 인용했다. 《앤드류 잭슨: 그의 삶과 시대Andrew Jackson: His Life and Times》(New York:

Doubleday 2005).

6. 기타 인신공격에 대한 이야기는 다음 라디오 논평에서 인용했다. "The Myth of America's Genteel Political History," author Kenneth C. Davis's audio commentary on National Public Radio (www.npr.org/templates/story/story. php?storyId=4129492).

7. '제인 캔디디트'와 '메리 노미니' 사이의 선거 시나리오는 조지 A. 콰트론과 아모스 트버스키가 함께했던 실험을 각색한 것이다. "Contrasting Rational and Psychological Analyses of Political Choice," American Political Science Review 82, no.3 (1988): 19-36.

8. Lola Lopes, "When Time is of the Essence: Averaging, Aspiration, and the Short Run," 《Organizational Behavior and Human Decision Processes 65》, no3 (1996): 179-89.

4장

쏠리고 몰리고 들끓고

1. 콘라드 게스너에 대한 개인적 정보는 다음에서 인용했다. Konrad Gessner (n.d.) Encyclopedia of the Early Modern World. Retrieved October 1, 2007, from www.answers.com/topic/conrad-gessner.

2. 찰스 맥케이의 고전 《대중의 미망과 광기 Extraordinary Popular Delusions and the Madness of Crowds》는 1841년 런던에서 처음 출판됐다. 맥케이의 책은 '튤립 마니아'에 대한 가장 완벽한 비평이자 대중적 미망이라는 역사적 현상에 대한 매력적인 고찰이다. 여기서 사용된 것은 앤드류 토비아스가 편집한 것이다. 《대중의 미망과 광기 Extraordinary Popular Delusions & the Madness of Crowds》(New York: Three Rivers Press, 1980).

3. 미국 환율로 계산했을 때 튤립의 추정가치는 웹사이트 "Stock Market Crash:

The History of Financial Train Wrecks"에서 찾을 수 있다. Retrieved from www.stock-market-crash.net/tulip-mania.htm.

4. 대니얼 카너먼과 아모스 트버스키 사이의 공적 관계와 우정에 대한 묘사는 노벨재단 웹사이트의 카너먼 자서전에서 확인했다. (http://nobelprize.org/nobel_prizes/economics/laureates/2002/kahneman-autobio.html).

5. Daniel Kahneman and Amos Tversky, "Prospect Theory: An Analysis of Decision Under Risk," Econometrica 47, no.2 (1979): 263-91.

6. Hiroyuki Sasaki and Michihiko Kanachi, "The Effects of Trial Repetition and Individual Characteristics on Decision Making under Uncertainty," The Journal of Psychology 139, no.3 (2005): 233-46.

7. Uri Gneezy, Ernan Haruvy, and Hadas Yafe, "The Inefficiency of Splitting the Bill: A Lesson in Institution Design," Economic Journal 114 (2004): 265-80.

8. 과학기술 주식 시장의 흥망에 관한 자세한 내용은 다음에서 찾을 수 있다. John Cassidy, 《닷.콘: 인터넷 시대에 미국은 어떻게 이성과 돈을 잃었나 Dot.con: How America Lost Its Mind and Money in the Internet Era》(New York: Harper Perennial, 2003).

9. Henry Blodget's quote comes from his "Internet/Electronic Commerce Report" from March 9, 1999.

10. Paula Horvath and Marvin Zuckerman, "Sensation Seeking, Risk Appraisal, and Risky Behavior," Personality and Individual Differences 14 (1993): 41-52.

11. Alan G. Sanfey et al., "The Neural Basis of Economic Decision-Making in the Ultimatum Game," Science 300 (2003): 1755-58.

12. 과잉반응에 대한 데이비드 드레먼의 첫 번째 연구와 이론은 그의 책《역발상 투자 Contrarian Investment Strategies》(New York: Random House, 1979)에서 찾을

수 있다. 이 주제에 대한 그의 최근 생각은 다음에서 확인할 수 있다.《역발상 투자: 다음 세대 Contrarian Investment Strategies: The Next Generation》(New York: Simon & Schuster, 1998). David N. Dreman and Eric A. Lufkin, "Investor Overreaction: Evidence That Its Basis Is Psychological," The Journal of Psychology and Financial Markets 1, no. 1 (2000): 61-75.

5장
똑똑한 선택을 위해 버려야 할 것

1. Richard H. Thaler, "Toward a Positive Theory of Consumer Choice," Journal of Economic Behavior and Organization 1 (1980):39-60.

2. Jack L. Knetsch, "The Endowment Effect and Evidence of Nonreversible Indifference Curves," The American Economic Review 79, no 5 (1989): 1277-84.

3. 필 테일러의 기사 '매닝 마니아'는 2004년 4월 26일 SportsIllustrated.com에 게재된 기사에서 인용했다. Retrieved from sportsillustrated.cnn.com/2004/writers/phil_taylor/04/26/taylor.manning.

4. 올리버 웬델 홈스의 글은 그의 에세이에서 인용했다. "The Path of Law," Harvard Law Review, 10 (1897): 455-77, as cited in David Cohen and Jack L. Knetsch, "Judicial Choice and Disparities between Measures of Economic Values," Osgoode Hall Law Journal 30, no. 3 (1992): 737-70.

5. M. Keith Chen, "How Basic Are Behavioral Biases? Evidence from Capuchin-Monkey Trading Behavior," Journal of Political Economy 114, no.3 (2006): 517-37.

6. Daniel Gilbert, 《행복에 걸려 비틀거리다 Stumbling on Happiness》(New York: Knopf, 2006).

7장

모험추구자: 일단 행동하고 보는 사람들

1. 아시시의 성 프란체스코의 삶에 관한 전기는 많이 있다. 여기서는 주로 다음의 책에서 세부 내용을 인용했다. Donald Spoto, 《주저하는 성인: 아시시의 프란체스코의 삶 Reluctant Saint: The Life of Francis of Assisi》(New York: Viking Compass, 2002).

2. Edward M. Hallowell and John J. Ratey, 《주의력 결핍으로부터 구원받다 Delivered from Distraction》(New York: Ballantine, 2005).

3. Ruth Handler, 《꿈꾸는 인형: 루스 핸들러 이야기 Dream Doll: The Ruth Handler Story》(Stamford, CT: Longmeadow Press, 1995).

4. 마빈 주커먼은 자극 추구 행동의 특징을 수십 년 동안 연구해왔다. 그는 이 주제와 관련해서 여러 권의 책과 논문을 발표했다. 이를 통해 모든 종류의 자극 추구 행동 관련 이론에 영감을 줬다. 이 책에 언급된 아이디어 중 몇 가지도 여기에 포함된다. 주커먼의 《자극 추구와 위험한 행동 Sensation Seeking and Risky Behavior》(Washington D.C.: American Psychological Association: 2006)은 이 주제 관련 최근 연구에 대한 포괄적 고찰을 담고 있다.

5. Kenneth Scott Latourette, 《기독교의 역사 A History of Christianity》(New York: Harper & Row, 1953).

8장

위험관리자: 돌다리도 두드리는 사람들

1. Tim McDonald' s quote came from his blog posting 'Will NO One Step Up to Challenge Tiger Woods?', January 30, 2006. Retrieved from www. travelgolf.com/blogs/tim.mcdonald/2006/01/30will_no_one_step_up_to_challenge_tiger_w.

2. 타이거 우즈를 깜짝 패배시킨 재크 존슨에 대한 기사는 무수히 많다. 이 책에
  언급된 세부 내용은 정확하게는 다음 기사에서 인용했다. Cameron Morfit,
  "Ryder Tough," April 8, 2007, retrieved from www.golf.com/golf/tours_news
  /article/0,28136,1607982,00.html ; and from a postvictory interview
  transcript, "Zach Johnson, 2007 Masters Champion, Talks about Beating Tiger
  Woods," April 19, 2007, retrieved from www.worldgolf.com/pro-talk/zach-
  johnson-talk-about-masters-win-pro-talk-5169.htm.

3. 헬렌 피셔의《연애 본능Why We Love》(New York : Holt, 2004)은 사랑의 생리학
  을 관통하는 매력적인 과학여행이다.

4. 스트레스와 골프에 관한 데비 크루즈의 연구는 다음 커버스토리에서 인용했
  다. "Golf in Science-First Prize : Putting Under Stress, 2003, retrieved from
  cgi.cnnsi.com/golfonline/instructions/science/firstprize.html.

5. 세스 고딘은 마케팅과 관련해서 많은 책을 저술하고, 인터넷에서는 이 분야 가
  장 인기 있는 블로거로 활동하고 있다. 고딘에 대한 더 많은 정보와 최근 저서
  는 www.sethgodin.com/sg/bio.asp 에서 찾을 수 있다.

6. James C. Worthy,《미국의 제도를 고안하다 : 로버트 E. 우드와 시어스, 로벅
  Shaping an American Institution : Robert E. Wood and Sears, Roebuck》
  (Urbana : University of Illinois Press, 1984).

7. Jeffrey Pfeffer and Robert I. Sutton, "Evidence-Based Management," Harvard
  Business Review 84, no.1 (2006) : 63-74.

9장

충동을 활용할 줄 아는 자가 성공한다

1. 캐롤라인 무어헤드의《뒤낭의 꿈Dunant's Dream》(New York, Carroll & Graf,
  1999)은 국제적십자의 설립 과정에 대한 흥미진진하고 포괄적인 내용을 담고

있다. 특히 앙리 뒤낭의 꿈을 현실로 만들었던 그의 성품에 특별한 관심을 기울였다.

2. 앙리 뒤낭의 《솔페리노의 회상 Un Souvenir de Solferino》 전문은 국제적십자위원회 웹사이트에서 읽을 수 있다. www.icrc.org/WEB/ENG/siteeng0.nsf/html /p0361.

3. 헬렌 피셔가 케미스트리닷컴과 함께 작업한 것은 인터넷 www.chemistry. com/drhelenfisher/interviewcjdrfisher.aspx에 실린 인터뷰에 정리돼 있다.

4. Peter Abrams, "Optimal Traits When There Are Several Costs: The Interaction of Mortality and Energy Costs in Determining Foraging Behavior," Behavioral Ecology 4 (1993): 246-53.

5. Peter Abrams and Hiroyuki Matsuda, "The Evolution of Traits That Determine Ability in Competitive Contents," Evolutionary Ecology 8 (1994): 667-86.

6. Fred Adler, "The Balance of Terror: An Alternative Mechanism for Competitive Trade-Offs and Its Implication for Invading Species," The American Naturalist 154 (1999): 497-509.

7. Max Wolf, G. Sander van Doorn, Olof Leimar, and Franz J. Weissing, "Life-History Trade-Offs Favour the Evolution of Animal Personalities," Nature 447 (2007): 581-84.

8. Y.-C. Ding et al., "Evidence of Positive Selection Acting at the Human Dopamine Receptor D4 Gene Locus," Proceedings of the National Academy of Sciences 99 (2002): 309-14.

9. David Garvin and Lynne Levesque, "Meeting the Challenge of Corporate Entrepreneurship," Harvard Business Review 84, no.10 (2006): 102-12.

기회를 낚아채는 충동의 힘

스프링

초판 1쇄 발행 2010년 11월 1일
초판 3쇄 발행 2010년 12월 1일

지은이   닉 태슬러
옮긴이   이영미
펴낸이   유정연

책임편집 하선정   책임디자인 김희림

기획편집 김은영 김미경
디자인   신묘정
마케팅   박상준 유경민 김지영
제작부   문정윤
경영지원 박승남

펴낸곳   흐름출판
출판등록 제313-2003-199호(2003년 5월 28일)
주소   서울시 마포구 서교동 464-41번지 미진빌딩 3층(121-842)
전화   (02)325-4944   팩스 (02)325-4945
이메일   book@hbooks.co.kr
홈페이지 http://www.hbooks.co.kr   블로그 blog.naver.com/nextwave7
인쇄·제본 (주)현문

ISBN 978-89-90872-98-2 03320

살아가는 힘이 되는 책 흐름출판은 막히지 않고 두루 소통하는 삶의 이치를 책 속에 담겠습니다.